10,10 €

Nate Adams

Frisch gepreßter Birnensaft

Starkstrom-Andachten

Nate Adams

Frisch gepreßter Birnensaft

Starkstrom-Andachten

Schulte & Gerth

Die amerikanische Originalausgabe erschien im Verlag
Zondervan Publishing House, Grand Rapids, Michigan,
unter dem Titel „Energizers“.

Aus dem Amerikanischen übersetzt von Roland Renz

Best.-Nr. 815 559
ISBN 3-89437-559-0
1. Auflage September 1998
2. Auflage Dezember 1998
3. Auflage 2000
4. Auflage 2001
Umschlaggestaltung: Olaf Johannson
Illustration: SPOON
Innenillustrationen: Timothy J. Walburg
Satz: Die Feder GmbH, Wetzlar
Druck und Verarbeitung: Ebner Ulm
Printed in Germany

Einleitung

Zu meinen Lieblingswitzen gehört der über einen Häftling, der seine erste Nacht im Gefängnis erlebt. Die Lichter gehen aus, und er hört jemanden rufen: „Vierzehn!" Alles brüllt vor Lachen. Dann ruft jemand anderes: „Achtundsiebzig!" Wieder tosendes Gelächter. Sein Mitgefangener erklärt ihm, daß vor Jahren ein Buch mit hundert Witzen die Runde gemacht hatte, das alle so oft lasen, bis sie es auswendig kannten. Jetzt brauche man nur noch eine Zahl zu rufen, und jeder erinnere sich an den entsprechenden Witz.

Der Neue findet die Sache spaßig und meint: „Hey, ich versuch's auch mal . . . neunundzwanzig!" Keine Reaktion. „Zweiundvierzig!" schreit er, so laut er kann. Immer noch nichts. „Was ist los? Warum lacht denn keiner?" fragt er seinen Mitgefangenen.

Der antwortet bloß: „Manche Leute können eben keine Witze erzählen."

Die einundneunzig Andachten dieses Buches haben auf mich die gleiche Wirkung. Wenn du „Andacht Siebenundfünfzig Grabsteine umkippen" rufen würdest, könnte ich mich vor Lachen nicht halten. Erst recht bei „Einunddreißig – kaputter Spiegel und Blut am Ohr". Dabei kommen mir sogar die Tränen. Warum? Beide sind für mich Geschichten von ganz persönlichen Wundern.

Was soll das heißen, persönliche Wunder? Damit meine ich die normalen Erfahrungen im Leben, durch die Gott etwas von seinem Wesen zeigt. Manchmal stimmen sie uns fröhlich. Manchmal bricht es uns das Herz. Fast immer verhelfen sie zu Bescheidenheit, weil ich erkenne, daß mein ewiger, allmächtiger Gott ein ganz gewöhnliches, scheinbar unwichtiges Erlebnis im Alltag dazu verwendet, mir etwas über sich zu sagen – und über mich selbst.

Mich setzen solche Sachen unter Starkstrom. Sie pflanzen mir etwas ins Herz, das mir im Kopf schon immer klar war – daß Gott sich in meinen Alltag einmischt. Er will, daß ich ihn immer mehr und persönlicher kennenlerne. Wenn ich merke, wie er in meinem Alltag am Werk ist, bekomme ich neuen Saft für meine müde

Birne. Voll freudiger Erwartung halte ich Ausschau danach, was er mir wohl als nächstes zeigt.

Persönliche Wunder sind und sollen nicht mein Privatbesitz sein. Deshalb habe ich dieses Buch geschrieben. Ich wünsche dir (und mir), daß die Geschichten hier drin dir dabei helfen, Augen für die Wunder in deinem Leben zu bekommen.

Schöne Grüße,
Nate Adams
St. Charles, Illinois

Versuchungen sind wie . . .

Eine Motte im Mund

>>> Fragst du dich manchmal, wo genau die Versuchung aufhört und die Sünde anfängt? Würdest du manchmal gern etwas machen, das nicht unbedingt schlecht ist . . . aber eigentlich auch nicht gut?

Nichts geht über das Gefühl, bei einem Rennen zu führen. Der Abstand von der Verfolgergruppe ist eine Quelle reinster Freude. Wenn du so etwas noch nie erlebt hast, dann versuch doch wenigstens mal, die Langsamsten zu überrunden.

So genial an die Spitze gelangte ich eines Tages bei einem 200-Meter-Lauf in der achten Klasse. Diese Strecke ist meistens eine halbe Runde. Ich kam gerade an der Hundert-Meter-Marke vorbei, als mir der nicht gerade bescheidene Gedanke kam, daß ich weit in Führung lag und daß die hinter mir jetzt meinen Staub einatmen mußten. Damit verbunden war ein leichter Anfall von Überheblichkeit. Und dann tat ich das, was jeder Trainer strengstens verbietet – ich schaute zurück.

Ja, da strampelten sich meine notleidenden Konkurrenten ein paar Meter hinter mir ab. Selbstgefällig wandte ich mich Richtung Zielkurve. Genau in diesem Moment flog mir eine ziemlich große Motte mitten ins voreilige Grinsen hinein. Sie landete ganz im hinteren Zungenbereich. Plötzlich dachte ich an alles andere als ans Rennen.

Ich spuckte, hustete und räusperte mich. Jedesmal entwichen meinem Mund neue Mottenteile. Ich weiß noch genau, wie ich dachte: „Igitt! Das war ein Flügel! Und das ein Bein! Würg, ein Fühler!“

Als endlich nichts mehr kam, setzte ein extrem starkes Ekelgefühl ein. Ich hatte ein häßliches, flatterndes Insekt geschmeckt und fast verdaut. Es war lange genug in meinem Mund gewesen, um in Einzelteile zerlegt zu werden. Wer weiß, ob sich in meinem Mund nicht noch Teilchen oder Gewebeflüssigkeit nachweisen ließen! Zu welchem Arzt geht man mit einer Mottenvergiftung?

Obwohl sich das alles in Sekunden abspielte, kann man sich wohl vorstellen, was aus dem Rennen wurde. Der bisherige Zweite zog samt einigen seiner Freunde an mir vorbei, und ich schluckte *ihren* Staub als Hauptgericht nach der Mottenvorspeise.

So verlor ich das Rennen, in dem ich bis dahin an der Spitze lag.

Alle diese Zeugen, die uns wie eine Wolke umgeben, können uns ein Beispiel geben. Darum wollen wir uns von allem freimachen, was uns beschwert, besonders von der Sünde, die sich so leicht an uns hängt. Wir wollen durchhalten in dem Lauf, zu dem wir angetreten sind.
(Hebräerbrief 12,1)

In diesem Vers wird unterschieden zwischen der „Sünde, die sich so leicht an uns hängt" und allem, „was uns beschwert". Beides hindert uns daran, im geistlichen Sinne unser bestes Rennen zu laufen.

Wenn die Mitbewerber in meinem Rennen jemanden beauftragt hätten, mich an den Füßen festzuhalten oder gleich am Start stolpern zu lassen, dann wäre ich gar nicht erst losgelaufen. Auch so kann man die Sünde betrachten: Sie raubt Kraft und fesselt. Man mag gar nicht ins Rennen gehen, wenn man im Griff der Sünde steckt.

Die Motte andererseits gleicht eher der Versuchung. Sie lenkte meine Aufmerksamkeit gerade so lange ab, daß es zum Verlieren reichte. Wäre mein vorlauter Mund geschlossen gewesen, hätte die Motte nur eine winzige Störung bedeutet, nicht der Rede wert. Dadurch, daß ich mich für sie „öffnete", wurde die Ablenkung erst wirksam. Und man kann nie wissen – vielleicht braucht man nur genug Motten zu schlucken, um Geschmack an einer gefährlich ekligen Suppe daraus zu gewinnen.

Steht dein Mund offen?

Welche „Ablenkungen“ kreuzen heute deinen Weg? Was könnte dich davon abhalten, dein bestes Rennen zu bestreiten? Vielleicht hast du sogar absichtlich Hürden aufgebaut, die dir den Lauf erschweren? Entschließe dich doch gleich jetzt, dich nicht umzudrehen und zu grinsen, auch wenn du an der Spitze liegst.

>>>*Noch ein* Lesetip:

Jakobusbrief 1,2–4 und 12–15 >>>

Sünde ist wie . . .

Eine Kakerlakenfalle

>>> Hast du schon mal den gleichen Fehler gemacht wie jemand anderes, obwohl du gesehen hast, welcher Schaden damit angerichtet wurde?

Gut, gut, ich geb's ja zu. Wir hatten schon mal Kakerlaken im Haus. Wahrscheinlich waren sie an der Abwasserleitung hochgekrabbelt oder auf einem Geheimweg ins Bad, weil ich sie dort immer gesehen hatte. Meist mitten in der Nacht mit halb geschlossenen Augen, wenn die Blase als einziger Körperteil voll da ist, und barfuß . . . Hiiilfe! Das gleitfüßige Minimonster saust mindestens so lange über offenes Gelände, daß sich die Zehen vor Abscheu kräuseln, bis es in irgendeinem Ritz verschwindet. So ein Versteck ist immer unzugänglich für sämtliche waffenähnliche Gegenstände, die wir im Haus haben.

Dann besorgten wir uns ein „Kakerlakenhotel", eine Insektenfalle. Wer noch nie eine verwenden mußte, sollte sich direkt ein paar Kakerlaken besorgen, um zu sehen, wie sie funktioniert. Es sind leichte, kleine Pappkartons mit schmalen Streifen drin, die aus . . . vermutlich Kakerlakenköder bestehen, dazu hochwirksame Klebestreifen um den Köder herum.

Als ich das Päckchen öffnete und meine erste Insektenfalle begutachtete, fragte ich mich, was die Kakerlaken hier hineinlocken könnte und zu was die kleinen Klebestreifen wohl gut waren. Pflichtschuldig stellte ich sie aber im Bad auf, direkt neben dem Ritz der einbruchssicheren Kakerlakenfestung.

Um zwei Uhr nachts verzeichnete ich den ersten Fang. Das Tier steckte auf dem ersten der drei Klebestreifen drinnen fest und zappelte wie verrückt, war aber unwiderruflich in der Falle.

Schon wollte ich die kleine Kiste wegwerfen, als mir klar wurde, daß ein Beutestück pro Falle eine etwas teure Problemlösung war. Also stellte ich sie wieder zurück. Mein „Gast" konnte nicht mehr weg. Zwar konnte ich kaum erwarten, daß eine halbwegs intelligente Kakerlake jetzt noch in die „besetzte“ Falle krabbelte, doch fand ich die Vorstellung recht vergnüglich, was für eine abschreckende Wirkung dieses Exemplar auf den Rest der Sippe ausüben würde (oder wie bezeichnet man eine Gruppe von Kakerlaken?).

Am nächsten Morgen war ich verblüfft, insgesamt fünf Gäste vorzufinden! Danach waren es acht, später noch einmal elf. Ich glaube, unser Rekord in so einer Falle waren etwa fünfundzwanzig (Nicht dem Tierschutzverein verraten – das ist weit über der Höchstbelegung). Sie waren übereinander geklettert, um zum Köder zu gelangen. Ich hatte gedacht, daß der mittlere Klebestreifen witzlos sei, weil nur die Streifen an den Rändern die Eindringlinge festhielten. Doch wenn die äußeren Klebestreifen belegt sind, krabbeln die nächsten über den Rücken ihrer Mitinsekten! Was schließe ich scharfsinnig daraus? Kakerlaken sind mindestens so dumm wie häßlich. Oder?

Jesus sagte zu denen, die Vertrauen zu ihm gefaßt hatten: „Wenn ihr euch an mein Wort haltet, seid ihr wirklich meine Jünger. Dann werdet ihr die Wahrheit erkennen, und die Wahrheit wird euch frei machen.“
„Wir stammen von Abraham ab“, antworteten sie ihm, „und wir haben nie jemand als Sklaven gedient. Was meinst du, wenn du sagst: Ihr werdet frei werden?“
Jesus sagte zu ihnen: „Täuscht euch nicht! Jeder, der sündigt, ist ein Sklave der Sünde.“ (Johannes 8,31–34)

Warum eigentlich begeben wir uns immer wieder in die Sündenfalle? Vielleicht haben wir nur den Köder vor Augen und übersehen absichtlich den Klebstoff – beides wirkt immer. Warum werden wir nicht von denen gewarnt, die schon in der Falle stecken? Sie sind gern in Gesellschaft und brauchen perverserweise die Beruhigung, daß man nicht allein ist und die Gruppe um sie herum größer wird. Warum geben wir uns so wenig Mühe mit dem Entkommen aus der Falle? Unsere Sünde täuscht uns vor, daß wir uns in einem bequemen Hotel befinden – bis wir uns verabschieden wollen und die Rechnung nicht bezahlen können.

Ich habe noch nie erlebt, daß eine Kakerlake ihrer Falle aus eigener Kraft entkommen konnte. Natürlich hätte ich genug Macht, sie aus der Falle zu erlösen und ihnen eine neue Chance in meinem Badezimmer zu geben. Leider bin ich weder bereit noch in der Lage, so wie unser Erlöser zu handeln und selbst eine Kakerlake zu werden. Gott sei dank ist Gott größer als ich!

Schon in der Falle?

Hast du dir schon irgendwie in Gesellschaft von anderen ein selbstzerstörerisches Verhalten angewöhnt? (Nicht zu schnell antworten – denn wenn man drinsteckt, kann man es sich kaum leisten, es zuzugeben.) Bist du bereit, Gott um eine Portion seiner Wahrheit zu bitten, damit du befreit wirst? Bist du bereit, dich jetzt gleich aus jeder Falle zu verabschieden, in der du steckst?

>>>*Noch ein* Lesetip:

Jesaja 3,9; 1. Timotheusbrief 5,24 >>

Der Kampf um die „Stille Zeit" ist wie . . .

Spaghetti im Ohr

>>> Wie kommt es, daß es nicht viel bringt, wenn man sich besonders viel Mühe gibt, regelmäßig Stille Zeit mit Gott zu halten?

Gewichtheben liegt mir nicht. Die Dinger sind schwer – und wenn man sie endlich hochgewuchtet hat, muß man sie gleich wieder absetzen. Kommt mir ziemlich albern vor.

Basketball spielen dagegen macht mir großen Spaß. Einmal, als die Saison vorbei war, machte der Trainer mir den Vorschlag, die Spielpause zum Gewichtheben zu nutzen. Ich galt als guter Verteidiger, und er wollte einen wendigen Angriffsspieler aus mir machen. Bei meinem niedrigen Körperwuchs bedeutete das, am Korb mit Spielern zurechtzukommen, denen ich gerade in die Achselhöhle paßte. Meist waren das harte Burschen mit Tattoos, die andauernd fluchten und ausspuckten, und das oft in meine Richtung. Ich mußte zu meiner eigenen Sicherheit ein wenig aufgepäppelt werden. Außerdem ging es um den Tabellenplatz des Teams.

Mir blieben vor dem Mittagessen noch ein paar freie Stunden. Also ab ins Fitness-Studio! Hier fand ich eine gut mit Maschinen und Gewichten sortierte „Muskelfabrik" vor. Alles ziemlich einschüchternd und ungewohnt.

Es war niemand da, um mir zu helfen, und ich konnte mir eigentlich kaum vorstellen, auf eigene Faust viel zu schaffen. Doch todesmutig legte ich mich auf das eine Gerät und versuchte anzuheben, was hier befestigt war. Kein Problem! Ich legte etwas an Gewichten zu. Kinderspiel! Das war viel einfacher, als ich dachte. Ich schob so viele Gewichte drauf, wie ich ohne Schwierigkeit anheben konnte. Dann stemmte ich, was das Zeug hielt.

Etwa eine Stunde später war ich mir sicher, das „Aufpäppeln" in Nullkommanichts hinkriegen zu können. So schwer waren diese Übungen wirklich nicht. Die meisten Jungs, denen ich beim

Stemmen zugesehen hatte, waren lange nicht so fleißig gewesen wie ich in der einen Stunde. Also ab unter die Dusche und dann zum Essen. Sicher, ich hatte einen kleinen Muskelkater, aber das ist nun mal so, wenn man ein bißchen trainiert hat.

Wenn du etwas vom Gewichtheben verstehst, hast du mich bestimmt schon lauthals ausgelacht. Muskeln sind wie Gummibänder: Wenn man sie immer wieder dehnt, dann reißen sie entweder oder spannen sich so sehr, daß man sie kaum im Griff hat. Als ich mich an meine Spaghettis machte, ließ sich mein Arm und damit die Gabel nicht mehr lenken. Ich übertreibe nicht, wenn ich behaupte, daß die eine Ladung das Ohr traf und die nächste meine Stirn. Das war schon mehr als peinlich.

Erst dachten meine Freunde am Tisch, daß ich Quatsch machte. Als ich den Grund für meine Behinderung erklärte und um Hilfe bat, drückten sie ihr Mitleid mit rohem Gelächter aus. Mit aller mir zu Gebote stehenden Würde packte ich meinen Kram (so gut es die gesprungenen Federn im Arm zuließen) und zog ab.

Der Muskelkater dauerte tagelang. Seit damals habe ich nie mehr Gewichte gestemmt.

Aber er hat mir gesagt: „Du brauchst nicht mehr als meine Gnade. Je schwächer du bist, desto stärker erweist sich an dir meine Macht." Jetzt trage ich meine Schwäche gern, ja, ich bin stolz darauf, damit die Kraft Christi sich an mir erweisen kann. (2. Korintherbrief 12,9)

Manchmal gehe ich genauso hirnrissig mit meiner Stillen Zeit um wie damals mit dem Gewichtheben. Da mich mein Zustand unzufrieden stimmt, mache ich einen ehrgeizigen Intensivkurs ganz auf eigene Faust: Ich nehme mir völlig absurde Sachen vor, wie zum Beispiel jeden Morgen eine Stunde früher aufzustehen und intensiv Stille Zeit zu machen. Das halte ich kurze Zeit durch (etwa einmal), merke, daß ich nicht schaffe, was ich mir vorgenommen habe, und lasse mich dann durch Enttäuschung davonabhalten, überhaupt Fortschritte zu machen.

Ich hätte viel mehr davon, wenn ich mir Rat von einem Experten holen würde, mich dann bescheiden und gut durchdacht Stück für Stück an die Aufgabe mache – und dabei immer mehr Kraft gewinne. Dazu ist die Zeit mit Gott nämlich da: Kraft zu kriegen für das Leben.

Paulus beichtet im Brief an die Gemeinde in Korinth eine ähnliche Enttäuschung: es ging trotz aller Mühen nicht so voran, wie er es gern gesehen hätte. Er spricht von einem „schweren Leiden" (siehe 2. Korintherbrief 12,7), das anscheinend dafür sorgte, daß seine Ziele sich nicht in dem Maß erreichen ließen, wie er es plante. Nachdem er Gott dreimal gebeten hatte, ihn davon zu befreien, bekam er die Antwort, daß geistliche Kraft irgendwie in der Schwachheit begründet liegt.

Wenn Entschlußkraft allein reichen würde, bei der Stillen Zeit beständiger zu werden, dann würden mein Stolz und meine Selbstüberschätzung schnell ein Stück höher rücken. Die Abhängigkeit von Gott aber würde in meinem Kopf abnehmen. Und das wäre eine Selbstttäuschung.

Wenn wir das nächste Mal versucht sind, die Stille Zeit auf ein „heiligeres" Maß aufzublasen, sollten wir lieber erst die Spaghettis aus dem Ohr holen und Gott mit unseren schwächlichen Bizepsen ehrlich begegnen. Schließlich ist er auf die Schwachen spezialisiert.

Wo sind deine Spaghettis geblieben?

Ist deine Stille Zeit abhängig davon, wie sehr du dich anstrengst? Wie klappt das? Was würdest du Gott heute sagen, damit er sich in deiner Schwäche stark zeigt?

>>>*Noch ein* Lesetip:

Nehemia 6,9; Matthäus 5,3

Ehrlichkeit bei „Dates" ist wie . . .

Lachen mit Trish

>>> Ist dir schon einmal aufgefallen, daß bei Verabredungen unausgesprochene Gefühle oder Klatsch und Tratsch eine größere Rolle spielen als direkte, ehrliche Worte? Hast du schon einmal eine Beziehung erlebt, bei der ihr absolut ehrlich miteinander umgehen konntet?

Trish und ich trafen uns das erste Mal zu einem richtigen Date. Wir kannten einander noch nicht besonders gut. Jetzt warteten wir auf die Pizza und wußten vor Nervosität nicht, wo wir die Hände lassen und hinschauen sollten. Zum Glück kam sie mir mit der Frage zu Hilfe, wie es neulich zu meiner Wahl zum Schülerrat gekommen sei.

„Man könnte an der Schule so viel tun", sagte sie aus tiefer Überzeugung. „Du solltest mal sehen, in welchem Zustand die Mädchentoilette ist."

(Ich mußte zugeben, daß die Mädchentoiletten nicht zu den Themen meiner Wahlversprechen gehört hatten.)

„Der ganze Boden ist mit Zigarettenkippen übersät. Es stinkt total eklig", fuhr Trish fort. Sie freute sich offensichtlich, daß wir endlich gemeinsame politische Interessen diskutieren konnten. „Ich frage mich, ob Dr. Martin (unser Direktor) weiß, wie schlimm das ist."

Ich versuchte, dem Gespräch etwas von seinem Ernst zu nehmen und bemerkte, Dr. Martin sei sicher öfter dort gewesen als ich. Trish aber ließ sich von keinem Witz ablenken, zumindest nicht durch Winke mit dem Zaunpfahl. Dann aber übertrieb sie wirklich.

„Weißt du, ich finde, du und Dr. Martin sollten nächste Woche das Mädchenklo inspizieren und an den Kippen riechen."

So ein Augenblick kann Ewigkeiten dauern, wenn man drinsteckt. Sie ließ von ihrem Gedanken ab, weil ihr klar geworden war, daß sie etwas unfreiwillig Komisches gesagt hatte. Jetzt stand vor unseren geistigen Augen das Bild, wie unser vornehmer Direktor und ich ins Mädchenklo marschierten und gymnastische Übungen absolvierten. Ich konnte mich gerade noch zurückhalten: wie ich schon sagte, kannten wir einander nicht besonders gut. Wenn ich über die unfreiwillige Mädchenklo-Forderung lachte, war zu befürchten, daß sie mich blöd und vulgär fand.

Trish aber rettete die Situation. Nach einer Schrecksekunde schlug sie die Hände vor das Gesicht und kreischte vor Lachen: „Ich kann gar nicht glauben, daß ich so etwas gesagt habe!"

Wir lachten minutenlang und malten uns die Szene in allen Details aus, bevor die Pizza endlich kam. Der Rest des Abends verlief richtig gut und total lustig, und die ganze Zeit wich das Lächeln nicht von unseren Gesichtern.

Als Boas gegessen und getrunken hatte, legte er sich gutgelaunt und zufrieden am Rand des Getreidehaufens schlafen. Heimlich kam Rut und schlüpfte am Fußende unter die Decke. Um Mitternacht schrak Boas auf und beugte sich zum Fußende hin. Dort lag eine Frau. „Wer bist du?" fragte er und bekam die Antwort: „Ich bin Rut! Verzeih mir, ich suche Schutz bei dir. Du gehörst zu denen, die nach dem Gesetz verpflichtet sind, mir beizustehen."
(Rut 3,7–9)

Behielt Boas Rut „unter seiner Decke", so würde er sie damit zu seiner Frau machen. Natürlich, wenn man diese drei Verse isoliert betrachtet, ergäben sie einen ziemlich komischen Heiratsantrag – nicht ganz so, wie man sich das beim Partner seiner Träume vorstellt, oder?

Typisch aber für diese Beziehung zwischen Boas und Rut war Direktheit und Ehrlichkeit. Rut und Naomi (die Mutter von Ruts verstorbenem Mann) hatten feststellt, daß Boas gesetzlich und moralisch verpflichtet und berechtigt war, als Naomis naher Verwandter den Landbesitz der Familie zu „erlösen" und Rut zu heiraten. Vor diesem Hintergrund faßte Rut sich ein Herz und sprach ihn offen und mutig an. Sie dachte sich kein Spiel aus. Sie versuchte ihn nicht im Dunkel der Nacht zu verführen. Sie bat nicht ihre beste Freundin, seinem besten Freund beizubringen, daß sie an ihm interessiert wäre, falls er eventuell das gleiche empfinde. Sie ging auf volles Risiko und verließ sich darauf, daß er sich genauso ehrlich mit ihr auseinandersetzte.

Ehrlichkeit ist in jeder Art Beziehung absolut wichtig und lohnt sich. Wenn man sich zu einem romantischen Date verabredet, ist für Geheimnisse und Unsicherheit sowieso gesorgt. Da sollte man seine wahre Persönlichkeit nicht hinter einer Maske verbergen und den Partner raten lassen, was man in Wirklichkeit denkt oder empfindet. Sonst verzettelt man sich blitzschnell in einem Labyrinth der Beziehungen. Und was hat irgendwer davon?

Danke, Trish, daß du beim Thema „Kippen im Mädchenklo" laut gelacht hast. Da merkte ich, daß wir ehrlich miteinander umgehen konnten, und ich hatte die Freiheit, ich selbst zu sein.

Hättest du auch gelacht?

Wo auf der Ehrlichkeitsskala finden sich deine Beziehungen? Bist du ganz unsicher, wie es um euch steht, weil einer dem anderen etwas vormacht? Gibt es vielleicht ein paar ehrliche Worte, die du heute sagen könntest, um eine ordentliche Prise „Echtheit" in deine Beziehungen zu bringen?

>>>Noch ein Lesetip:

Die vier kurzen Kapitel des Buches Rut; Psalm 15,1–2

Auf die Wiederkunft Christi zu hoffen ist wie . . .

Mit dem Kopf durch die Wand

>>> *Rechnest du damit, daß Jesus in den nächsten dreißig Jahren wiederkommt? In den nächsten dreißig Monaten? Den nächsten dreißig Sekunden?*

Als Kinder fuhren mein großer Bruder und ich oft mit meinem Vater mit, wenn er die eine oder andere Erledigung machte. Damals gab es weniger Kindesentführungen, und Papa ließ uns oft allein im Auto, während er zur Reinigung, zur Post oder zum Kiosk lief.

Einmal mußte Papa einen Krankenhausbesuch machen. Er ließ uns mit zwei Anweisungen im Auto: Tut einander nicht weh, und macht nichts am Auto kaputt. Wir wußten nicht genau, wie lange er wegbleiben würde. Uns war aber klar, daß er jederzeit zurückkommen konnte.

Im Bezug auf die nächsten etwa zwanzig Minuten weist mein Gedächtnis ein schwarzes Loch auf. Ich erinnere mich nicht mehr, warum mein Bruder auf dem Rücksitz war und ich vorn oder warum wir uns gestritten haben. Wohl aber weiß ich, daß ich ihm etwas Provozierendes gesagt hatte (typisch für Brüder) und er sich rächen wollte. Mit beiden Füßen trat er von hinten gegen die Lehne des Vordersitzes, wo ich saß. Anscheinend hatte er seine eigenen Kräfte unterschätzt, denn es haute mich voll gegen die Windschutzscheibe.

Man sollte meinen, daß es zu beträchtlichen Verletzungen und Schmerzen kommt, wenn der Kopf eines Achtjährigen die Windschutzscheibe eines Autos zerschmettert – zumindest sollte es bluten . . . aber nichts dergleichen passierte. Es gab nur einen dumpfen Aufprall, die Scheibe war hinüber, und dann kam ein Hin und Her von Vorwürfen, wer schuld daran sei.

Mein Vater war an Ringkämpfe oder Schmollereien im Auto gewöhnt, wenn er länger weg gewesen war. Ich bezweifle aber, daß er je mit einer kaputten Windschutzscheibe gerechnet hatte.

Seid wie der treue und kluge Diener, dem sein Herr den Auftrag gegeben hat, die gesamte Dienerschaft zu beaufsichtigen und jedem pünktlich seine Tagesration auszuteilen. Er darf sich freuen, wenn der Herr zurückkehrt und ihn bei seiner Arbeit findet. Ich versichere euch: der Herr wird ihm die Verantwortung für alle seine Güter übertragen. Wenn er aber unzuverlässig ist und sich sagt: „So bald kommt mein Herr nicht zurück" und anfängt, die andern zu schlagen und mit Säufern Gelage zu halten, dann wird sein Herr eines Tages völlig unerwartet zurückkommen. (Matthäus 24,45–50)

Mein Bruder und ich haben damals ein gutes Beispiel für den „schlechten Diener" aus diesem Gleichnis abgegeben. Es hatte mit unserer Gewißheit angefangen, daß unser Vater nicht so bald zurückkommen würde. Nicht, daß wir ihn überhaupt nicht mehr erwarteten. Wir stellten uns einfach vor, daß seine Rückkehr ein Ereignis irgendwo in der Zukunft sein würde und nichts, das jeden Augenblick eintreffen konnte. Folglich fingen wir an, uns so zu benehmen, als ob wir seine Rückkehr ganz vergessen hätten.

Die Bibel stellt klar fest, daß Jesus plötzlich zurückkommen und seine Nachfolger zur Rechenschaft ziehen wird. Bei seinem Kommen freuen sich nur die von seinen Kindern, die so gelebt haben, als wäre er nie weg gewesen.

Benimmst du dich so, als ob dein Vater gleich zurückkommt?

Wie würdest du im Augenblick deine Einstellung zur Wiederkunft Christi beschreiben? Ist es so wie bei einem Baby, das nach neun Monaten auf die Welt kommt – bald und ziemlich sicher, wenn es ungefähr so weit ist? Wie beim ersten Menschen, der auf dem Jupiter landet – wahrscheinlich nicht mehr in dieser Generation? Wie beim dritten Weltkrieg – möglich, aber hoffentlich nicht? Oder wie bei einem unbemerkten Besucher, der dir gleich auf die Schulter tippt?

>>>*Noch ein* Lesetip:

2. Timotheusbrief 4,7–8; Offenbarung 22,20 >>

Gottes Gnade ist wie ...

Ein Freiwurf, wenn die Zeit abgelaufen ist

>>> *Hast du schon einmal dein Allerbestes gegeben und feststellen müssen, daß es nicht gut genug war?*

Es war Halbzeit. Das College-Basketballteam, in dem ich mitspielte, saß trübselig im Umkleideraum. Wir lagen schon fast zwanzig Punkte im Rückstand gegen unseren Erzrivalen. Wir hatten in der ersten Halbzeit nicht nur kümmerlich gespielt, sondern auch noch mit wenig Nachdruck und Ehrgeiz. Was uns fehlte, war so etwas wie Begeisterung. Im Prinzip hatten wir aufgegeben.

Ich erinnere mich nicht mehr genau, was uns der Trainer gesagt hatte, weiß aber, daß es mich motivierte. *Vielleicht geht dieses Spiel verloren,* dachte ich, *aber mit noch so einer halbherzigen Show gebe ich mich nicht zufrieden. Her mit dem Ball!*

Für den Rest des Spieles stand ich unter Strom. In der ersten Halbzeit hatte ich einen einzigen mickrigen Korb gemacht, und nun schaffte ich in der zweiten neunzehn Punkte. Unser Team war wie aufgeladen. Der Zwanzig-Punkte-Rückstand bröckelte. Als die letzte Spielminute anbrach, lagen wir nur noch einen Punkt zurück.

Jetzt lief die Zeit aus. Ich dribbelte in der Feldmitte und wurde gefoult. In die Schiedsrichterpfeife hinein kam das Signal für das Spielende. Beide Teams räumten das Feld und schauten zu, was ich aus meinem Doppelfreiwurf machte: Wenn mir der erste gelang, bekam ich auch noch den zweiten. Mit einem Korb würde ein Unentschieden, mit zwei der Sieg gelingen.

Ich verpatzte gleich den ersten.

Danach verblüffte mich am meisten, daß sich niemand mehr an meine neunzehn Punkte erinnerte, mit denen wir unser Comeback in der zweiten Halbzeit schafften. Kaum ein Teamkamerad sah mir in die Augen. Ich bekam mit, wie mein Trainer dem Cheftrainer erzählte, wie enttäuscht er von mir sei. Später hielt mir der

Cheftrainer vor, wie ich so eine Siegchance vermasseln könne. Es ging nicht mehr darum, wie ich gespielt hatte; es ging letztlich nur um das Endergebnis: Sieg oder Niederlage.

Wir alle sind von Unrecht befleckt, selbst unsere allerbesten Taten sind unrein wie ein schmutziges Kleid. Wir sind wie verdorrtes Laub, das der Sturm packt und fortwirbelt – so trifft uns die Strafe für unsere Schuld. (Jesaja 64,5)

Alle sind schuldig geworden und haben die Herrlichkeit verscherzt, die Gott ihnen geschenkt hatte. Aber Gott hat mit ihnen Erbarmen und nimmt sie wieder an. Das ist ein reines Geschenk. Durch Jesus Christus hat er uns aus der Gewalt der Sünde befreit. (Römer 3,23–24)

Von den meisten Zuschauern bekommt man gratis gute Ratschläge: Du brauchst einfach mehr Begeisterung, damit du dein Ziel erreichst und Erfolg hast. Dem menschlichen Geist wird ein großes Maß an Fähigkeit zugeschrieben, alles zu schaffen, worauf man ihn ansetzt.

In der Bibel findet sich ein anderes Bild. Hier steht, daß sogar unsere besten Taten wie ein schmutziges Kleid sind, und daß keiner an Gottes Maßstäbe heranreicht, auch wenn er noch so sehr versucht, so gut wie möglich zu sein. Selbst mit besonderer Begabung, Beliebtheit oder Klugheit können wir uns Gottes Gunst nicht „verdienen". Sogar bei neunzehn Punkten in der zweiten Halbzeit werden durch einen einzigen Fehlwurf die größten Heldentaten zunichte gemacht.

Hier setzt das ein, was man Gnade nennt. Wenn meine Selbstgerechtigkeit am Ende ist, steht die kleine Tür der Demut offen, aus der Gottes Gnade einladend leuchtet. Es bringt die totale Erleichterung, durch die Beziehung zu Gott auch seinen Maßstäben gerecht zu werden. Sonst kämpft man nur vergeblich um unmögliche Anforderungen.

Nach diesem Basketballspiel hat mir kaum ein Freund Trost

zugesprochen, aber mein Vater legte mir wie meistens den Arm um die Schulter und machte mir Mut. Ich wußte schon damals, daß ihm unsere – meine – Niederlage nichts ausmachte, aber erst viel später wurde mir klar, daß auch die „Punkte", die ich erzielt hatte, nichts mit seiner Liebe für mich zu tun hatten.

Stehst du an der Freiwurflinie?

Hast du schon einmal so etwas wie Gnade erlebt? Ist zum Beispiel einmal eine Klausur abgesagt worden, auf die du eigentlich nicht vorbereitet warst? Haben deine Eltern dir schon einmal Schulden erlassen, wie du insgeheim gehofft hast, weil du sie unmöglich zurückzahlen konntest? Hat sich ein Freund nicht von dir abgeseilt, obwohl du ihm übel mitgespielt hast? Wie tragen diese kleinen „Gnadenerweise" dazu bei, dir Gottes Gnade in deinem Leben vorzustellen?

>>>Noch ein Lesetip:

Römerbrief 11,5–6; 2. Korintherbrief 12,9–10

Ein Lob für Gott ist wie . . .
Schlamm zwischen den Zehen

>>> Fällt es dir leicht, Gott zu loben? Oder wirst du von der Ehrfurcht vor Gott manchmal eher eingeschüchtert als inspiriert?

Als Neuling hat man es schwer. Im Biologieunterricht der Mittelstufe hat man noch gelernt, daß die Amöbe die niedrigste Lebensstufe auf unserem Planeten ist, da wird man in der Oberstufe eines Besseren belehrt: die niedrigste Lebensform ist ein frischgebackener Elftklässler.

Auf unserer Schule wurden die Neulinge besonders brutal eingeweiht. Eine ganze Woche lang mußten wir peinliche Klamotten tragen. Wir mußten ekliges Zeug essen. Wir mußten erniedrigende Arbeiten tun. Man hatte den Eindruck, daß die ganze Woche darauf angelegt war, uns zu demütigen.

Der Höhepunkt der Einführungswoche war ein Tauziehen über „dem Loch". Diese etwa sechs Meter lange und anderthalb Meter tiefe Schreckensgrube war voller blubberndem Schlamm, von dem keiner wissen konnte, wie es darin aussah. Die älteren Mitschüler machten sich ihren Spaß mit Vermutungen, es seien vielleicht ein oder zwei Leichen von Elftklässlern darin vergessen worden. Wir sollten nicht weiter beunruhigt sein, wenn sich etwas an unsere Füße klammere, falls wir hineinfielen. Mein fünfköpfiges Team stellte sich gegenüber der Football-Mannschaft auf, der gesamten Angriffsreihe. Da wurde mir klar, warum ohne Ausnahme jeder erst einmal in die Grube fallen mußte, bevor er dazugehören konnte.

Meist ist das Gerede über solche Situationen schlimmer als die Erfahrung selbst. Diesmal aber nicht. Das Loch war so schlimm wie sein Ruf. Es sah eklig aus, und wie man dann schnell merkte, waren auch Geruch, Gefühl und Geschmack einfach ekelhaft. Noch nie wollte ich so schnell aus irgend etwas hinaus.

Für mich war der glücklichste Augenblick der Einführungswoche gekommen, als ein beinahe mitleidiger Fortgeschrittener mich aus der Grube zog und mich an einen Stein geleitete, wo ich abtropfen konnte. In diesem kurzen Augenblick des Mitgefühls war ihm meine dankbare Bewunderung sicher.

Als ich ihn drei Tage später nach dem Sportunterricht im Umkleideraum traf, bröckelte zwischen meinen Zehen immer noch der Schlamm.

Unbeirrt habe ich auf den Herrn gehofft, auf seine Hilfe habe ich gewartet. Er hat mein Schreien gehört und mir geholfen. Ich sah mich schon im Grabe liegen, ich fühlte mich wie einer, der im Sumpf versinkt; doch er hat mich herausgezogen und mich auf Felsengrund gestellt. Jetzt kann ich ungefährdet weitergehen. Ein neues Lied hat er mir in den Mund gelegt, mit dem ich ihn preisen kann, ihn, unseren Gott. Viele sollen es hören und sehen; dann nehmen sie den Herrn wieder ernst und schenken ihm ihr Vertrauen. (Psalm 40,2–4)

Ich gab mir wirklich Mühe, den Schlamm abzuwaschen, gebe aber zu, daß er sich eine Weile zwischen meinen Zehen hielt. Zwar erinnerte er mich an die scheußliche Grube, doch so getrocknet und versteckt bewies er auch, daß die Sache jetzt vorbei war. Ich war nicht mehr in der Grube. Ich hatte einen neuen, älteren Freund, der sich meiner erbarmt hatte und von dem ich jedem erzählte. Er hatte mir herausgeholfen. Nach diesem düsteren Horrorkapitel konnte ich mich auf das kommende Schuljahr freuen.

Wie dem Verfasser von Psalm 40 hat Gott auch mir aus einigen „Gruben“ geholfen. Er hat mich aus gefährlichen und unangenehmen Situationen befreit und meine Füße auf festen Boden gestellt. Deshalb werfe ich immer einen Blick auf den getrockneten Schlamm zwischen meinen „geistlichen Zehen“, wenn es mir schwerfällt, ihn zu loben. Aus der Erinnerung, was er für mich getan hat, entsteht ein Loblied.

Was ist mit dem Schmutz zwischen deinen Zehen?

Hast du in letzter Zeit darüber nachgedacht, was Jesus für dich getan hat, als er starb? Hilft dir die Erinnerung daran, worin du schon alles gesteckt hast, auch heute noch, ihm Lob und Dank entgegenzubringen? Hast du manchmal das Gefühl, wieder in die Grube zurückzurutschen? Dann hilft es, zu Gott zu schreien und geduldig auf ihn zu warten.

>>>Noch ein Lesetip:

Psalm 18,16–18; Epheserbrief 2,1–7 >>>

Bekennen, woran man glaubt, ist wie . . .

Eine neue Rolle Klopapier

>>> Wie sehr liegt dir daran, von deinem Glauben zu erzählen? Gibt es andere, weniger wichtige Themen, bei denen es dir mehr darauf ankommt, die anderen zu überzeugen?

Die Leidenschaften der Leute werden bei unterschiedlichsten „Anliegen" wach. Manche engagieren sich für die Umwelt oder gegen Obdachlosigkeit. Andere haben eher triviale Leidenschaften, zum Beispiel abgrundtiefen Haß auf Anchovis. Die vielleicht banalste Leidenschaft, auf die ich bisher gestoßen bin, hat mit Klopapier zu tun. Genau, Klopapier. Ich rede jetzt aber nicht von der Bevorzugung einer bestimmten Sorte Klopapier. Es geht um das fanatische Kämpfen um die richtige Art, die Rolle Klopapier am Halter zu befestigen. Das muß ich wohl erklären.

Ich half gerade dabei, das Programm für eine Jugendveranstaltung mit Schülern aus mehreren Kirchen in unserer Gegend vorzubereiten und überlegte, mit welchen witzigen Ideen man das Interesse der Kids vor dem Hauptvortrag gewinnen könne. Gerade hatte ich in einem Artikel gelesen, daß die Weltbevölkerung in zwei Lager gespalten ist, wenn es um die Frage geht, wie herum das Toilettenpapier aufgehängt werden sollte. Manche seien fest davon überzeugt, es müsse so befestigt werden, daß das Papier von vorn abgerissen wird. Andere beharren darauf, man müsse es so einhängen, daß es von hinten abgerissen wird.

Ich fand es spaßig, daß sich die Zeitschrift überhaupt die Mühe gemacht hatte, eine Umfrage zu diesem Thema zu starten. In dem Artikel stand, daß wegen dieser Frage sogar schon Ehen geschieden wurden (das ist schon weniger spaßig!). Jedenfalls entschloß ich mich, aus diesem witzigen Thema den Eisbrecher für unser Publikum zu machen. Zu Beginn des Treffens bat ich je einen Schüler von jeder Kirche, nach vorn zu kommen und uns in sechzig Sekunden davon zu überzeugen, warum Klopapier entweder so oder so herum abgerissen werden muß. Nach den Debattenbeiträgen sollten alle Teilnehmer (etwa 250 Schüler) durch Applaus abstimmen, wer gewonnen hatte.

Hätte ich gewußt, was ich damit auslöste, hätte ich ein anderes Thema gewählt! Eine Diskussion über Atomwaffen wäre ein Häkelstündchen gegen das gewesen, was nun kam. Donnernder Applaus und zornige Buhrufe in je gleicher Stärke folgten jedem Beitrag. Ganze Gruppen zerstritten sich unrettbar, als sie gewahr wurden, welch tiefe philosophische Abgründe sie in der alles entscheidenden Klopapierfrage trennten. Einer nach dem anderen kehrten die Redner zu ihrem Platz zurück und mußten feststellen, daß ihre Freunde sich zu Erzfeinden gewandelt hatten – alles nur wegen Klopapier.

Ein anderer, einer von den Jüngern, sagte zu Jesus: „Herr, erlaube mir, erst noch meinen Vater zu begraben." Aber Jesus erwiderte: „Geh mit mir! Überlaß es den Toten, ihre Toten zu begraben!" (Matthäus 8,21–22)

Der Jünger in dieser Bibelstelle hatte eine friedliche, bequeme Nachfolge Jesu im Sinn, mit der er nicht riskierte, den Hausfrieden ins Wackeln zu bringen. Der Vater, um dessen Beerdigung er sich Gedanken machte, war vermutlich noch gar nicht tot. Sonst wäre der Jünger wohl kaum draußen gewesen, um Jesus zuzuhören (im Judentum ist es Brauch, die Toten noch am Sterbetag zu beerdigen). Wahrscheinlich hatte der Vater etwas dagegen, daß sein Sohn Jesus folgte und machte es ihm in irgendwelcher Hinsicht schwer. Also wollte der Sohn wohl warten, bis sein Vater nicht mehr war. Für diesen Mann ging es um eine Gehorsamsentscheidung, die sogar familiäre Beziehungen und Aufgaben überwand.

Ohne Wimpernzucken traten die nach vorn gebetenen Schüler mutig für ihre Sicht des Klopapierproblems ein, von der sie überzeugt waren. Sie stellten sich der Menge, auch wenn sie feindlich gesinnt war. Wie hätte das wohl ausgesehen, wenn sie sie aufgefordert hätte, von ihrem Glauben zu erzählen?

Gut, der Vergleich ist vielleicht nicht ganz fair. Immerhin ist Toilettenpapier ein Gegenstand, den man wirklich täglich braucht. Unsere intimsten Augenblicke gelten dem Einhängen und Abrollen dieses Utensils. Jahrelange praktische Übung hat die Überzeugung in uns reifen lassen, ob „vorn" oder „hinten" besser ist. An dieser Überzeugung lassen wir nicht rütteln, weil sich die Technik tagein, tagaus immer wieder bewährt hat.

Andererseits ist der Vergleich wohl doch fair. Vielleicht sollte es mit unserem Glauben genauso sein, damit wir die nötige Überzeugung bekommen, um darüber zu reden.

Wie denkst du über Klopapier?

Bei welchen Themen ist deine Überzeugung fest genug, daß du vor 250 Leutchen stehen und die Sache verteidigen kannst? Was gilt für deine Beziehung zu diesen Themen, das in der Beziehung zu Gott keine Rolle spielt? Was könntest du heute unternehmen, damit sich mehr Selbstvertrauen und Leidenschaft einstellt, von deinem Glauben zu erzählen?

>>>*Noch ein* *Lesetip:*

Apostelgeschichte 6,8–15; 7,54–60; 1. Korintherbrief 9,16–18

Verbindliches Leben mit Gott ist wie . . .

Eine Fahrt durch die Vergangenheit

>>> *Bist du schon einmal als altmodisch oder komisch kritisiert worden, weil du versucht hast, Gott zu gehorchen? Woher weiß man, ob man sich nach dem Neuen richten oder an das Alte halten soll?*

Damals, nach unserem Umzug in einen hektischen Vorort von Chicago, hatte ich kaum Sehnsucht, in die kleine, ländliche Stadt zurückzukehren, wo ich aufgewachsen war. In meiner neuen Schule waren mehr Leute als vorher in der ganzen Stadt. Unsere neue Nachbarschaft war reicher, die Action besser, die Straßen breiter und der Verkehr schneller.

Auf dem Weg zu den Großeltern fuhren wir immer noch gelegentlich an meiner Heimatstadt vorbei, doch auf der Schnellstraße passierten wir in neun Sekunden den gesamten Ort, der neun Jahre lang mein Zuhause gewesen war. Irgendwie kam mir das passend vor. Das wahre Leben war viel schneller, als man in so einer kleinen Stadt ahnte.

Jahre waren vergangen, und ich kam zufällig mit meiner frischgebackenen Braut in die Nähe meines Heimatortes. An der Ausfahrt gab ich plötzlich dem Impuls nach, durch die Straßen der alten Heimatstadt zu fahren und dann erst auf die Schnellstraße einzubiegen.

Auch meine Frau stellte sich das lustig vor. Sie hatte natürlich viele Geschichten aus meiner Kindheit gehört und fand, eine Fahrt durch den Ort wäre wie eine Besichtigungstour in meine Vergangenheit. Ich ging mit einem ziemlich sarkastischen Lachen darüber hinweg und machte ihr nochmal klar, daß mir nur noch ganz wenig kleinstädtisches Gebaren anhaftete.

Als wir aber an der einzigen Ampel dort anhielten, merkte ich, daß dieser Ort irgendwie fühlbar ein Teil von mir war. Langsam fuhren wir meinen alten Schulweg ab, wobei ich ihr erzählte, wer in welchem Haus wohnte. Wir stiegen für ein paar Minuten aus und begrüßten den alten Nachbarn, der früher mal unseren Fernseher repariert hatte. Wir liefen ein paar Schritte auf dem Weg, wo ich Fahrrad fahren gelernt hatte. Wir warfen Steine in den Teich, in dem ich zum ersten Mal geangelt hatte. Wir setzen uns auf die Stufen der Kirche, wo ich zum ersten Mal Gott begegnet war.

Der Herr sagt: „Ich habe mein Volk gemahnt: Haltet an auf dem Weg, den ihr geht; seht euch um und fragt, wie es euren Vorfahren ergangen ist! Dann wählt den richtigen Weg und folgt ihm, so wird euer Leben Erfüllung finden." Aber sie sagen: „Wir wollen nicht." (Jeremia 6,16)

Warum sollte man auf die Idee kommen, sich auf die holprige, zweispurige Strecke zu begeben, wenn doch gleich da vorn die Autobahn lockt? Das Leben läuft doch viel schneller und spannender ab als das, was die alten Pfade zu bieten haben. Die Schnellstraße ist beliebter und belebter. Dort kann ich alle überholen, die nicht so schnell fahren wie ich, ich kann jede Spur wählen, die ich will und komme schneller an das Ziel, das ich anstrebe. Die alten Wege sind malerische Umwege für Eltern oder Großeltern. Zu mir paßt die Autobahn besser!

Allerdings verwischt die Autobahn alles. Es gibt weder Beziehungen noch Erinnerungen. Keine alten Nachbarn, kein Teich für meine Steinwürfe. Die Autobahn ist praktisch, ein Mittel zum Zweck. Sie verspricht schnelle Bewegung – keine Wurzeln, keine Ruhe. Hier braucht man nicht abzubremsen, man muß sich nicht erinnern und sich nur an wenige Regeln halten.

In den nächsten Stunden auf dem Heimweg sprachen meine Frau und ich darüber, was es hieß, in dieser kleinen Stadt aufzuwachsen. Wir sprachen über mein Gefühl, ihr entwachsen zu sein. Und doch ließ mich die Geborgenheit und Ruhe dieser alten Gassen nicht los. Es gab nicht viele Freunde, von denen ich sagen konnte, daß ich sie so gern mochte wie meinen alten Nachbarn.

Die Autobahn zog unter unseren Reifen dahin, aber es gab nichts, das unsere Aufmerksamkeit gefesselt hätte. Am liebsten wäre ich an der nächsten Ausfahrt abgebogen und auf Landstraßen nach Hause gegondelt. Zumindest aber konnte ich mich innerlich dazu durchringen, mit meiner neuen Familie auch im Sog der Großstadt ein bißchen mehr Frieden und Dauerhaftigkeit erleben zu wollen – durch ein Leben, das dem alten und immer wieder neuen Weg folgt, den Jesus vorgegangen ist. Ihm will ich nachfolgen – und folgen kann man jemandem nur, wenn man nicht schneller fährt als der, der führt . . .

Mal wieder durch die alten Straßen gefahren?

Gibt es Bereiche in deinem Leben, wo du aus Gewohnheiten „rausgewachsen" bist, die du tief im Innern als richtig empfindest? Welche Versuchungen der schnellebigen Welt machen die „alten Pfade" reizlos? Fällt dir ein Beispiel aus deiner Vergangenheit ein, wo sich der alte Weg als besser erwiesen hat als die neue Strecke, die du unbedingt ausprobieren wolltest?

>>>Noch ein Lesetip:

Jeremia 18,15; Micha 6,8 >>

Gott dienen ist wie . . .

Englischunterricht in der 8. Klasse

>>> *Fühlst du dich gut genug, Gott zu dienen?*

Damals in der Achten kam meine Englischlehrerin wie immer in die Klasse, aber irgend etwas war anders als sonst. Ohne ein Wort ließ sie den Bücherstapel auf das Pult fallen und zeigte mit ihrem Finger auf mich. Ich setzte mich aufrecht, schluckte und bereitete mich auf eine Entschuldigung für jede mögliche Missetat vor, denn mein schlechtes Gewissen meldete sich sofort.

Ging es diesmal um die Steine, mit denen ich und meine Freunde das Haus der zickigen Lehrerin bombardiert hatten? Das wußte doch keiner, oder? Vielleicht war auch herausgekommen, daß wir uns in der fünften Klasse mal in den Kiosk gegenüber geschlichen hatten. Nein, nein, wahrscheinlich ist aufgeflogen, daß damals in der vierten Klasse . . .

Mir blieb keine Zeit mehr für die Bestandsaufnahme meiner Grundschul-Missetaten. Mit ihrem Zeigefinger bedeutete die Lehrerin mir, ans Pult zu treten, wo sie mir eine handschriftliche Notiz unter die Nase hielt. „Ich habe heute keine Stimme und brauche dich", stand darauf. Ich schaute sie an und las den Zettel ein zweites Mal. Dann blickte ich zurück. Es war kein Witz. Sie reichte mir einen zweiten Zettel mit der Erklärung, daß meine anderen Lehrer Bescheid wußten: Ich sollte an diesem Tag mit ihr von Klasse zu Klasse gehen und mit Hilfe ihrer schriftlichen Anweisungen Englisch unterrichten.

„Warum ich?" fragte ich, weil ich mir schon Gedanken machte, was meine Mitschüler wohl dazu sagen würden.

Mit finsterem Blick schrieb sie einen neuen Zettel. „Weil ich es gesagt habe!" stand da in gestochener Handschrift. „An die Arbeit!"

Da ließ Gott eine Rizinusstaude über Jona emporwachsen, die sollte ihm Schatten geben und seinen Ärger vertreiben. Jona freute sich riesig über diese wunderbare Staude. Aber früh am Morgen schickte Gott einen Wurm. Der nagte die Wurzel an, so daß der Rizinus verdorrte. (Jona 4,6–7)

Das Buch Jona führt uns eine ganze Reihe von Gottes „auserwählten" Dienern vor. Gott erwählte Jona, um in der sündigen Stadt Ninive zu predigen. Doch der floh in die entgegengesetzte Richtung. Also erwählte er einen Sturm im Meer und einen großen Fisch, um Jona in die richtige Richtung zu treiben. Als Jonas Predigt in Ninive Wirkung zeigte, verzog er sich schmollend an den Stadtrand. Dort erwählte Gott eine Pflanze und einen Wurm, um Jona seine Gnade und Größe zu verdeutlichen.

Jonas Erfahrung beweist, daß unser Dienst für Gott von seiner Auswahl und kein bißchen von unserem Können oder unserer Bereitschaft abhängt. Gott wollte in Ninive etwas bewirken und erwählte die verschiedensten Geschöpfe, damit das Vorhaben gelang. Ein Mann, ein Sturm, ein Fisch, eine Pflanze, ein Wurm – Jona ist zwar Titelheld des Buches, doch spielte jeder andere auch seine Rolle in diesem Streifen, in dem Gott Regie führte. Und selbst am Ende des Buches fragt man sich noch mit Recht, ob der dusslige Jona seine Erwählung besser verstanden hat als der Wurm. Wahrscheinlich nicht.

Wenn Gott uns zum Dienst beruft, sagt er im Grunde das gleiche wie meine Lehrerin in der achten Klasse: „Ich brauche heute deine Stimme."

Bei allem Protest und trotz des Gefühls, daß wir uns nicht für die Aufgabe eignen und daß die anderen uns auslachen werden – wenn wir erwählt wurden, gibt's kein Gezicke. Mit der Frage: „Warum ich?" wollen wir uns rauswinden und zeigen die Befürchtung, es gehe um etwas besonders Schwieriges.

Gott antwortet: „Weil ich es gesagt habe. An die Arbeit!"

Er hätte auch einen Sturm bitten können. Oder einen Wurm. Aber heute bist du gefragt!

Merkst du, wie der Finger auf dich zeigt?

Welchen Dienst für Gott hast du bisher deshalb verschoben oder gemieden, weil du auf besseres Wetter wartest? Hast du Kontakt zu „großen Fischen“ gehabt, die dich ohne Rücksicht auf deine Gefühle ganz woanders ausspuckten? Kannst du dir deine Rolle und Aufgabe so vorstellen, daß es nicht mehr nötig ist, erst darauf zu warten, daß du gut genug bist? Gott möchte dich heute einsetzen, so wie du bist!

>>>Noch ein Lesetip:

Lukas 19,37–40; 1. Korintherbrief 2,1–5 >>

Buße ist wie . . .

Ein Sturz von Steuerbord

>>> *Warum macht es eigentlich viel mehr Mühe, mit einer falschen Sache aufzuhören, als damit anzufangen?*

Hast du schon einmal darüber nachgedacht, wie du besonders ungern sterben würdest? Ich weiß, die Frage ist ziemlich makaber. Man hält sich nicht gern bei solchen Themen auf. Trotzdem habe ich ein paar Gedanken daran verschwendet und bin zum Entschluß gekommen, daß ich auf keinen Fall im offenen Meer ertrinken möchte.

Stell dir deshalb mein Unbehagen vor, als wir von Miami aus auf einem Kreuzfahrtschiff Richtung Dominikanische Republik in See stachen. Am ersten Abend an Bord lief ich mit meiner Frau Beth auf dem Oberdeck umher und bemerkte, daß uns außer einer Reling in Bauchhöhe nichts von den dunklen, schier endlosen Wassern der Karibik trennte. Die schwarzen Fluten gingen nahtlos in den wolkenverhangenen, sternenlosen Himmel über. Wir hätten auch irgendwo im Weltraum treiben können.

Ich erinnere mich, mit Beth darüber gesprochen zu haben, wie leicht man hier unbemerkt über Bord gehen könne, wenn niemand den schwachen Schrei hörte. Man hätte keine Chance, gefunden zu werden. An dieser Stelle wurde sie ein bißchen nervös und schlug vor, wieder hineinzugehen.

Am nächsten Tag machten wir eine Besichtigung der Kommandobrücke und konnten den Offizier ausfragen. Jetzt erfuhr ich, was passierte, wenn jemand (vor Zeugen) über Bord ging: Das Schiff macht dann sofort einen weiten Bogen, der es nach etwa 45 Minuten zur gleichen Stelle zurückbringen würde. 45 Minuten! Ich war entsetzt!

„Wie lange ungefähr kann der Mensch Wasser treten?“

„Manche schaffen es länger als andere“, stellte der Offizier fest. Vor ein paar Jahren kreuzte das gleiche Schiff in einem Sturm auf der Suche nach einer Frau umher, die um etwa sieben Uhr abends von ihrer Jacht gefallen war. Kurz nach zehn wurde sie wie durch ein Wunder entdeckt und gerettet. Sie hatte ohne Schwimmweste bei stürmischer See länger als drei Stunden durchgehalten.

Vor Schreck wurde ich fast ohnmächtig. Ein Alptraum! Zum Glück schlugen die anderen aus der Gruppe mir dann vor, zu einem freundlicheren Thema überzugehen oder zu verschwinden.

Jeder einzelne von euch bekommt das Urteil, das er durch sein Verhalten verdient hat. Das sage ich, der Herr! Ändert euch also und begeht kein Unrecht mehr! Ladet keine Schuld mehr auf euch! Macht euch frei von eurem früheren Leben; schafft euch ein neues Herz und eine neue Gesinnung! Warum wollt ihr unbedingt sterben, ihr Israeliten? Ich habe keine Freude daran, wenn einer wegen seiner Vergehen sterben muß. Das sage ich, der Herr. Also ändert euch, damit ihr am Leben bleibt!
(Hesekiel 18,30–32)

Auf Deck eines riesigen Kreuzfahrtschiffes vergißt man leicht die Geschwindigkeit, mit der man durchs Wasser getragen wird. Die Menschen auf dem Kahn bewegen sich mit der Geschwindigkeit mit und machen sich keine großen Sorgen darum, wo sie genau sind oder wohin es geht. Mit der Sünde kann es genauso gehen.

Wenn es sich so verhält, ist Buße tun kaum einfacher als das Wendemanöver eines Schiffes. Dazu muß zuerst mal der Warnschrei: „Mann über Bord!" zu hören sein. Darauf muß man unverzüglich und radikal reagieren – so scharf abdrehen, daß die Stühle an Deck ins Rutschen kommen und mancher Passagier sich über die Störung der lustigen Seefahrt beklagt. Selbst nach dem Wendemanöver dauert es dann eine Weile, bis die Richtung wirklich geändert ist. Diese Richtungsänderung ist aber mehr als ein notwendiges Übel – es geht dabei um Leben und Tod. Ich selbst bin es, der über Bord gegangen ist, und wenn das Schiff nicht wendet, komme ich um.

Wendemanöver angesagt

Welche Sünden entwickeln bei dir die stärkste Triebkraft und Gefahr, dich ins Abstürzen zu bringen, wenn du heute vor Gott deinen Kurs prüfst? Kommt dir das Leben mit der Sünde vielleicht wie eine nette Kreuzfahrt vor? Wenn das so ist, welche Stimmen versuchen dich dann zu überreden, einfach so weiterzumachen? Wer setzt sich dafür ein, mit dem Wendemanöver anzufangen?

>>>*Noch ein* Lesetip:

Psalm 51, 10–13; Lukas 15,7,10

Echte Freundschaft ist wie . . .

Ein Kuß

>>> *Wer sind deine besten Freunde? Kann man besonders tolle Freundschaften pflegen und daran arbeiten, oder entstehen solche Freundschaften eher zufällig?*

Küsse vergißt man nicht. Ich erinnere mich lebhaft an meinen ersten „echten" Kuß mit meiner Freundin. Es geschah auf einem Heuwagen. Auch erinnere ich mich an das eine Mal, als ich ein bestimmtes Mädchen lieber küssen wollte als sie mich. Es fühlte sich an, wie einen toten Fisch abzuknutschen.

Ein Kuß ist deswegen unvergeßlich, weil man in diesem Augenblick verwundbar und wehrlos ist. Man hat die Augen meist geschlossen. Selbst wenn sie offen sind, ist man zu nah am anderen, um auf dessen Hände zu achten. Übrigens sind gleich hinter den Lippen die Zähne.

Als ich das Mädchen küßte, das eigentlich nicht wollte, merkte ich sofort, was sie empfand. Nämlich nichts. Es war peinlich. Von weichlippiger Verwundbarkeit war bei ihr keine Spur, und mir war klar, daß ich ihre Gefühle für mich falsch eingeschätzt hatte. Das tat sehr weh. Niemand will gern so verletzt werden. Von da an habe ich nie ein Mädchen geküßt, ohne vorher zu fragen.

Vergessen habe ich viele Küsse, die nur dem „sportlichen Ehrgeiz" galten. Mehr hat nicht dahinter gestanden. Dagegen erinnere ich mich sehr genau daran, wie ich meinen neugeborenen Sohn zum ersten Mal geküßt habe. Auch an das letzte Mal, wie mein Vater meine Oma zum Abschied küßte. Ich weiß noch ganz genau, wie ich zum ersten Mal das Mädchen geküßt habe, das später meine Frau wurde. Erst heute morgen habe ich ihr den bisher letzten Kuß des Tages gegeben.

Stimmt, an Küsse erinnert man sich. Es sind oft Meilensteine einer Beziehung. Sie können entweder mehr Nähe oder mehr Abstand einleiten.

Da kam auch schon Esau mit seinen 400 Mann. Als Jakob ihn sah, stellte er die Kinder zu ihren Müttern. Er ließ die Nebenfrauen mit ihren Kindern vorangehen, dahinter kam Lea mit ihren Kindern, und zum Schluß Rahel mit Josef. Er selbst ging an der Spitze des Zuges und warf sich siebenmal zu Boden, bis er zu seinem Bruder kam. Esau aber lief ihm entgegen, umarmte und küßte ihn. Beide weinten vor Freude. (1. Mose 33,1–4)

Obwohl Jakob und Esau Brüder waren, hatte ihre Beziehung sehr gelitten. Vorbei waren die gemeinsamen Kindheitserlebnisse und Erfahrungen, von denen Freundschaften zusammengehalten werden. Ihr Zuhause gab es nicht mehr. Nun kam Esau mit einer Armee auf Jakob zugeritten und hatte gute Gründe, sich an seinem fiesen kleinen Bruder zu rächen. Wo soll man anfangen, eine so kaputte Beziehung zu kitten? Wie kann man unter solchen Umständen auf Freundschaft hoffen?

Anscheinend erkannten sowohl Jakob als auch Esau, daß der Weg dazu Verwundbarkeit ist. Jakob beugte sich (er machte sich verwundbar), und Esau lief herbei und umarmte ihn. Dann kam es zum Kuß, und beide weinten vor Erleichterung. Die Beziehung war gerettet.

Kein Wunder, daß durch alle Epochen hindurch der Kuß als Akt der Verehrung, Versöhnung und als Ausdruck tiefster Gefühle galt. Immerhin setzt man Körper, Herz und Ego dabei voll ein. Kein Wunder, daß einige der Briefe im Neuen Testament mit der Aufforderung schließen, einander mit einem „heiligen Kuß" zu grüßen. Kein Wunder, daß Jesus sich der totalen menschlichen Ablehnung (dem Gegenteil von einem Kuß) auslieferte, um seine große Liebe zu uns zu beweisen. Kein Wunder, daß man wirklich tiefe Freundschaften so selten erlebt. Wer bringt schon dieses Maß an Verwundbarkeit auf?

Schon die Lippen gespitzt?

Wie schätzt du die Verwundbarkeit in deinen besten Freundschaften ein? Steckst du in gespannten Beziehungen oder kaputten Freundschaften, die sich durch mehr Verwundbarkeit und Offenheit gegenüber dem anderen retten ließen? Erwartest du den ersten Schritt vom anderen? Was wäre dein erster Schritt, wenn du dich heute dazu durchringen würdest?

>>>Noch ein **Lesetip:**

Psalm 2,11; 1. Thessalonicherbrief 5,26

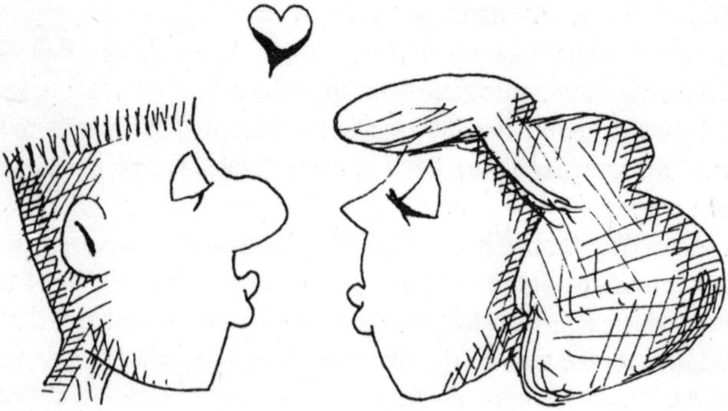

Gott persönlich kennen ist wie ...

Eine Fahrt nach Des Moines

>>> Hast du manchmal das Gefühl, Gott gut zu kennen? Ist er manchmal auch ganz weit weg? Hängt das von dir selbst ab? Oder etwa von Gott?

Die Fahrt von Chicago nach Des Moines in Iowa ist nicht gerade die malerischste Strecke Amerikas. Einer meiner besten Freunde wollte aber nun mal da draußen heiraten, und ich sollte bei seiner Hochzeit als Brautführer dabei sein. Mein Vater war Pastor in der Kirche gewesen, wo wir beide groß geworden sind. Er bot sich an, mich mitzunehmen.

Bis dahin waren mein Vater und ich noch nie sechs Stunden zu zweit in einem Auto gefahren. Eine ganze Weile fuhren wir ohne große Worte einfach an den Maisfeldern vorbei. Doch allmählich kam ein Gespräch zustande, über die bevorstehende Hochzeit meines Freundes, meinen College-Abschluß und die Eindrücke meines Vaters von unserer Entwicklung.

Es war total interessant zu hören, was Papa zu meiner Entwicklung zu sagen hatte. Ich fragte immer genauer nach, was er bei bestimmten Begebenheiten gedacht und gefühlt hatte. Er fragte dagegen mich, was ich zu seinen elterlichen Bemühungen gedacht und empfunden hatte. Ich sah ihn auf einmal viel klarer in seiner ganz normalen Menschlichkeit, wie er als Vater mit der Aufgabe zu kämpfen hatte, seine vier Kinder gut zu erziehen. In seiner Bescheidenheit erkannte er gar nicht, wie klug und geschickt er diese Rolle ausgefüllt hatte. Auch er sah mich durch dieses Gespräch in neuem Licht. Wir lachten, diskutierten und rangen um die richtigen Worte für schwierige Themen. Hin und wieder erlaubten wir uns auch stilles Nachdenken und sogar ein paar Tränchen.

Wir kamen viel schneller in Des Moines an, als ich gedacht hatte. Irgendwie wollte ich noch gar nicht am Ziel sein. Ich war noch nicht bereit, die gemeinsame Fahrt zu beenden.

Jesus erwiderte auf ihre Vorwürfe: „Ich versichere euch: der Sohn kann nichts von sich aus tun. Er handelt nur nach dem Vorbild seines Vaters. Was dieser tut, das tut auch der Sohn. Der Vater gibt dem Sohn Einblick in alles, was er tut; denn er liebt ihn. Er wird ihm noch viel größere Aufgaben übertragen, und ihr werdet darüber erstaunt sein." (Johannes 5,19–20)

Zu den tollsten Bildern, mit denen uns die Bibel die Gemeinschaft mit Gott beschreibt, gehört die Beziehung zwischen Vater und Sohn. Leider ist diese Beziehung in unserer menschlichen Erfahrung oft absolut unterentwickelt. Wir fühlen uns vielleicht sogar von unseren Vätern schlecht behandelt und vernachlässigt. Unsere Sicht von Gott als himmlischer Vater wird durch die Beziehung zu unserem irdischen Vater beeinflußt, und leider oft negativ. Für uns Christen ist das ein zwingender Grund, die Beziehung zu unserem irdischen Vater zu pflegen und alles zu tun, was dazu nötig ist, auch dann, wenn die Sache einseitig bleibt. (Ich persönlich empfehle gemeinsame Langstreckenfahrten!)

Noch dringender brauchen wir aber die Nähe zu Gott und die richtige Beziehung zu unserem himmlischen Vater. Dazu sind „lange Strecken" auch eine ganz brauchbare Idee. Das Ziel solcher „Fahrten" spielt eigentlich keine Rolle. Wichtig ist, daß die Zeit voll und ganz Gott gewidmet ist – ohne Ablenkung. Hier stelle ich mich seinen Fragen zu meinem Charakter und meinen Motiven, und andersherum frage ich ihn auch nach Sachen, die ich wissen will. Ich nehme mir als Ziel vor, Gott als Person kennenzulernen, nicht nur sein Handeln für mich zu erbitten. Geheimnisvollerweise ist mir hinterher auch viel klarer, wie sehr er mich persönlich kennt. Daraus erwächst dann wieder eine größere Liebe für ihn, und unsere Beziehung wird reicher. Diese Fahrt soll nie aufhören!

Schon mal mit Gott auf große Fahrt gegangen?

Wie könntest du heute mit Gott auf die Reise gehen? Wo könntest du ihm begegnen? Ist dazu ein besonderer Ort am besten geeignet? Oder reicht ein ruhiger Platz zu Hause? Was würdest du ihn fragen? Kannst du dir jetzt gleich Zeit nehmen?

>>>Noch ein Lesetip:

Johannes 3,35; Johannes 14,9–26 >>>

Unehrliche Gebete sind wie ...

Drei Stunden Autowäsche

>>> Ertappst du dich manchmal dabei, daß dein Gebet eher für die Ohren von anderen als für Gott bestimmt ist?

Als ich meiner späteren Frau Beth zum ersten Mal begegnete, wußte ich, daß ich immer mit ihr zusammensein wollte. Wir lernten uns in der Anmeldeschlange am College flüchtig kennen, und ich hatte keine Ahnung, wann sie mir das nächste Mal über den Weg laufen würde. Dieses Treffen wollte ich unbedingt vorantreiben.

Manchmal staune ich selbst, was ich schon alles unternommen habe, um etwas zu bekommen, was ich unbedingt haben wollte. Hin und wieder war das durchaus nützlich: harte Arbeit, Kreativität, Forschung oder eine Sparleistung. Häufig war es nicht unbedingt gut: Ich habe es mit der Wahrheit nicht genau genommen, Menschen benutzt oder mich so dargestellt, wie ich eigentlich nicht bin.

Nachdem ich Beth gesehen hatte, sorgten der Duft ihres Parfüms und ihr bezauberndes Lächeln dafür, daß mir die Grenze zwischen Sinn und Unsinn nicht mehr bewußt war. Deshalb überredete ich meinen Mitbewohner, mir beim Autowaschen auf dem Parkplatz vor dem Studentenheim zu helfen. Wozu das gut sein sollte? Die College-Post befand sich im Erdgeschoß unseres Gebäudes. Beth wohnte in einem anderen Haus. Aber sie mußte ja irgendwann kommen und ihre Post abholen. Es sollte nicht so aussehen, als ob ich die ganze Zeit nur auf sie gewartet hatte. Aber wenn ich vor der Tür rein zufällig mein Auto wusch ...

Ich erkundigte mich am Schalter und erfuhr, daß die Post gegen neun Uhr morgens kam. Am Samstagmorgen um fünf vor neun schleppte ich meinen widerstrebenden Kumpel (der schon eine Freundin hatte und nicht annähernd so motiviert war wie ich) zum Autowaschen mit auf den Parkplatz. Um halb zehn war das Auto von außen sauber, um zehn auch von innen. Bis halb elf hatten wir Kofferraum und Handschuhfach aufgeräumt. Um elf war der Geduldsfaden meines Kumpels zum Zerreißen gespannt. Bis halb zwölf war das Auto noch dreimal gewaschen worden. Er behauptete, daß die Farbe schon abging.

„Hütet euch, eure Frömmigkeit vor den Menschen zur Schau zu stellen! Denn dann habt ihr keinen Lohn mehr von eurem Vater im Himmel zu erwarten . . . Wenn ihr betet, dann tut es nicht wie die Scheinheiligen! Sie stellen sich gern zum Gebet in den Synagogen und an den Straßenecken auf, damit sie von allen gesehen werden. Ich versichere euch: sie haben ihren Lohn schon kassiert."
(Matthäus 6,1,5)

Na schön, dann waren ich und mein Kumpel also Heuchler. Wir standen auf dem Parkplatz und stellten unseren „Fleiß" zur Schau. Unsere Motive hatten nichts mit dem zu tun, was wir vorgaben.

Einige Mädels waren zwischen fünf vor acht und kurz nach zwölf mehrmals an uns vorbeigekommen, bis Beth und ihre Freundinnen sich endlich blicken ließen. Bestimmt hat so manche gedacht: „Der muß sein Auto aber lieben!" Ganz unrecht hatten sie nicht, aber mir lag viel mehr daran, von jemand gesehen zu werden, dessen Aufmerksamkeit mir lieb und teuer war.

Manchmal ist es um meinen Dienst für Gott nicht besser bestellt. Das gilt sogar für das Gebet. Im Prinzip fühle ich mich Gott verpflichtet, ähnlich wie damals meinem Auto. Zeitweilig aber herrscht das Motiv vor, jemanden zu beeindrucken, der mir etwas bedeutet, nicht etwa der Dienst für Gott oder das Gespräch mit ihm. Jesus sagt, daß damit die ganze Sache wertlos wird. Meine Belohnung kommt von dem, dessen Aufmerksamkeit mir wirklich etwas wert ist. Manchmal ist das Gott. Oft genug aber jemand anderes.

Wen willst du auf dich aufmerksam machen?

Wer außer Gott soll auf dich aufmerksam werden, wenn du „fromm“ handelst oder öffentlich betest? Was würde anders werden, wenn du allein nach Gottes Aufmerksamkeit lechzen würdest? Würde der Unterschied auch anderen auffallen? Wäre es nicht sinnvoll, heute mit Gott offen darüber zu reden?

>>>*Noch ein* *Lesetip:*

Hesekiel 33,31–32; Matthäus 23,13–36 >>

Ein biblisches Gleichnis ist wie ...

Ein Klingonen-Tarnschild

>>> Hast du dich schon mal gewundert, warum Jesus so oft in Gleichnissen sprach, statt direkt zu sagen, was er meinte?

Kennst du einen Trekkie? Wenn du nicht weißt, was ich damit meine, dann sicher nicht. Trekkies sind unverbesserliche Star-Trek-Fans. Sie kennen jede Fortsetzung der Star-Trek-Fernsehserie im Original (die ganze dreijährige Folge). Sie haben alle Raumschiff-Enterprise-Filme mindestens dreimal im Kino gesehen und haben sie außerdem noch auf Video. Sie horten ein aberwitziges Sammelsurium von Star-Trek-Devotionalien und beherrschen fließend das Vokabular um Warp-Speed, Phasers und Dilithium-Kristalle. Manche sprechen sogar fließend Klingonisch, obwohl das eher wie Rülpsen für Fortgeschrittene klingt.

Man merkt es sofort, wenn ein Trekkie in der Nähe ist. Ich bin kein echter Trekkie, habe aber die Serie im Fernsehen gern geguckt und alle Filme gesehen. Gut, vielleicht bin ich leicht suchtgefährdet.

Ich bezweifle allerdings, daß es den Autoren der Serie auf einen hohen Gehalt an geistlicher Wahrheit in ihren Storys ankommt. Vielmehr geht es in der Serie vor allem um den Menschen und seinen Erfindungsreichtum. Es überrascht aber immer wieder, was man als Christ so alles entdecken kann, wenn man die Augen offen hält.

Jeder, der ein bißchen Ahnung vom Raumschiff Enterprise hat, weiß, daß die Klingonen die außergalaktischen Erzfeinde der Sternenflotte (der Guten) sind. Bei einem der Konflikte hatten die Klingonen eine Geheimwaffe entwickelt, einen Tarnschild. Damit konnten sie ihr Raumschiff für jedes Ortungsgerät unsichtbar machen und sich so unbemerkt an andere Schiffe ranschleichen.

Der Nachteil dieses Tarnschilds bestand darin, daß das Raumschiff seine Waffen erst abfeuern konnte, wenn es sichtbar wurde. Unter dem Tarnschild konnte es zwar unbemerkt umherkreuzen, war aber machtlos. Erst wenn es sich materialisierte, bekam es seine Angriffskraft zurück.

Dieser Tarnschild verhalf den Klingonen, ganz nahe an den Feind zu gelangen. Aus der Sicht des Feindes existierten sie gar nicht. Erst, wenn die Klingonen sich zeigten, nahm der Feind ihre Existenz und Macht wahr – eine wirklich große Feuerkraft.

Die Jünger kamen zu Jesus und fragten: „Warum gebrauchst du Gleichnisse, wenn du zu den Leuten redest?“ Jesus antwortete: „Euch läßt Gott erkennen, wie er seine Herrschaft auf der Erde durchsetzt, die anderen nicht. Wer viel hat, dem wird noch mehr gegeben, so daß er mehr als genug haben wird. Wer aber wenig hat, dem wird auch noch das Wenige weggenommen, das er hat.“ (Matthäus 13,10–12)

Jesus setzte Gleichnisse so ein wie die Klingonen ihren Tarnschild. Die in den Gleichnissen verborgene Wahrheit wurde aktiviert oder in Kraft gesetzt, wenn Jesus es wollte, und zwar durch den Grad der Offenheit, mit der sie aufgenommen wurde. Solange die Wahrheit im Gleichnis verborgen war, waren alle „vernebelt“, die nicht an Jesu Worte glaubten. Sie erkannten nicht, daß die Gleichnisse keine bloßen Rätsel waren, sondern Laserschwerter, die nur für „Insider“ sichtbar sind.

Wenn Menschen ihr Herz zumachen und ihre Augen davor verschließen, kapieren sie überhaupt nichts; so als ob sie taub wären. Daß die Gleichnisse für sie keinen Sinn ergaben, war nur ein Symptom ihres Hauptleidens: des Unglaubens. Im Gegensatz dazu verstehen die Gläubigen die Wahrheit in seiner Lehre, wie Jesus sagt. Deshalb sind sie „selig“ oder glücklich zu nennen.

Hinter dem Tarnschild der Klingonen stand ein geheimer High-Tech-Mechanismus. Das Geheimnis, wie man Gottes Wahrheit hinter den Gleichnissen der Bibel erkennt, ist der Glaube an Jesus. Im Grunde liegt hier das Geheimnis, überhaupt Gottes Wahrheit zu erkennen – selbst in „Raumschiff Enterprise“.

Setzt du deine Geheimwaffe ein?

Hast du schon einmal einen Kartentrick oder ein Zauberkunststück gesehen, das dir so lange wie pure Magie vorkam, bis du wußtest, was dahinter steckt? Kennst du andere Beispiele für Geheimnisse, für die es eine einfache, aber kaum bekannte Lösung gibt? Ob dir solche Beispiele wohl besser verstehen helfen, wie man die Geheimnisse der Bibel durch die Person Jesu entschlüsseln kann?

>>>*Noch ein* *Lesetip:*

Lukas 10,25–37; 1. Korintherbrief 2,6–16

Sich vor Versuchungen schützen ist wie . . .

Der Kauf von kurzen, weiten Trinkgläsern

>>> Gibt es eine bestimmte Versuchung, auf die du immer wieder hereinfällst? Kannst du irgend etwas gegen dieses suchtähnliche Verhalten tun?

Als ich in meine erste eigene Wohnung einzog, stattete ich meine Küche vor allem mit Geschirr aus, das meine Mutter nicht mehr brauchte oder wenigstens nicht vermißte. Das Besteck war zusammengewürfelt, Töpfe und Pfannen sahen aus, als hätten sie schon mal als Zielscheibe gedient. Meine Trinkgläser waren mit allen möglichen Aufdrucken verziert – aber keines paßte zum andern.

Ich hatte keine Geschirrspülmaschine, aber da ja allein ich mit meiner einfachen Ausstattung zurechtkommen mußte, gelang es mir oft, das Geschirr wochenlang nicht zu spülen. Wenn ich lange genug wartete, kam irgendwann meine Mutter zu Besuch und sah sich aus Mitleid oder Ekelgefühl veranlaßt, den Abwasch für mich zu erledigen.

Eines Tages aber holte mich meine schlechte Angewohnheit ein. Ein Freund von mir wollte sich etwas zu trinken eingießen und fragte, wo die Gläser seien. Stolz darauf, gerade am Abend vorher den monatlichen Abwasch erledigt zu haben, sagte ich, er könne sich aus dem Schrank bedienen, vor dem er gerade stehe. Er nahm ein Glas nach dem andern raus, schaute hindurch und stellte es dann ins Waschbecken, weil es eher nach Milchglas aussah. Peinlich!

Als ich mich an diesem Abend über ein gut gefülltes Abwaschbecken beugte und den Anlaß meiner Schande wegscheuerte, wurde mir das Problem bewußt: Meine Hände waren einfach zu breit, um auf den Boden der schmalen Gläser zu gelangen. An den Seiten waren sie sauber, jeder Aufdruck leuchtete fröhlich bunt, doch aus dem Boden hätte ohne weiteres Unkraut keimen können.

Von da an besorgte ich mir nur noch kurze, weite Gläser.

Tag für Tag redete sie auf Josef ein, aber er gab ihr nicht nach. Einmal hatte Josef im Haus zu tun; niemand von der Dienerschaft war gerade in der Nähe. Da hielt sie ihn an seinem Gewand fest und sagte: „Schlaf jetzt mit mir!" Er riß sich los und lief hinaus; das Gewand blieb in ihrer Hand zurück. (1. Mose 39,10–12)

Josef hatte einen Chef namens Potiphar. Dessen Frau ging ihm ständig auf die Nerven mit dem Ansinnen, mit ihr zu schlafen. Sie war ausgesprochen ausdauernd: Josef mußte tagein und tagaus der Versuchung widerstehen, ihr diesen ja nicht unbedingt unangenehmen Wunsch zu erfüllen. Wie ging er damit um? So gut er konnte wich er Situationen aus, in denen sie ihn verführen wollte. Er weigerte sich nicht nur, mit ihr ins Bett zu gehen, sondern überhaupt mit ihr allein zu sein.

Die Vermeidungsstrategie funktionierte eine Weile, doch als Potiphars Frau diese Verteidigungslinie unterlief, mußte Josef sich ganz und gar aus der Gefahrenzone bringen und weglaufen. Obwohl die Frau log und Josef deswegen ins Gefängnis kam, wirkte Gott durch diese Umstände, und Josef wurde zum zweitwichtigsten Mann in Ägypten.

Ich mußte die schwer zu säubernden Gläser aus dem Haus schaffen. Josef mußte aus dem Haus einer Dame mit schmutzigen Gedanken fliehen. Es geht um das gleiche Prinzip: Wenn man es nicht schafft, unter bestimmten Umständen sauber zu bleiben, muß man für andere Umstände sorgen. Kann man die Umstände nicht ändern, muß man vor ihnen fliehen.

Noch eine Anmerkung: Inzwischen habe ich einen Geschirrspüler und leiste mir Gläser aller Formen, ohne den Einspruch meiner Mutter, meines Freundes oder des Gesundheitsamtes zu fürchten. Meine Möglichkeiten, Sauberkeit zu schaffen, haben sich geändert. Das gibt mir die Freiheit, zu den alten Umständen zurückzukehren. Solltest du allerdings mal bei mir zu Hause ein Getränk zu dir nehmen wollen und stellst fest, daß der Geschirrspüler kaputt ist, verlange auf jeden Fall ein kurzes, weites Glas.

Probleme mit dem Durchblick?

Mit welchen „schmutzigen Gläsern" hast du so deine Probleme? Machst du dir Hoffnungen, durch mehr Anstrengung dieser Versuchung Herr zu werden, selbst wenn sich deine Schwäche immer wieder deutlich zeigt? Bedeutet es etwa einen Mangel an Vertrauen, vor der Versuchung wegzulaufen, statt Gott um Hilfe zu bitten? Oder ist Flucht nicht manchmal auch der klügere Weg?

>>>*Noch ein* Lesetip:

Matthäus 26,40–41; Jakobusbrief 1,13–15 >>

Der Einfluß von Freunden ist wie ...

Wackelpudding kochen

>>> *Wie sehr beeinflussen deine Freunde dein Verhalten? Und ist dieser Einfluß gut für dich oder nicht?*

Als ich mit der Schule fertig war und ein selbständiges Leben begann, bekam ich es mit der unangenehmen Realität zu tun: Wäsche waschen, Geschirr spülen, Klo putzen. Da fehlte mir meine Mutter doch sehr. Tatsächlich schätzte ich nachträglich ihre jahrelange Mühe so sehr, daß ich ihr nicht nur am Muttertag eine Karte schickte, sondern jedesmal, wenn ich das Bad geputzt hatte. Natürlich war das nur zwei- oder dreimal im Jahr, aber die Idee ist es, die zählt, oder?

Kochen allerdings gehört zu den Pflichten, die man nicht gut aufschieben kann. Ich erinnere mich gut an das erste Gericht, das ich kochen lernte – Wackelpudding. Na ja, das gilt vielleicht nicht als Kochen, immerhin aber muß man mixen, rühren, das Rezept lesen und warten. Und das sind doch die Grundlagen beim Kochen, nicht?

Egal, mich hat immer beeindruckt, wie das mit dem Wackelpudding klappt. Man rührt die Mischung in sehr heißes Wasser ein, gießt relativ kaltes Wasser dazu und gibt das Produkt in irgendeinen Behälter. Nach ein paar Stunden im Kühlschrank kann man den Pudding essen. Er ist dann so geformt, wie man ihn haben wollte.

Mein erster Wackelpudding hatte sich in der Form an das untere Kühlschrankfach angepaßt. Die Plastikschüssel war nämlich unbemerkt gesprungen.

Paßt euch nicht den Maßstäben dieser Welt an. Laßt euch vielmehr im Innersten von Gott umwandeln. Laßt euch eine neue Gesinnung schenken. Dann könnt ihr erkennen, was Gott von euch will. Ihr wißt dann, was gut und vollkommen ist und was Gott gefällt. (Römer 12,2)

Mit der Beeinflussung durch Freunde ist es nicht viel anders als mit Wackelpudding. Man nimmt etwas echt Heißes wie einen gemeinen Gedanken oder eine verbotene Sache. Allein der Gedanke daran bringt Gefühle und Adrenalin in Wallung, und man kocht geradezu vor Lust, es zu tun, vielleicht nur dieses eine Mal. Es dauert nicht lange, und man wird vom Gedanken daran so aufgemischt, daß die Sache schon ein richtiger Teil der Persönlichkeit ist. Oder die Persönlichkeit wird von der Sache total in Beschlag genommen.

Man gebe die „abkühlende" Wirkung hinzu, die sich einstellt, wenn man kritisiert oder lächerlich gemacht wird. Die Blicke von Freunden können eiskalt sein. Das höhnische Grinsen der anderen, die nicht deine Freunde sind, wirkt wie Eiszapfen. Man schaudert beim Gedanken, jemanden nicht beeindrucken zu können, der dabei mitmacht. Jetzt kommt das kalte Wasser dazu.

Dann wird die Sache in die Form gekippt. Egal, was verlangt wird: In diesem flüssigen Zustand macht man alles mit und paßt sich an alles an. Mut oder Unabhängigkeit ist jetzt nicht gefragt; das würde nicht in die Form passen. Denk nicht mal daran, deine Meinung zu sagen – du würdest nur auffallen. Wackelpudding setzt sich in einer Schicht, mit einer Farbe und Form ab. Entspann dich und laß einfach fließen. Jemand anderes bestimmt, was aus dir werden wird.

Hör auf! Raus aus der Form! „Paßt euch nicht den Maßstäben dieser Welt an", sagt Gott im obigen Vers durch Paulus. Seine Umwandlung ist immer besser als jede Anpassung. Der Kampf spielt sich in deinem Innersten ab. Die Umwandlung nach dem Vorbild Christi funktioniert, wenn man jeden neuen Tag Verstand und Gefühle auf ihn ausrichtet. Dann kannst du erkennen, was Gott wirklich mit dir vorhat. Es geht um seinen guten, wohltuenden und vollkommenen Willen. Jede Wette, das ist kein geistlicher Wackelpudding.

Gemischte Gefühle?

Was für Leute sind es eigentlich, die am häufigsten von dir verlangen, dich anzupassen? In welche Form wollen sie dich bringen? Für welche Phase des Wackelpuddingrezepts bist du am anfälligsten – die heiße Versuchung, der kalte Spott oder das stille Warten auf die Form, die man dir zuweist? Womit kannst du eine Umformung beginnen, die dir soviel Mut verleiht, daß du jeder Beeinflussung widerstehen kannst, die in dieser Woche auf dich wartet?

>>>Noch ein Lesetip:

Psalm 135,15–18; Philipperbrief 3,8–10 >>

Erlösung ist wie . . .

Eine Überraschungsparty

>>> Hast du schon einmal daran gedacht, daß Gottes Plan zur Erlösung etwas Besonderes oder Geheimnisvolles ist? War es nicht irgendwie eine Überraschung für dich, als er dich erlöst hat?

Meine Freundin und ich waren an meinem Geburtstag zum Essen ausgegangen und kamen gerade nach Hause. Die Feier war ziemlich bescheiden gewesen, nur wir beide und das Essen. Anscheinend hatten weniger Leute als sonst meinen Geburtstag zur Kenntnis genommen. Mir kam der Gedanke, daß so ein Geburtstag immer weniger beachtet wird, wenn man älter wird. Und das war wohl normal . . . dachte ich jedenfalls.

Es kam mir allerdings komisch vor, daß große Geburtstagsfeiern kleinen Kindern vorbehalten sind, die wahrscheinlich nicht mal wissen, daß es ihr Geburtstag ist, wenn man es ihnen nicht sagt. Dabei sind wir großen Jungs wahrscheinlich mehr auf solche Feiern angewiesen als andere Menschen. Wir sind es doch, die einen besonderen Tag mit voller Aufmerksamkeit und Spaß brauchen, an dem wir verwöhnt werden. Vielleicht sind die Eltern gerade deswegen so verschwenderisch bei ihren Partys für kleine Kinder, die nicht wissen, daß sie Geburtstag haben: Es sind die Feiern, die sie sich selbst nicht gönnen.

„Hat es dir Spaß gemacht?“

Meine Freundin unterbrach mit ihrer Frage den Gedankenfluß, der mich fast in Selbstmitleid versinken ließ.

„Klar“, sagte ich, um auch mich selbst zu überzeugen. „Geburtstage sind halt nicht mehr das, was sie mal waren.“

Wir stiegen die Stufen des Hauses hoch. Sekundenbruchteile nach dem Öffnen der Tür dachte ich, daß irgend etwas anders sei. Das Zimmer kam mir dunkler als sonst und ein bißchen muffig vor. Ich griff nach dem Schalter.

ÜBERRASCHUNG! Es verschlug mir buchstäblich den Atem. Beim plötzlichen Anblick von dreißig Leuten in meinem kleinen

Wohnzimmer griff ich geschockt nach meinem Herzen. Natürlich war meine erste Reaktion, meine Freundin zu beschützen, doch als ich sie anschaute, sah ich ein lächelndes, eingeweihtes Gesicht. Sie und dreißig Freunde von mir hatten die klassische Überraschungsparty aufgezogen, und ich war völlig ahnungslos geblieben.

Als ich mich vom ersten Schock über die unerwartete Geburtstagsparty erholt hatte, konnte ich im Rückblick wie beim Puzzle Hinweise und Vorahnungen zusammenlegen, die auf die Überraschung verwiesen. Diskret war mir angekündigt worden, daß mir irgend etwas Außergewöhnliches bevorstand, aber erst nach der Überraschung selbst konnte ich es mir zusammenreimen.

Denn Gott hat uns wissen lassen das Geheimnis seines Willens nach seinem Ratschluß, den er zuvor in Christus gefaßt hatte, um ihn auszuführen, wenn die Zeit erfüllt wäre, daß alles zusammengefaßt würde in Christus, was im Himmel und auf Erden ist. (Epheserbrief 1,9–10)

Das Wort „Geheimnis" in diesen Versen hat eigentlich die Bedeutung „Überraschung" oder „Geheimplan". Es beschreibt etwas, das zuvor unbekannt war, jetzt aber enthüllt wurde – wie eine Überraschungsparty.

Gottes Plan für unsere Erlösung hat die gesamte Menschheit überrascht. Wer hätte gedacht, daß Gott sich auf diese Art auf die Welt begeben würde? Wer hätte geglaubt, dieser unbedeutende Zimmermann könne der Messias sein, der die Menschen von ihrer Sünde erlöst? Selbst wenn manche herausgefunden hätten, daß er derart heimlich auf die Welt kommen würde, wäre es doch undenkbar geblieben, daß er am Kreuz sterben mußte, statt durch die Herrschaft auf einem Thron die Macht zu übernehmen.

Im Fall der Verse im Epheserbrief geht die Überraschung noch weiter. Paulus, ein frommer Jude, der den Brief geschrieben hat, staunt darüber, daß Gott den Zugang zur Erlösung auch anderen als seinem erwählten jüdischen Volk geöffnet hat. Das Werk Christi ist für alle da, die im Glauben zu ihm kommen. Hups!?

Wenn ich an meine Geburtstagsparty zurückdenke, fällt es mir nicht schwer, mich an die Verblüffung zu erinnern, die ich im ersten Moment empfunden hatte. Man kann ganz leicht erkennen, wie alles zusammengewirkt hat, um die Überraschung möglich zu machen. Vor allem aber erinnere ich mich daran, wieviel Spaß und Freude mir die Party danach gemacht hat.

Warst du überrascht?

Ist Gott in deinem Leben immer noch mit überraschenden Methoden am Werk? Sollte sein Wirken für dich immer mit einer gewissen Überraschung zu tun haben, oder gilt das nur für die Erlösung? Gibt es Hinweise, auf die du achten könntest, daß Gott dich zu seinem Fest führen will?

>>>Noch ein Lesetip:

Apostelgeschichte 15,1–31; Epheserbrief 3,1–6

Erfolg ist wie . . .

Nase putzen, statt ins eigene Horn zu blasen

>>> *Hast du manchmal das Gefühl, daß Erfolgsrezepte sich von einem Tag zum andern wandeln? Wie also soll man erfolgreich sein?*

Als ich früher mal im Schülerrat mitarbeitete, machte ich eine Trainingswoche für Führungskräfte in Colorado mit. Am Tag vor der Abreise stellte sich eine furchtbare Stirnhöhlenvereiterung bei mir ein. Mein Kopf fühlte sich an wie ein gigantischer Schleimbeutel, der jede Minute zu platzen drohte . . . was aber nicht geschah.

Der einzige freie Platz auf dem Flug nach Colorado war in der Raucherabteilung, was die Sache noch schlimmer machte. Die Höhenlage des Tagungsortes tat ein übriges. Als wir endlich im Ausbildungszentrum angekommen waren, tat sich mein Partner mit einem Mädchen zusammen und hatte nichts anderes mehr im Kopf, als sich mit ihr abzuseilen. Ich sah alles nur noch aus dem schmalen Spalt meiner verquollenen Augen und entschloß mich eisenhart, die Sache durchzuziehen.

Es hob nicht gerade meine Stimmung, daß es im Zentrum von lauter Führungstypen wimmelte. Ich war ja selbst als zukünftige Führungskraft entsandt worden. In kleiner Dosis sind wir durchaus zu genießen. Ein ganzes Zentrum voll wirkt allerdings schon nervtötend. Die ganze Woche lang versuchten die äußerst wettbewerbsorientierten Typen, Gremien zu betreiben, Einfluß zu gewinnen, ihre Ideen zu verbreiten und zu beweisen, was für tolle Nachwuchskräfte sie waren.

Ich wollte nichts als meine Nase putzen, am besten mit ihren Hemden. Ich hing die ganze Woche nur schlaff als passiver Teilnehmer in kleinen, großen und Extra-Gruppen herum und schaute zu. Am letzten Tag der Veranstaltung saß ich in einer Kleingruppe, in der diskutiert wurde, wie man Konflikte auf der

Führungsebene lösen könne. Zwei echt widerliche Kerle setzten sich für ganz unterschiedliche Strategien ein und versuchten, die Gruppe von der Qualität ihrer Ideen zu überzeugen. Mein Kopf dröhnte, mein Geduldsfaden riß, und ich fiel ihnen ins Wort: Sie verschwendeten nur unsere Zeit und bewiesen, daß alle beide keine Ahnung von Konfliktlösung hatten. Ich schlug einen Kompromiß vor, um hier pünktlich Schluß machen zu können. Schließlich wollte ich noch das eine oder andere Taschentuch vollschnauben.

Sehr zu meiner Verblüffung bekamen wir zu hören, daß Konflikt und Debatte nur vorgeführt worden seien. Man wollte feststellen, wer von uns Leitern wirklich gelernt habe, wie man in schwierigen Situationen eingreift und Führungstalent beweist. Ich hatte Initiative gezeigt und damit den verdeckten Wettbewerb gewonnen. Und das nur, weil ich mir die Nase putzen wollte.

Falsche Waage kann Gott nicht ausstehen; nur richtiges Gewicht ist ihm recht. Wer überheblich ist, wird verachtet; ein kluger Mensch ist bescheiden. Der Aufrichtige wird von seiner Redlichkeit geleitet; der Hinterhältige wird von seiner Falschheit umgebracht. Reich sein bewahrt nicht vor Gottes Strafe; aber Gott gehorchen rettet vor einem frühen Tod. (Sprüche 11,1–4)

Dieses Körnchen Weisheit aus Gottes Wort lehrt uns, daß die Menschen den Erfolg oft mit krummen und betrügerischen Methoden messen. Der natürliche menschliche Stolz treibt uns an die Spitze, überall dahin, wo wir Ansehen, Reichtum und Macht erlangen können. Um uns selbst zu genügen, versuchen wir, jedermann zu gefallen, doch dabei werden wir zu Heuchlern und machen uns vor lauter Selbstsucht kaputt. Wir verlieren über unserem Ehrgeiz den gesunden Menschenverstand.

In den Sprüchen dagegen steht Gottes Methode, wie man es zu Erfolg bringt: Er empfiehlt Eigenschaften wie Bescheidenheit, Ehrlichkeit und Gehorsam. Das sind die „richtigen Gewichte“, an

denen wahrer Erfolg gemessen wird. In Gottes Augen hat nicht derjenige Erfolg, der an die Spitze drängt, sondern jeder, der anderen bescheiden dient. Man braucht sich nicht an die Maßstäbe von Hinz und Kunz zu halten, sondern tut einfach, was richtig ist. Dann kommt man vorwärts.

Anscheinend war meine Stirnhöhlenvereiterung damals ein Geschenk Gottes gewesen, das mir einen gesünderen Menschenverstand verlieh, als ich ihn im gesunden Zustand bewiesen hätte. Schon von meiner körperlichen Verfassung her war mir nicht danach zumute mitzukonkurrieren, nach vorn zu drängen oder mich selbst zu beweisen. Das hat mir die Freiheit gegeben, den richtigen Lösungsvorschlag zu machen, statt mich einzuschleimen.

Womit ist dein Kopf voll?

Drängt es dich an die Spitze, vielleicht sogar auf Kosten anderer oder der richtigen Entscheidung? Verfolgst du im Augenblick Pläne, mit denen du anderen gefallen willst, die vor Gott aber nicht standhalten? Wie stellst du es an, dir den Kopf von falschen Erfolgsplänen freizuhalten?

>>>*Noch ein* Lesetip:

Matthäus 18,1–4; Matthäus 20,20–28 >>

Glaube ist wie . . .

Ein Weg durch gefährliches Terrain

>>> Kommt es vor, daß dich der Glaube direkt in Situationen führt, vor denen du Angst hast? Wäre es falsch, nach einem Ausweg zu suchen?

In meinem ersten Collegejahr hatte ich von 21 Uhr bis Mitternacht einen Job in der Sportanlage. Ich hielt Wache über Tennisanlage und Sporthalle, die in die Tribüne des Football-Stadions eingebaut waren. Zu dieser nächtlichen Stunde war hier nicht viel los. Meist konnte ich mich hinsetzen und lernen, bis ich dann um Mitternacht die Runde machte, alle Lichter ausknipste und abschloß.

Bei den oberen Lichtern war das einfach, aber unten führte eine einzige Treppe zur Sporthalle und den Umkleideräumen. Für mich hieß das, ein kleines Lämpchen an der Treppe anzulassen, während ich die gesamte Strecke um das Stadion ablief, um die anderen Lichter auszumachen. Danach hatte ich nur diese Sechzig-Watt-Funzel für die letzten hundert Meter zurück zur Treppe.

Als ich eines Nachts das Licht im letzten Umkleideraum ausgemacht hatte, stand ich plötzlich in absoluter Dunkelheit. Entweder hatte ich vergessen, das Licht an der Treppe einzuschalten, oder jemand anders hatte es ausgemacht. Jetzt stand ich vor einer dieser typischen Entscheidungen, denen man sich sonst stellt, wenn man mitten in der Nacht zur Toilette muß. Ich hätte das Licht im Umkleideraum wieder einschalten, die hundert Meter zur Treppe laufen und dort das Licht anmachen können, hätte dann aber noch zweihundert Meter Rundgang vor mir gehabt, um meine Arbeit zu beenden. Ich konnte aber auch im Dunkeln gehen – ein Entschluß, der im Lauf der Jahrhunderte für viele blaue Flecken bei Generationen von Nachtwächtern gesorgt hat.

Komisch, wie lange es dauert, hundert Meter im Dunkeln abzuschreiten. Noch erstaunlicher ist die Unmenge von Gedanken, die einem dabei durch den Kopf gehen. Ich erinnerte mich plötzlich an eine Nachricht vom Anfang der Woche, daß in unserer Gegend ein Kettensägenmassaker verübt worden war. Ich dachte an alle Horrorfilme mit Morden an Teenagern, die ich je gesehen hatte. Ich dachte daran, daß ich mit an Sicherheit grenzender Wahrscheinlichkeit das Licht an der Treppe angelassen hatte.

Gegen Morgen kam Jesus auf dem Wasser zu ihnen.
Als sie ihn auf dem Wasser gehen sahen, erschraken sie.
Sie meinten, es sei ein Gespenst, und schrien vor Angst.
Sofort sprach Jesus sie an: „Erschreckt nicht! Ich bin's, habt keine Angst!"
Da sagte Petrus: „Herr, wenn du es wirklich bist, dann befiehl mir, auf dem Wasser zu dir zu kommen!"
„Komm!" sagte Jesus. Petrus verließ das Boot und ging auf dem Wasser auf Jesus zu. (Matthäus 14,25–29)

Will man Glauben beweisen, heißt das manchmal, geradewegs gegen die Angst anzugehen. Das ist nicht einfach. Es ist sogar praktisch unmöglich, wenn man nicht unheimlich fest entschlossen ist, auf der anderen Seite anzukommen. Wie sollte man sich sonst erklären, daß Petrus mitten in der Nacht auf den stürmischen See hinaussteigt, um auf jemanden zuzugehen, den er zunächst für ein Gespenst gehalten hatte?

Was mich die hundert Meter im dunklen Gang des Stadions losgehen ließ, war das Vertrauen, daß es am Ende der Strecke einen Lichtschalter gab. Nützlich war auch die leicht spürbare Kante, die meinen Füßen Orientierung bot. Ich wußte, wohin es ging. Außerdem wußte ich, daß ich nach der Kurve nicht mehr weit von der Treppe und damit vom Lichtschalter entfernt war.

Aus Angst kann man schon mal auf religiöse Gedanken kommen. Damals dachte ich an den Psalm, in dem es heißt: „Dein Wort ist meines Fußes Leuchte und ein Licht auf meinem Wege" m 119,105, Luther). Auf ganz neue Art erkannte ich, wie s Wort ein sicherer Steg unter meinen Füßen ist, selbst wenn seine Gegenwart fern und verdunkelt zu sein scheint.

Als ich gerade nach dem Lichtschalter langte, kam mir noch die panische Vision, wie mich so kurz vor dem Ziel eine behaarte Hand am Arm packen würde. Dann drückte ich den Schalter, und alles war sofort anders. Das hat Licht so an sich.

Wie oft mußt du im Dunkeln laufen?

Hast du vor etwas zurückgescheut, wofür du Glauben nötig hattest? Lag es an der furchteinflößenden Strecke, die erst zurückgelegt werden mußte? Kannst du dir vorstellen, wie du am Ende dieser Strecke anlangst und denkst, daß es gar nicht so schlimm war? Welche Sicherheits“kante“ aus Gottes Wort könntest du deinen Füßen bieten, die dir heute die nötige Zuversicht für den Weg gibt?

>>>*Noch ein* *Lesetip:*

Hebräer 11; Philipperbrief 1,27–28

Bibellesen ist wie . . .

Stöbern in alten Briefen

>>> Kommt dir das Bibellesen manchmal wie eine lästige Pflicht vor? Was würdest du lieber lesen?

Ich packte gerade ein paar Bücher zusammen, weil ein Umzug bevorstand, als mir der alte grüne Schuhkarton auffiel. Nach kurzem Nachdenken wußte ich wieder, was da drin war – ein Stapel von alten Briefen. Ich kam mir wie ein kleines Kind vor, dessen Mutter gerade das verloren geglaubte Spielzeug hinter der Couch gefunden hatte. Gleich machte ich die Schachtel auf und fing an zu lesen.

Manche Briefe waren von verflossenen Freundinnen. Andere stammten von meinen Eltern oder Großeltern und waren anläßlich wichtiger Ereignisse geschickt worden. Es gab Briefe von früher mal engen Freunden, mit denen ich den Kontakt verloren hatte, und von entfernten Freunden, die mir jetzt nahestanden. Ein paar Briefschreiber lebten sogar nicht mehr. Ich konnte nicht aufhören zu lesen.

Mir kamen Namen, Ereignisse und Beziehungen in den Sinn, über die ich lange nicht nachgedacht hatte. Mit meinen Gefühlen ging es auf und ab, als ich mich an die Lebensphasen erinnerte, die jeder Brief belegte. Manchmal war es ein Gefühl, als würde ich in fremder Post stöbern, als seien die Worte für jemand ganz anderen als mich geschrieben worden. Manchmal wurde mir neu bewußt, zu welcher Person ich mich entwickelt hatte und wie gerade diese Worte mich geformt oder mit Narben gezeichnet hatten, die ich heute noch trage.

Viele dieser Briefe waren Zeugen schmerzhafter Geschichten, denen ich mich nur ungern stellte. Ich biß mir dabei auf die Lippen und wunderte mich, wie ich all das bewältigt hatte, ohne in die Anstalt zu müssen. Andere Briefe hatten buchstäblich Worte des Lebens, die Mut machten, motivierten und stabilisierten. Die Schreiber waren Leute, die mich liebten und immer noch lieben.

Ich könnte sogar noch mehr für mich in Anspruch nehmen und von der Vollmacht Gebrauch machen, die der Herr mir gegeben hat. Damit würde ich mich bestimmt nicht übernehmen. Aber ich erhielt meinen Auftrag, um euch zu helfen, und nicht, um euch zugrunde zu richten. Es soll nicht so aussehen, als ob ich euch mit meinen Briefen einschüchtern wollte. Sie sagen ja schon: „Die Briefe, die er schreibt, sind bedeutend und eindrucksvoll; aber wenn er persönlich bei uns ist, macht er eine erbärmliche Figur, und sein Wort hat keine Kraft." Wer so denkt, dem sage ich: Genau so, wie meine Briefe auf euch wirken, werde ich handeln, wenn ich zu euch komme.
(2. Korinther 10,8–11)

In neutestamentlicher Zeit spielten Briefe eine besonders wichtige Rolle. Weil man nicht so wie heute in alle Welt jetten konnte, konnte ein Brief ungewöhnlich viel Macht bergen und zu umwälzenden Konsequenzen führen. Deshalb wurde er auch sehr sorgfältig behandelt.

Immer noch können Briefe eine solche Wirkung bergen, denn nach wie vor repräsentieren sie die Persönlichkeit des Autors. Stell dir vor, wie jemand einen Brief vom Gericht erhält, in dem er vor den Kadi zitiert wird, oder die Benachrichtigung vom Notar, worin steht, daß er eine Million geerbt hat. Briefe können ganze Lebenspläne ändern. Stell dir vor, wie jemand den ersten Liebesbrief von „ihr" oder den reuevollen Brief eines verlorenen Sohnes oder den Abschiedsbrief des treulosen Ehemanns öffnet. Ein Brief kann ein ganzes Leben verändern.

Der Brief sagt sozusagen stellvertretend das, was die abwesende Person sagen würde, wenn sie leibhaftig da wäre. Kein Wunder, daß Gott uns einen so großen Teil des Neuen Testamentes in Briefform gegeben hat! Sein Wort ist für uns Liebesbrief, amtliche Mitteilung, gute Nachricht und vieles mehr. In Gottes Wort finde ich seine Persönlichkeit selbst.

Hast du in letzter Zeit den Schuhkarton aufgemacht?

Hast du die Bibel schon einmal als Gottes Brief an dich betrachtet? Hast du in letzter Zeit erkannt, daß sie ein Liebesbrief ist, daß sie dich erinnert, wo du früher gestanden hast, klare Anweisungen gibt, wohin du gehen sollst – und noch manches andere? Würde es dir helfen, heute noch einen Brief an Gott zu schreiben?

>>>Noch ein Lesetip:

Galaterbrief 1,1–12; Philipperbrief 1,1–5 >>>

Sünde ist wie . . .

Eine Haarkugel >>>

>>> Ergeben sich aus Fehlentscheidungen in einem Lebensbereich nicht schon mal Fehlentscheidungen auf anderen Gebieten? Häufen sich bei dir im Lauf der Zeit die Sünden an, oder hast du mehr mit einmaligen Fehltritten zu tun?

Ich habe eine Bekannte, der es gleich schlecht wird, wenn ich nur ein paar Worte sage. Ich weiß nicht, warum diese Macht – von der ich nur selten Gebrauch mache – so einen großen Reiz auf mich ausübt. Irgendwie macht es aber Spaß, daß ich sie immer damit ärgern kann, wenn es auf einer Party mal lahm zugeht.

Versteh mich nicht falsch. Ich muß ihr keine schmutzigen und verletzenden Worte oder Gemeinheiten sagen. Das Thema, von der ihr sofort übel wird, heißt ganz einfach: Haarkugel.

Wenn du keine Haustiere hast (jüngere Geschwister sind natürlich nicht gemeint), muß ich das erklären. Pelzige Kreaturen wie Katzen halten sich sauber, indem sie ihr Fell lecken. Das ist bekannt. Wenn sich dabei Haare lösen, können sie vom Tier verschluckt werden und ergeben im Lauf der Zeit eine Haarkugel, die sich in der Kehle oder im Magen festsetzt. Ein Haar zuviel, und das Tier erstickt fast. Dann würgt es den ganzen fest ineinander geknäuelten Haufen raus. Bitte sehr: eine Haarkugel.

Anscheinend wird meiner Bekannten nicht nur von der visuellen Vorstellung der Haarkugel schlecht. Auch das Geräusch, mit der sie hochgewürgt wird, ist für sie extrem abstoßend. Wenn ich die Haarkugel anschaulich genug beschreibe und dann die richtigen Geräusche ganz unten in der Kehle mache, kann ich eine totale Ekelvorstellung heraufbeschwören. Eigentlich hätte sie schon bei den Worten gewürgt, die du gerade gelesen hast.

Es sind die eigenen Wünsche, die den Menschen ködern und fangen. Wenn einer ihnen nachgibt, wird sein Begehren gleichsam schwanger und gebiert die Sünde. Und wenn die Sünde sich auswächst, führt sie zum Tod. (Jakobusbrief 1,14–15)

Der Vorgang beim Sündigen kann ähnlich sein wie die Entstehung einer Haarkugel. Anfangs geht es langsam – hier und da wird mal geleckt. Kein vereinzeltes Lecken kommt uns besonders schwerwiegend vor. Das einzelne Haar bringt scheinbar keine Konsequenzen. Es sammelt sich allerdings an. Jedes einzelne Haar könnte schließlich den Erstickungsanfall bringen. Selbst wenn es dazu noch nicht gekommen ist, heißt das nicht, daß es keinen Tag der Haarkugel geben wird. Aus Haaren entstehen nun mal Haarkugeln, und wenn die groß genug sind, fängt das Würgen an.

Was tun? Vielleicht mit dem Lecken aufhören. Das ist so ähnlich wie der Entschluß, sich nicht von den eigenen bösen Wünschen versuchen zu lassen. Doch die Bibel lehrt uns, daß wir Christen zeitlebens mit unserer sündigen Natur zu kämpfen haben. Nicht versucht werden wäre so sehr gegen die Natur wie eine Katze, die sich nicht leckt.

Gott hat uns aber im Gegensatz zur Katze mit einer Fluchtmöglichkeit ausgestattet, einem Notausgang: wir können unsere Sünden bekennen. Wenn wir Gott bekennen, daß wir der Versuchung nachgegeben haben und seine Auffassung teilen, damit gesündigt zu haben, dann reinigt er uns von dem Schmutz, der uns dadurch anhaftet. Er nimmt die gesammelten Schadstoffe weg.

Von Zeit zu Zeit gerät ein Haar auf die Zunge, selbst bei der größten Mühe, „sauber" zu bleiben. Wenn wir aber Gott bekennen, daß wir versagt haben, dann hilft er uns verhindern, daß die Haare sich ansammeln und unsere Beziehung zu ihm abwürgen.

Riskierst du gerade das große Würgen?

Sammelt sich bei dir Sünde an, von der du Gott noch nichts gesagt hast? Kannst du noch nicht zugeben, daß du falsch liegst? Haben sich schon Konsequenzen eingestellt? Kannst du dir vorstellen, wie so eine „Haarkugel“ dir den Atem raubt? Schütte Gott bald dein Herz aus, bevor deine Beziehung zu ihm noch stärker abgewürgt wird.

>>>Noch ein Lesetip:

Psalm 51,1–4; 1. Johannesbrief 1,9 >>

Glaube ist wie . . .

Rollschuhlaufen auf Befehl

>>> Hast du schon einmal versucht, im Glauben zu leben, und feststellen müssen, daß du nichts mehr im Griff hattest? War das für deinen Glauben gut oder schlecht?

Rollschuhlaufen finde ich doof. Nicht, wenn jemand anders läuft. Ich schaue dem eleganten Gleiten gern zu. Es ist bloß so, daß ich selbst nicht gern laufe.

Dafür gibt es natürlich gute Gründe. In der Schule habe ich mich meist aktiv sportlich betätigt. Besonders im Winter aber redete unser Basketballtrainer uns alles aus, was verstauchte Gelenke oder verdrehte Knie einbringen könnte. Folglich habe ich nie Skilaufen, Schlittschuhlaufen oder Rollschuhlaufen gelernt. Außerdem hatte ich als Schüler die schlechte Erfahrung gemacht, daß das hübsche Mädchen, mit dem ich mich traf, bald mit einem anderen Typen um mich herum kreiste. Ich klammerte mich solange am Geländer fest. Da läuft man ungern Rollschuh, stimmt's?

Man stelle sich also meine Bestürzung vor, als meine Jugendgruppe in der Kirche immer wieder drängelte, ich solle doch mal einen Rollschuhabend ansetzen. Ich bot alle meine Ausreden auf und verschob die Sache wieder und wieder, doch sie blieben stur. Schließlich war ich einverstanden, wenn ich nicht selbst in die Rollschuhe steigen mußte. Sie maulten über den Kompromiß, willigten aber ein.

Da stand ich am Rand und dachte über das letzte Mal nach, als ich ans Geländer gelehnt war. Jetzt leerte sich das Feld. Ich nahm an, daß es eine besondere Vorführung von Rollschuhkünstlern geben sollte. Plötzlich fühlte ich die starken Hände von ein paar großen Typen, die mich hochhoben und in die Mitte des Kreises trugen. Ich schrie und strampelte. Etwa fünfzig hielten mich fest, während zwei von ihnen meine Füße in Rollschuhe banden. So schnell sie mich überfallen hatten, waren sie auch wieder verschwunden. Ich stand allein in der Mitte der Bahn und sah mich umringt von einer teils jubelnden, teils höhnisch lachenden Menge.

Da sagte Petrus: „Herr, wenn du es wirklich bist, dann befiehl mir, auf dem Wasser zu dir zu kommen!"
„Komm!" sagte Jesus.
Petrus verließ das Boot und ging auf dem Wasser auf Jesus zu. Als er aber die hohen Wellen sah, bekam er Angst.
Er begann zu sinken und schrie: „Hilf mir, Herr!"
Jesus streckte sofort seine Hand aus, faßte Petrus und sagte: „Du hast zu wenig Vertrauen! Warum bist du so halbherzig?"
Dann stiegen beide ins Boot, und der Sturm legte sich.
Da warfen sich die Jünger im Boot vor Jesus nieder und riefen: „Du bist wirklich der Sohn Gottes!"

Vermutlich war meine Angst mitten auf der Rollschuhbahn gar nichts im Vergleich zu der von Petrus, als er realisierte, daß er mitten im nächtlichen Sturm auf dem Wasser lief. Wie auch immer, keiner von uns beiden fühlte sich besonders sicher auf den Füßen. Ich kann mich fast in ihn hineinversetzen, wie er von flammendem Glauben in bodenlose Panik abrutschte.

Ohne Zweifel versagte sein Glaube in einer entscheidenden Phase. Jesus hat das so gesagt. Das aber ist nur der Mittelteil des Geschehens – er darf nicht vom Anfang und vom Ende ablenken. Der Anfang zeigt uns, daß Petrus „im Glauben zu wandeln" versuchte. Er tat Schritte, die niemand anders im Boot wagte. Eine Zeitlang überwand sein Glaube sogar die Schwerkraft. Richtig, der Glaube versagte ihm dann, aber das Ergebnis, als Jesus ihm ins Boot zurück half, war nicht zu verachten: Die anderen beteten Jesus an.

Dort in der Mitte der Rollschuhbahn war ich ein paar Sekunden lang gezwungen, in meiner Demütigung sitzen zu bleiben. Dann stand ich auf, gewann das Gleichgewicht und rollte ungeschickt auf den Rand zu. Aus höhnischem Gelächter wurde Beifall.

Immer stark im Glauben zu sein, ist ein hohes Ideal. Glauben, umfallen und sich von Jesus beim Aufstehen helfen zu lassen wäre aber unendlich viel besser, als im Boot zu bleiben. Vielleicht müßten die Menschen viel mehr Christen sehen, die es versuchen, fallen und dann von Jesus Hilfe bekommen. Es könnte ihnen sogar dabei helfen, selbst ins Boot zu steigen und ihn auch anzubeten.

Steht dir das Wasser schon bis zum Hals?

Hast du vielleicht vor kurzem in deinem Glaubensleben die Kontrolle verloren? Wie bist du damit umgegangen? Wichtiger noch, wie hast du Gott damit umgehen lassen? Wenn die Unsicherheit verschwindet – löst sich der Glaube auch in Luft auf? Ist es nicht besser, auf Gott vertraut und versagt zu haben, als es überhaupt nicht zu versuchen?

>>>Noch ein Lesetip:

Matthäus 5,16; 2. Korintherbrief 12,9–10 >>

Gottes Heiligkeit ist wie . . .

„Mund halten"

>>> Sollten wir Gott immer noch „fürchten", obwohl er doch so viel Liebe für uns bewiesen hat?

In meiner Kirche geht es ziemlich locker zu. Vor Beginn der Sonntagsgottesdienste ist lautes Unterhalten und Lachen nicht ungewöhnlich. Gelegentlich kostet es den Prediger sogar etwas Mühe, die Aufmerksamkeit zu gewinnen, wenn der Gottesdienst anfangen soll.

Diese etwas respektlose Angewohnheit hat mich nie gestört, wenn ich selbst geredet und gelacht habe. Mir war zu Ohren gekommen, daß die Klavier- oder Orgelspieler sich darüber ärgerten, wenn sie gegen das Getöse anspielen mußten. Ich konnte auch verstehen, daß jeder, der den Gottesdienst einleiten sollte, etwas mehr Aufmerksamkeit vertragen konnte. Doch erst, als ich gebeten wurde, selbst mal den anfänglichen Liedteil zu leiten, merkte ich, wie hart es ist, die Gemeinde von ihren Gesprächen ab- und zu Gott hinzulenken.

An diesem einen Sonntagabend waren die Leute wegen des schönen sommerlichen Wetters und des Softballspiels am Nachmittag in besonders aufgeräumter Laune. Die Instrumentalisten hatten das Vorspiel beendet, und ich stand am Mikrofon und wartete, daß sich der Lärm legte. Es tat sich nichts. Ich räusperte mich, aber kaum jemand reagierte. Viele waren immer noch ins Gespräch vertieft und schauten nicht einmal nach vorn.

Ich weiß nicht, was über mich kam. Ich beugte mich über das Mikrofon und brüllte halb im Spaß, aber sehr laut: „MUND HALTEN!" Es hörte sich eigentlich ein bißchen lauter und grober an, als ich erwartet hatte.

Jesus ging in den Tempel und trieb alle Händler und Käufer hinaus. Er stieß die Tische der Geldwechsler und die Stände der Taubenverkäufer um. Dazu sagte er ihnen: „In den heiligen Schriften steht doch, daß Gott erklärt hat: ‚Mein Tempel soll eine Stätte sein, an der man zu mir beten kann!' Ihr aber habt eine Räuberhöhle daraus gemacht!" (Matthäus 21,12–13)

Ich sah viele erschrockene Blicke. Anders als Jesus habe ich aber keine Bänke umgeworfen oder Kollektenteller ausgekippt. Ich war nur ein bißchen verärgert, weil die Versammlung mir nicht ihre Aufmerksamkeit schenkte. Jesus empfand gerechten Zorn, wie nur Gott ihn empfinden kann.

Der gleiche Jesus, der Kinder auf den Schoß nahm, Frieden und Versöhnung verkündete, Menschen half und sie heilte, kippte im Tempelbezirk Tische um! Anscheinend verträgt es sich mit der Botschaft der Vergebung, Ehrerbietung statt Lärm an einem Ort zu verlangen, der Gott gewidmet ist. Anscheinend ändert die Nähe und Vertraulichkeit, die er uns mit Jesus gewährt hat, nichts an der Majestät und Heiligkeit seines Charakters.

Nach etwa drei Sekunden erschrockener Stille lachten die aufgedrehten Gottesdienstbesucher erleichtert auf. Es war ja bloß ich gewesen, und es war nicht wirklich ernst gemeint. Doch der Brüller hatte uns allen einen kleinen Schreck eingejagt – mir auch. Ich glaube, wir alle haben uns kurz daran erinnert, daß wir an einem Ort waren, wo man nicht brüllt und Tische umkippt – weil das nämlich alles nicht nötig sein sollte. Da fragt man sich, ob diese drei Sekunden nicht der echteste Gottesdienst waren, den wir an diesem Abend erlebt hatten.

Womit bekommt man deine Aufmerksamkeit?

Wann hast du das letzte Mal Ehrfurcht vor Gottes Heiligkeit verspürt? Ist irgend etwas passiert, so daß du auf seine Majestät aufmerksam wurdest? Hast du es vielleicht nötig, heute einmal eine Minute lang „den Mund zu halten“, bevor du im Gebet vor ihn trittst?

>>>Noch ein Lesetip:

2. Samuel 6,1–7; 2. Chronik 26,16–21 >>>

Heuchelei ist wie . . .

Ein wunderschöner Toilettenkuchen

>>> *Kennst du Menschen, die nach außen hin ein bestimmtes Verhalten zeigen, ab und zu aber einen ganz anderen Charakter durchblicken lassen? Bist du selbst schon mal „Heuchler" genannt worden?*

In unserer Kirche findet jedes Jahr ein „Männerbacktag" statt. Dieses Ereignis hat mich nie besonders interessiert, aber dann überredete mich ein Typ in der Jugendgruppe dazu, aus Gag mal mitzumachen. Wir wußten, daß wir kaum oder gar keine Chance hatten, den Preis für den „besten Geschmack" oder das „beste Design" zu gewinnen, wollten uns immerhin aber um den Preis für „Kreativität" bewerben. Der wurde meist für den Kuchen mit der ungewöhnlichsten Form vergeben. Bei früheren Wettbewerben hatten Männer ihre Kuchen in Form von Blumen, Raumschiffen, Tieren und sogar Rettungsringen gebacken.

Wir entschieden uns für einen Toilettenkuchen. Zwei schuhkartongroße Kuchen stellten wir zu einem „Spülkasten" zusammen. Drei runde Kuchen, in der Mitte ausgehöhlt und mit einer Plastikschüssel versehen, kamen als „Klositz" davor. Ein Griff aus Alufolie wurde mit Zahnstochern am Kasten befestigt. In die Plastikschüssel gaben wir blau gefärbtes Wasser und Karamelbonbons. Der gesamte Kuchen wurde mit porzellanweißem Zuckerguß überzogen. Der Kuchen selbst war natürlich schokoladenbraun.

Leider war das gute Stück zu matschig und wackelig. Als wir am Ausstellungsort ankamen, war unser stolzer Toilettenkuchen schon gesprungen und fast auseinandergefallen. Eine Dame von schnellem Entschluß aber rettete uns den Tag. Erstens schickte sie mich weiße Schlagsahne holen. Dann umwickelte sie den ganzen Kuchen mit Frischhaltefolie, bestrich ihn mit der Schlagsahne und stellte ihn ins Gefrierfach, damit er sich ein paar Minuten vor dem Wettbewerb „beruhigen" konnte.

Als der Toilettenkuchen aus dem Kühlschrank kam, war er innerlich zermatscht, sah aber von außen so gut aus, daß sich jeder darauf gesetzt hätte. Der Preis für „Kreativität“ ging nicht an uns, doch die Jury erfand uns zu Ehren eine neue Preiskategorie. Uns wurde, klarer Fall, der Preis für den „ungewöhnlichsten“ Kuchen zuerkannt. Sogar bei geschlossenem Klodeckel.

Weh euch Gesetzeslehrern und Pharisäern! Ihr Scheinheiligen! Ihr seid wie weiß gestrichene Gräber, die äußerlich zwar schön aussehen; aber drinnen ist nichts als Würmer und Knochen. So seid ihr: Von außen hält man euch für fromm, innerlich aber steckt ihr voller Heuchelei und Schlechtigkeit. (Matthäus 23,27–28)

Toilettenkuchen – das klingt schon ziemlich eklig. Da sollte man aber erst mal lesen, wie sich Jesus zu den religiösen Führern seiner Zeit äußert. Vermodernde Gräber mit weißgetünchten Grabsteinen: ein ziemlich anschauliches Bild für Heuchelei. In der Tat sind Friedhöfe von außen recht ruhig und hübsch anzuschauen. Ähnlich wie unser Toilettenkuchen.

Als mein Freund und ich das Meisterstück nach dem Wettbewerb anschnitten, machten wir den strahlenden Eindruck zunichte. Wir schafften nur ein paar Löffel, bis wir auf Plastik, ausgelaufenes blaues Wasser und klebrige Karamellen stießen. Essen konnte man das Ding also eigentlich nicht, obwohl das bei einem Kuchen ja der wichtigste Zweck sein sollte.

Es wirkt nicht lange, wenn man einen verdorbenen, häßlichen Kern mit einer korrekt aussehenden, glatten Oberfläche überzieht. Vor Gott zieht das erst recht nicht. Jesus durchschaute die Fassade der religiösen Führer schneller, als unsere Löffel den Toilettenkuchen durchdrangen. Was wir entdeckten, war eklig und nutzlos. Was Jesus sah, war betrügerisch und gefährlich und gab ihm Anlaß für scharfe Kritik.

Paßt bei dir die Glasur zum Kuchen?

Ertappst du dich manchmal dabei, „geistlich“ zu tun, damit die Leute von dir beeindruckt sind? Klappt das? Wie wirkt das auf Gott? Laß deinen „geistlichen Kuchen“ heute doch mal ein bißchen länger im Ofen, ehe du eine Glasur aufträgst, die alle Welt sieht.

>>>Noch ein *Lesetip:*

1. Samuel 2,3; Psalm 51,5–10 >>

Ein guter Ruf ist wie ...

Dein Bild in der Abizeitung

>>> Wie würdest du den Ruf beschreiben, den du bei anderen genießt? Sehen deine Freunde dich anders als Leute, die dich nicht so gut kennen?

Ist dir schon mal aufgefallen, daß in der Schule oft der allerschlechteste Tag ausgesucht wird, wenn Fotos für die Abizeitung gemacht werden sollen? Unnötig zu sagen, daß deine Poren auf genau diesen Tag warten, bis sie den größten und häßlichsten Pickel der Welt ausbrüten. Natürlich gibt sich das Pickelgebirge nicht mit einem Platz auf dem Genick oder unter dem Kinn zufrieden. Es strebt nach vorn, in die Mitte, wo der Blitz der Kamera es erleuchten und hervorheben kann, damit deine Mitschüler sich fragen, ob du vielleicht zwei Nasen hast.

Wenn schon nicht die Haut, dann läßt dich wenigstens das Haar im Stich. Wenn nicht das Haar, bist du unmöglich angezogen. Und wenn alles, was deinen Körper ziert, perfekte Wirkung zeigt, kannst du dich auf den Blitz verlassen, der dir einen absolut vertrottelten Gesichtsausdruck verleiht, natürlich mit geschlossenen Augen.

Ich habe mir neulich eins von meinen alten Jahrbüchern vorgenommen. Erst schreckte ich bei meinem Bild zusammen, dann schaute ich mir die Mitschüler an. Jedes Foto rief ganz bestimmte Erinnerungen wach. Da hatten wir Joe, den Sportler, der im Schreibmaschinenunterricht neben mir saß. In jeder Stunde haute er als erstes mit der Faust in die Tasten der mechanischen Maschine, um möglichst viele festzuklemmen. Dann Bob, der junge Mann, der überhaupt keinen Sinn für Körperhygiene hatte. Die Tragik daran war, daß Bob wegen der alphabetischen Reihenfolge immer mit mir zusammen drankam. Bei Ringkämpfen geriet mein Kopf immer in seine Achselhöhle. Bei seinem Anblick wurde mir klar, daß Bob sich bei mir mehr als Geruch, weniger als Persönlichkeit eingeprägt hatte.

Ah, jetzt kam Jana aus dem Französischunterricht. Sie bewegte sich wie ein Gedicht: die Schönheit in Person. Den ganzen Vormittag lang träumte ich nur von den paar Minuten, wenn ich ihrem melodiösen Französisch lauschen durfte. Was für starke Erinnerungen so ein Bild doch hervorzaubern konnte!

So betrachtete ich noch manches andere Bild und stellte fest, daß meine Beziehung zu diesen Menschen fast immer auf eine einzige Erinnerung, einen Gesamteindruck von Persönlichkeit und Charakter zusammengeschmolzen war. Was mochten sie wohl denken, wenn sie heute mein Bild sehen würden?

Henoch lebte in enger Verbindung mit Gott. Er wurde 365 Jahre alt. Dann war er plötzlich nicht mehr da; denn Gott hatte ihn weggenommen. (1. Mose 5,24)

Manchmal steht in der Bibel eine ganze Menge über einzelne Menschen. Abraham, Mose, David, Petrus, Paulus – wir haben das Gefühl, daß wir sie ein bißchen kennen, weil so viel von ihren Taten, Worten und Fehlern berichtet wird.

Es gibt auch viele, die die Bibel sehr knapp erwähnt. Wie bei einem Schnappschuß geben nur eine Handvoll Worte Auskunft über viele Lebensjahre. Nehmen wir zum Beispiel Henoch. Sein Leben wird damit zusammengefaßt, daß er in enger Verbindung mit Gott lebte. Wow!

Darum geht es beim Ruf eines Menschen – ein Schnappschuß, der die Hauptcharakterzüge auf einen Punkt bringt, an denen man gearbeitet hat, die man sich im Lauf der Zeit erworben hat. Sicher hat Bob inzwischen gelernt, wie man Socken wäscht, und Joe schreibt am Computer statt mit der Schreibmaschine (haut vielleicht aber immer noch mit der Faust auf die Tastatur). Jana erinnert sich vielleicht an keine einzige französische Vokabel mehr und würde wohl auch nicht mehr so wie damals meine Bewunderung erregen.

Alle haben sich wahrscheinlich ein ganz anderes Leben aufgebaut und bei den Menschen, mit denen sie umgehen, einen neuen Ruf erworben. Trotzdem können sie nicht dem Ruf entkommen, der ihnen seit Schulzeiten anhaftet. Mein Eindruck von ihnen wird immer der gleiche bleiben. Dabei wird mir klar, was für ein Schnappschuß von mir sich eingeprägt haben mußte. Ich wünschte, daß er mehr nach Henoch und weniger so wie im Jahrbuch aussehen würde.

Wonach sieht dein Bild aus?

Welcher Teil deines Rufes hat deiner Meinung nach mit deiner Beziehung zu Gott zu tun? Wissen die andern, daß du ihn kennst? Welchen Anteil an deinem Ruf sollte Gott haben? Welche Erinnerung an dich wäre nach zehn oder zwanzig Jahren wünschenswert, wenn die Mitschüler durch die Abizeitung blättern und dein Bild sehen? Ist es nötig, daß du heute schon anfängst, etwas daran zu tun, damit so ein Ruf entsteht?

>>>*Noch ein* Lesetip:

Matthäus 5,16; Apostelgeschichte 10,1–2 >>

Die Botschaft des Evangeliums ist wie . . .

Ein Geheimnis

>>> *Machst du dir Gedanken darüber, daß dein Glaube zwar dir selbst vernünftig vorkommt, aber nicht vielen anderen intelligenten Menschen?*

Ich habe einen ungewöhnlichen zweiten Vornamen. Wenn ich danach gefragt werde, lasse ich die Leute raten und biete ihnen den Anfangsbuchstaben als Hinweis. Die meisten finden diese Bedingung fair und sind sicher, daß sie mit zehn oder zwanzig Versuchen jeden Namen rauskriegen. Meinen aber knacken sie nie, bei dem Anfangsbuchstaben. Es ist das Y.

Der größte Spaß mit diesem ungewöhnlichen Namen ergab sich in der ersten Woche auf einer neuen Arbeitsstelle. Die Dame in der Personalstelle rief an und fragte mich, was der Anfangsbuchstabe sei.

„Y", erwiderte ich (was im Amerikanischen ein Witz ist, weil „Y" „Why" ausgesprochen wird, und das heißt zufällig auch „Warum").

„Na ja, ich fülle gerade die Steuerkarte aus, und da muß der Anfangsbuchstabe des zweiten Vornamens drauf", sagte sie.

„Ja, Y", wiederholte ich.

„Ich weiß nicht WARUM", beharrte sie, „so ist das nun mal mit Formularen. Was für ein Buchstabe also?"

„Y!" Ich blieb dabei. Inzwischen hatte ich gecheckt, daß es ein Mißverständnis gab, fand es aber so witzig, daß ich sie nicht aus ihrer Not befreien wollte.

„Hören Sie mal, wenn Sie es mir irgendwann verraten wollen, dann rufen Sie zurück", fuhr sie mich an und legte auf. Sie fand mein Ratespiel überhaupt nicht lustig und merkte nicht, daß sie die Antwort auf ihre Frage direkt vor ihrer Nase hatte.

Denn es kann nicht anders sein: Für die, die verlorengehen, muß die Botschaft vom Kreuzestod als barer Unsinn erscheinen. Wir aber, die gerettet werden, erfahren darin Gottes Macht. (1. Korinther 1,18)

Bist du schon einmal der einzige in einer ganzen Gruppe gewesen, der den Witz nicht verstanden hat oder nicht wußte, wie etwas funktioniert? Schon mal der einzige gewesen, der die Antwort kennt und den anderen die Frustration anmerkt, weil sie nicht eingeweiht sind? Wenn jemand nicht versteht, was los ist, macht ihm das Rätsel keinen Spaß. Es bringt ihn nur durcheinander.

Das Evangelium – Gottes Vorstellung, wie er uns zur richtigen Beziehung zu ihm verhilft – klingt für Menschen, die Gott nicht kennen, überhaupt nicht vernünftig. Selbst dann nicht, wenn sie intelligent sind. Ist nur Unsinn, finden sie. Quatsch. Sie haben gar nichts verstanden. Das darf uns aber nicht überraschen. Wenn man durch einfaches Nachdenken zu einer Beziehung mit Gott finden könnte, wäre das die Leistung menschlicher Logik und Intelligenz. Aber damit hat es nichts zu tun. Gott in seiner Liebe hat einen Weg gefunden, sich *uns Menschen* anzunähern – wir können ihm kein bißchen entgegenkommen. An dem Punkt dürfen wir uns nicht täuschen: Wir können uns zwar „bekehren" und damit Gott in unser Leben einladen, aber hineinkommen muß er immer noch selbst!

Nebenbei, als ich die Sachbearbeiterin später aufsuchte und ihr den Unterschied zwischen meinem „Y" und ihrem „Why" (warum) erklärte, hatte sie ein echtes Aha-Erlebnis. Eine Kollegin kam vorbei und wurde von ihr aufgefordert, mich nach dem bewußten Anfangsbuchstaben zu fragen. Pflichtgetreu ging die Kollegin den ganzen Vorgang mit mir durch, während die erste grinste. Jetzt hatte sie ihren Spaß, weil sie Bescheid wußte.

Wer ein Geheimnis kennt und seine Erfahrung mit dem Rätselhaften gemacht hat, der hat irgendwie Spaß daran, es anderen zu vermitteln. Es macht Freude, wenn auch ihnen klar wird, was eigentlich so „unlogisch" erschien.

Kennst du das Geheimnis?

Hast du das Evangelium schon mal als unglaubliches, komplettes Mysterium gesehen, dessen Geheimnisse dir gezeigt und anvertraut worden sind? Warum ist das Vertrauen auf Gott der Schlüssel dazu? Warum kann man sich hier nicht auf die eigenen Kräfte verlassen? Wem könntest du heute Einblick in das Geheimnis Glauben geben? Wie könntest du das anstellen?

>>>*Noch ein* Lesetip:

Matthäus 13,44–46; Kolosser 1,24–2,3 >>>

Die Sicherheit, gerettet zu sein, ist wie . . .

Freundschaft mit dem Bankdirektor

>>> Ertappst du dich manchmal beim Zweifeln, ob Gott dir wirklich die Erlösung und das ewige Leben geschenkt hat? Denkst du manchmal, du mußt dir die Eintrittskarte in den Himmel doch noch irgendwie verdienen?

Ich hatte mein erstes Konto bei der einzigen Bank in der Kleinstadt, wo wir wohnten. In so einer kleinen Stadt kennt jeder jeden. Als ich daher mit den ersten fünf Dollar Spareinlage in die Bank kam, kannte ich den Bankdirektor und er kannte mich.

Es war gar nicht so einfach, ihm das Geld zu überlassen. Davor hatte ich meinen gesamten Barbestand immer sicher in meiner Cowboy-Brieftasche aufbewahrt. Ich konnte jederzeit alles ausgeben. Jetzt lag das Geld in diesem großen, nüchternen, ruhigen Bau mit Gittern vor den Fenstern. Es kam mir nicht annähernd so gut aufgehoben vor wie in meiner Brieftasche.

Da war der Schatz nämlich immer dicht bei mir und unter meiner vollen Verfügungsgewalt gewesen, egal, was ich zum Kauf aussuchte. Zur Sicherheit: Du hättest mal den Reißverschluß sehen sollen, der meinen echt rindsledernen „Tresor" versiegelte. Wer hätte mich da überzeugen können, daß eine Bank zuverlässiger und nützlicher sein soll?

Mein Vater. Er hat mir den Sinn des Bankwesens erklärt. Wie er sagte, hatte er selbst ein Bankkonto und kannte den Bankier persönlich. Er wisse, daß dort das Geld sicherer aufgehoben sei als in meiner Brieftasche. Außerdem biete mir die Bank etwas, das meine Brieftasche nie versprechen könne – sie zahle mir Zinsen.

Davon berichtet die Gute Nachricht, die ich als Apostel und Lehrer zu verkünden habe. Darum muß ich auch dies alles erleiden. Aber ich schrecke nicht davor zurück; denn ich weiß, wem ich vertraue. Und ich bin überzeugt, daß er bis zum Tag des Gerichts sicher bewahren kann, was er mir anvertraut hat. (2. Timotheusbrief 1,11–12)

Das Vertrauen, das ich beim Verlassen der Bank mit leerer Brieftasche aufbringen mußte, ist vergleichbar mit meinem Vertrauen auf Jesus Christus. Gott ist mir eigentlich so fern, daß ich am liebsten mein „Kapital" (also mein Leben, meine Besitztümer, meine Träume und Pläne und meine Begabungen) selbst behalten will.

Eines Tages aber brachte mich jemand zu Jesus, der ihn persönlich kannte und mir versicherte: Der verdient dein Vertrauen. Als ich ihn dann selbst kennengelernt hatte, kam ich zur Überzeugung, daß mein Leben bei ihm viel sicherer aufgehoben war, als wenn ich mich allein durchschlug.

Wenn die Zeiten schwierig werden, drängt es die Menschen, ihr Geld vom Konto abzuheben. Tatsächlich gibt es ja welche, die den Platz unter ihrer Matratze für sicherer halten als den Safe der Bank. Letzten Endes ist es eine Frage des Vertrauens – und das stellt sich erst wirklich ein, wenn man den Bankdirektor persönlich kennt.

Manchmal ging ich in die Bank, ohne etwas einzuzahlen oder abzuheben, sondern nur, um nach meinem Geld zu fragen. Der geduldige Bankier lächelte dann, überprüfte mein Konto und trug in das Sparbuch die Zinsen ein, die mir zustanden. Ich ging wieder hinaus und wußte, daß meine Investition sicher war. Als Beweis dafür wuchsen die Zinsen von Tag zu Tag an.

Schon einen Termin beim Bankdirektor gemacht?

Wann vergißt oder bezweifelst du deine ewige Sicherheit eher – wenn es dir gut oder schlecht geht? Kommen die Zweifel auf, wenn du dir viel Zeit für Gott nimmst – oder wenn du wenig Zeit für ihn hast? Wie groß ist dein Sicherheitsgefühl heute? Welche Beweise liefert dein Leben dafür, daß er deine Investition bei ihm mit „Zinsen“ belohnt?

>>>*Noch ein* Lesetip:

Philipperbrief 1,3–5; 2. Petrusbrief 3,8–15

Gottes gerechter Zorn ist wie ...

Böse Worte vor der Haustür

>>> Wird Gott immer noch zornig? Was bewegt ihn dazu? Sollten wir uns an Gottes Zorn ein Beispiel nehmen?

Als ich noch klein war, hatte ich eine Schatzkiste. Eigentlich war es bloß eine alte Blechdose mit einem Inhalt, der nur für mich wertvoll war: meine Baseballkarten, ein Taschenmesser, eine Tüte Gummibänder, ein paar hübsche Steine, die ich gefunden hatte, und noch ein paar persönliche Andenken.

An einem Sommermorgen sortierte ich wieder einmal die Schätze in meiner Kiste. (Das war eigentlich nicht nötig, aber was soll ein kleiner Junge sonst mit seinen Schätzen tun, als sie zu bewundern und hin und her zu schieben?) Meinem großen Bruder war es gerade langweilig. Er wollte mich ärgern, griff in die Kiste und schnappte sich die Tüte mit den Gummibändern.

„Gib sie zurück!“ schrie ich mit dieser Stimme, die ältere Brüder natürlich immer nur anfeuert weiterzumachen. Ob er sich freundlich entschuldigt und die Tüte zurückgegeben hat? Das glaubt natürlich keiner. Er rannte damit zur Haustür heraus und spottete dabei über meine „blöden“ Schätze.

Ich verfolgte ihn durch die Haustür auf die große Veranda, allerdings ohne große Hoffnung, ihn zu kriegen. In diesen kurzen Momenten vergaß ich, daß wir gleich neben der Kirche wohnten, in der mein Vater Pastor war. Mir war außerdem entfallen, daß dort an diesem Vormittag eine Trauung gehalten wurde.

Was ich nicht vergessen hatte, war jedes einzelne Schimpfwort, das ich in den letzten Monaten in der Schule gehört hatte. In Ermangelung anderer Waffen warf ich ihm diese Ausdrücke mit voller Lautstärke an den Kopf. Was sie bedeuteten, war mir nicht bei jedem klar. Wahrscheinlich waren sie so, wie ich sie anwandte, ziemlich sinnlos. Aber jeder Hochzeitsgast auf der Wiese vor der Kirche hörte, was ihm von der Veranda des Pastors entgegen schallte. Als nächstes weiß ich nur noch, daß meine Mutter mir mit der Hand auf den Mund schlug und mich ziemlich grob ins Haus zurückzerrte.

Er ist das Bild des unsichtbaren Gottes, der erstgeborene Sohn des Vaters; er ist der Anfang aller Schöpfung. Durch ihn ist alles geschaffen worden, was im Himmel und auf der Erde lebt, alles, was man sehen kann, und auch die unsichtbaren Mächte und Gewalten. Alles hat Gott durch ihn geschaffen, und in ihm findet alles sein letztes Ziel. Er war vor allem anderen da, und alle Dinge bestehen durch ihn. So ist er das Haupt des Leibes, und dieser Leib ist die Gemeinde. Er ist der Anfang der neuen Schöpfung, denn er ist der erste von allen Toten, der zu neuem Leben geboren wurde; in allem muß er der Erste sein. Es gefiel Gott, in ihm Wohnung zu nehmen mit der ganzen Fülle seiner Macht und durch ihn alle Feindschaft zu überwinden. Unter ihm als dem Haupt soll Frieden werden – der Frieden, den er gestiftet hat, als er am Kreuz sein Blut vergoß. Dieser Frieden umfaßt die Menschen auf der Erde und genauso die überirdischen Mächte. (Kolosser 1,15–20)

In der Rolle des Schöpfers hat Jesus Eigentumsrechte an seiner gesamten Schöpfung. Sie ist sein Schatz, so wie die Baseballkarten und Gummibänder damals mir gehörten. Gott hat gewollt, daß Jesus über alle Dinge herrscht, sichtbare und unsichtbare, weil sie geschaffen worden waren, um ihn zu ehren.

Es gibt aber einen Dieb, der von diesem Schatz so viel wie möglich stehlen will. Er lügt, betrügt, weicht aus und verspottet. Wenn Jesus so von einem Teil des Schatzes getrennt wird, ist sein Zorn über diese Trennung gerecht und heilig. Grund dafür ist die Liebe für alles, was verlorengegangen ist. Es ist der Zorn des Schöpfers und Eigentümers, der beraubt wurde.

Deshalb berichtet das Alte Testament davon, wie Gott menschenverschlingende Erdbeben hervorrief. Deshalb kippt Jesus die Tische der Geldwechsler im Tempel um. Gott ist immer über die

Sünde zornig, weil sie ihn als Eigentümer von seinem „Schatz" trennt – von uns! Damit dieser Schatz seinem Eigentümer wiedererstattet werden konnte, mußte er selbst am Kreuz sterben.

Schon mal böse Worte vor der Haustür gehört?

Worin unterscheidet sich Gottes Zorn von deinem? Wo gibt es Ähnlichkeiten? Gibt es gegenwärtig Ereignisse auf der Welt, in denen du Gottes gerechten Zorn verspürst? Gibt es Vorkommnisse bei dir persönlich, wo du merkst, daß Gott über deine Sünde zürnt? Was würde es kosten, den Schatz seinem Eigentümer zurückzugeben? Bist du bereit, gleich jetzt mit Gott darüber zu reden?

>>>Noch ein Lesetip:

4. Mose 16,23–17,5; Matthäus 21,12–13 >>

Anerkannt werden ist wie ...

Spaß beim Steinewerfen

>>> Nach wessen Anerkennung sehnst du dich wirklich? Ist das Bedürfnis, anerkannt zu werden, eher positiv oder negativ?

Mein älterer Bruder ist früher nicht immer nett zu mir gewesen, und umgekehrt gilt das genauso. Es gab aber seltene, hoffnungsvolle Aufbrüche brüderlicher Liebe zwischen uns. Tief im Innern wollten wir voneinander respektiert und anerkannt werden. Manchmal aber gibt es unter Brüdern ein empfindliches Gleichgewicht zwischen Liebe und Haß, Freundschaft und Feindschaft, Spiel und Ernst. Ein Bruder kann manchmal die nächstgelegene Quelle für Geborgenheit oder für krasse Ablehnung sein.

Ich hoffte vielleicht, jetzt wäre ein solcher Moment der Anerkennung da, als er mich bat, nach draußen zu kommen und mit ihm zu spielen. Meine Eltern waren drinnen zu Besuch bei meinen Großeltern. Da wir nirgends hingehen oder Freunde einladen konnten, langweilte sich mein Bruder. Mir war egal, warum oder was er mit mir spielen wollte. Ich war einfach begeistert, etwas mit ihm zu machen, das ihm nicht aufgezwungen worden war.

Ich war etwa acht, er zehn Jahre alt. Hinter dem Haus lag ein Schotterweg mit ziemlich großen Steinen, die meisten in der Größe zwischen Golf- und Tennisball. Mein Bruder führte mich dahin und schlug mir ein Spiel vor, daß er „Zielübung" nannte. Es war ganz einfach. Wir stellten uns in etwa sieben Meter Entfernung auf und warfen abwechselnd mit Steinen aufeinander. Dabei komme es darauf an, sagte er, möglichst nah am andern vorbeizuwerfen, ihn aber nicht zu treffen.

Wie es aussah, gelang es mir besser als ihm, nicht zu treffen. Nach ein paar Minuten Spiel strömte mir das Blut von der Stirn, mein Bruder steckte tief im Schlamassel, und mir war es ziemlich egal, ob er mich akzeptierte oder nicht.

Dort lebte ein Mann namens Zachäus. Er war der oberste Zolleinnehmer und war sehr reich. Er wollte unbedingt sehen, wer dieser Jesus sei. Aber er war klein, und die Menschenmenge versperrte ihm die Sicht. So lief er voraus und kletterte auf einen Maulbeerfeigenbaum, um Jesus sehen zu können, wenn er vorbeizog.
Als Jesus an die Stelle kam, schaute er hinauf und redete ihn an: „Zachäus, komm schnell herunter, ich muß heute dein Gast sein!" Zachäus stieg sofort vom Baum und nahm Jesus mit großer Freude bei sich auf.
Alle waren darüber entrüstet, daß Jesus bei einem so schlechten Menschen einkehrte. (Lukas 19,2–7)

Wie so manche Bedürfnisse und Sehnsüchte, die Gott in uns hineingelegt hat, ist der Wunsch nach Anerkennung etwas im Grunde Gutes, das von uns ins Schlechte verkehrt wird. Es ist ganz natürlich, nach Anerkennung zu streben. Der Wunsch, von Gott anerkannt zu werden, läßt uns unsere Fehler erkennen und bringt uns dazu, uns an Jesus zu wenden. Umgekehrt befreit uns die Annahme und Vergebung durch Gott dazu, einander zu vergeben und anzuerkennen.

Problematisch wird es, wenn uns die Anerkennung von anderen als Ersatz für die Beziehung zu Gott dient. Ich wollte von meinem Bruder akzeptiert werden, um mein Selbstwertgefühl zu stärken. Wenn ich damit in Kauf nehmen mußte, mit Steinen beworfen zu werden – na gut. Der Wunsch nach Anerkennung vernebelte meine Urteilsfähigkeit und ließ mich selbstzerstörerisch handeln.

Zachäus war durch Sünde von Gott getrennt. Er war ein Sklave seiner eigenen Geldgier. Auch seine Urteilsfähigkeit war vernebelt. Sein ganzes Leben lang hatte er Menschen aus seinem eigenen Volk betrogen. Dabei strebte er die ganze Zeit nach Anerkennung, um sich besser zu fühlen.

Erst als Zachäus die Anerkennung von Jesus suchte, erkannte er deutlich, warum sein Reichtum ihm weder inneren Frieden noch

die ersehnte Akzeptanz brachte. Als Jesus Zachäus aufnahm, gewann er sofort die Freiheit, das Richtige zu tun. Er wußte, unabhängig von der Anerkennung durch die Menge, daß er vor Gott und den Menschen recht gehandelt hatte. Ihre Ablehnung traf ihn nicht mehr.

Wieviele Treffer nimmst du noch in Kauf?

Strebst du nach Anerkennung durch einen Menschen oder eine Gruppe, ohne Gottes Annahme wirklich zu spüren? Was würde aus deinem Bedürfnis nach Anerkennung durch andere werden, wenn du deutlich merkst, daß Gott dich bedingungslos so annimmt, wie du jetzt bist?

>>>Noch ein ***Lesetip:***

Micha 6,6–8; Epheserbrief 2,8–9 >>

Liebe ist wie . . .

Ein kaputter Spiegel und Blut am Ohr

>>> *Gibt es jemanden, den du so sehr liebst, daß sein Tod dich vor lauter Trauer verkümmern lassen würde? Was würde es bedeuten, sich für den Tod dieses Menschen zu entscheiden, damit einem anderen das Leben geschenkt werden kann?*

Neunzehn Monate lang war mein Sohn der einzige. Ich kann kaum richtig erklären, wie man sich als Vater eines einzigen Sohnes fühlt. Es ist so, als wenn das ganze Lebenszentrum sich auf diesen einen kleinen Kerl verlagert, der nach dem eigenen Bild geschaffen wurde. Man tut Dinge oder läßt andere bleiben, die man für niemanden sonst getan oder aufgegeben hätte . . . einfach weil sie keine Rolle mehr spielen. Er ist der Augapfel, für nichts auf der Welt interessiert man sich so sehr wie für jeden Ton, der von ihm kommt. Ihn einfach nur beim Schlafen zu beobachten ist schon ein unglaubliches Vergnügen.

Ich rasierte mich gerade, als es plötzlich laut krachte. In den Millisekunden der Reaktion auf dieses laute Geräusch rasten mir Dutzende von Gedanken durch den Kopf: Der schwere, mannshohe Spiegel an unserer Schlafzimmerwand hatte viel zu lange dort gestanden; ich hätte ihn an der Tür befestigen sollen, wie schon vor Wochen geplant. Ist er wirklich umgestürzt? Konnte er auf dem Teppichboden zu Bruch gehen? Wo ist Caleb? Hätte ich auf ihn aufpassen sollen? Wo ist seine Mutter? Unser kleiner, knapp einjähriger Sohn konnte doch wohl nicht diesen schweren Spiegel bewegt haben . . . oder?

Dann hörte ich Calebs Schrei. Ich rannte um die Ecke und sah Caleb, der inmitten von Milliarden Scherben lag. Und dann sah ich das Blut.

Was sollen wir noch weiter sagen? Gott ist auf unserer Seite, wer kann uns dann noch etwas anhaben? Er verschonte nicht einmal seinen eigenen Sohn, sondern ließ ihn für uns alle sterben. Wird er uns dann mit ihm nicht alles schenken? (Römer 8,31–32)

Ich könnte niemals bis ins Kleinste erklären, wie es ist, Vater zu sein. Mir ist klar, daß ich deshalb kaum beschreiben kann, wie ich meinen einzigen Sohn zum ersten Mal bluten sah. Überraschenderweise war er ein Jahr alt geworden, ohne sich bis dahin je verletzt zu haben, aber das fiel mir damals nicht auf. Der Anblick seines Blutes war überwältigend und lähmte mich für Bruchteile von Sekunden.

Dann riß ich ihn hoch und nahm ihn in die Arme. Schnell, aber sanft suchte ich seinen Körper mit Augen und Händen ab, um die Verletzung zu erkunden. Obwohl der große Spiegel über ihm komplett zersplittert war, gab es nur einen kleinen Kratzer innen am linken Ohr. Ich staunte. Im Ohr! Ein paar Tröpfchen Blut rannen heraus, aber anscheinend weinte er mehr vor Schreck als vor Schmerzen.

Ich kann die Bibelstelle in Johannes 3, Vers 16 nicht mehr lesen, hören oder überdenken, ohne mich an Caleb inmitten des zerbrochenen Spiegels zu erinnern. Dieser bekannteste aller Bibelverse war mir schon abgedroschen vorgekommen, doch wenn ich ihn jetzt höre, schnürt es mir die Kehle ab. Was für eine Liebe muß das sein, so stark, daß Gott die Schmerzensschreie, das Blut und den Tod seines einziges Sohnes an einem Kreuz ertrug.

Den einzigen Sohn aus Liebe verbluten lassen?

Hast du dich schon einmal gefragt, ob Gott dich wirklich sehr liebt? Empfindest du ihn als Freund, der im allgemeinen auf deiner Seite steht, aber irgendwie nicht nahestehend, mehr so als

Prinzip? Hast du in letzter Zeit den Tod Jesu nicht mehr als etwas Persönliches sehen können, das für dich geschah? Möchtest du Gott heute nicht etwas sagen, wenn du über seine große, aufopfernde Liebe nachdenkst?

>>>*Noch ein* Lesetip:

Johannes 3,16; Römer 5,6–8 >>

Gottes Autorität ist wie . . .

Eine rückgängig gemachte Geburtstagsparty

>>> Hast du schon einmal etwas getan, ohne eigentlich das Recht dazu zu haben? Ist daraus etwas geworden oder nicht?

Als ich in der ersten Klasse war, wollte ich eine Geburtstagsparty machen. Ein paar Freunde von mir hatten ihre gerade hinter sich. Die Sache war anscheinend ganz einfach. Man reichte die Einladungen herum, teilte Kuchen aus, aß ihn auf und sammelte die Geschenke ein. Mein Geburtstag stand noch ganze drei Tage bevor, was meiner Berechnung nach eine Menge Zeit war.

Am nächsten Tag setzte ich mich in der Schulpause hin und schrieb zehn oder fünfzehn Einladungen für meine besten Freunde. Eigentlich eine ganz schöne Aufgabe für einen Erstklässler. Obwohl ich dazu bloß in Streifen gerissenes Schreibpapier verwendete, war ich ziemlich stolz auf meine handgefertigten Einladungen.

Am Ende des Schultags blieb ich in der Klasse, bis alle gegangen waren, und legte die Einladungen dann in die Pulte meiner Freunde. Dann ging ich nach Hause und kündigte meiner Mutter an, was los war.

Meine arme Mutter mußte nun also auf meine eigenmächtig ausgestellten Einladungen reagieren. Viele Mütter hätten zwar einen kleinen Anfall gekriegt, dann aber ihre Pläne geändert. Nach drei anstrengenden Tagen wäre so eine Art Party zustande gekommen. Meine Mutter dagegen schickte mich zurück in die Schule, um die Einladungen rückgängig zu machen.

Lange habe ich gedacht, das sei gemein von ihr gewesen. Dann stellte ich mir vor, sie wäre zu müde oder zu arm gewesen, um eine Party für mich zu schmeißen. Schließlich kam ich zu dem Schluß, sie wollte mich dafür bestrafen, daß ich nicht erst gefragt hätte.

Im Lauf der Jahre stellte ich rückblickend fest, was für einen Gefallen meine Mutter mir getan hatte. Schon in so zartem Alter brachte sie mir bei, wer bei uns zu Hause Autorität hatte und wer nicht. Viele meiner Freunde fingen früh an, zu Hause rumzukommandieren. Darunter leiden ihre Familien heute immer noch.

Der Herr sagte zu ihm: „Geh auf die Feldwege und an die Hecken und Zäune und dränge die Leute zu kommen, damit mein Haus voll wird!" Jesus schloß: „Ich versichere euch: von den zuerst geladenen Gästen kommt mir keiner an meinen Tisch!" (Lukas 14,23–24)

Es liegt ein großer Unterschied zwischen dem „Herrn", von dem Jesus in seiner Geschichte erzählt, und meinen Geburtstagseinladungen damals in der ersten Klasse. Dem Herrn stand die Autorität zu, jeden zum Fest einzuladen, den er wollte. Als die zuerst eingeladenen Gäste den Aufruf mißachteten und nicht zum Festessen erschienen, hatte er die Autorität, sie auszuschließen und ganz neue Gäste einzuladen. Viele davon waren Fremde, die sich zufällig in der Stadt aufhielten.

Gottes Autorität kann uns manchmal gemein oder sinnlos vorkommen, sogar als Bestrafung. Aus meiner begrenzten Perspektive finde ich unfair, was er mir zustoßen läßt. Zumindest scheint es mir oft ziemlich willkürlich zu sein. Es wäre mir viel lieber, wenn er sich an meine Pläne halten würde und allem zustimmt, was ich entscheide.

Wenn er mich aber machen läßt, nachdem ich seine Autorität in meinem Leben ignoriert oder mich darüber hinweggesetzt habe, erlebe ich bald eine viel schlimmere Blamage als damals bei meinen Freunden aus der ersten Klasse. Meine Mutter hat damals das für mich getan, was Gott heute Tag für Tag für mich tut – er macht mir klar, daß ich dazu geschaffen bin, mich in seine Pläne einzufinden, nicht er in meine.

Das hat auch sein Gutes. Wenn ich Gottes Autorität nachgebe, verwandelt er meine Pläne in etwas unendlich viel Besseres. So habe ich es auch bei meiner Mutter erlebt. Im nächsten Jahr bekam ich eine riesige, wirklich tolle Geburtstagsparty. Ich durfte ihr sogar helfen, die Einladungen zu schreiben.

Wer plant deine Partys?

Wie wirkt sich Gottes Autorität in deinem Leben aus? Siehst du ihn eher wie deine Eltern, einen Polizisten, als deinen besten Freund oder wie eine Mauer, die dir nicht aufgefallen war, bis du dagegen gerannt bist? Wie wäre es dir am liebsten?

>>>Noch ein Lesetip:

Matthäus 7,28–29; Apostelgeschichte 5,27–29

Die Wiederkunft Christi ist wie ...

Ein plötzlicher Verkehrsunfall

>>> Stört es dich eigentlich, daß Jesus noch nicht wiedergekehrt ist, obwohl die Christen schon seit 2000 Jahren denken, er würde „bald" kommen?

Einmal wäre ich fast gestorben. Es war an einem verregneten Apriltag, und ich fuhr gerade auf der linken Spur einer belebten vierspurigen Straße. An der Kreuzung vor mir sah ich einen Kleinlaster auf der linken Spur in Gegenrichtung, der links abbiegen wollte. Ich war sicher, daß er warten würde, bis ich die Kreuzung passiert hätte. Der Abstand zwischen meinem Wagen und dem Auto vor mir konnte ihm nicht reichen, um vorher abzubiegen. Dann aber gab er Gas, direkt vor mir, und seine Räder drehten sich. Ich war sicher, daß wir mit achtzig Stundenkilometern zusammenstoßen würden.

Ich hatte davon gehört, daß sich in solchen Situationen die Sekunden zu Minuten dehnen können. Die Zeit verlangsamt sich scheinbar, wenn der Schreck einsetzt und das Adrenalin in die Adern strömt. Es ist tatsächlich so. In den nächsten zehn Sekunden jagten mir eine Menge Gedanken durch den Kopf.

Ob ich wohl sterben oder nur schwer verletzt sein würde? Wer würde meiner Familie Bescheid sagen? Wird mein Wagen zum Schrotthaufen werden? Komme ich zu spät zur Arbeit, wenn ich überlebe?

Immer noch staune ich darüber, was dann geschah. Ich stieg voll in die Bremse und kam ins Schleudern, rutschte dabei links am Laster vorbei und kreuzte beide Spuren der Gegenfahrbahn. Wie durch ein Wunder befanden sich keine Autos neben oder hinter dem Laster, und das auf einer Straße, die sonst sehr befahren war. Als ich das Lenkrad wieder heftig nach rechts drehte, schleuderte ich auf dem glitschigen Asphalt über alle vier Spuren. Inzwischen war ich langsam genug, um mir den Gedanken zu leisten: Vielleicht schaffe ich es ohne Zusammenstoß! Dann brach der Wagen hinten rechts aus und knallte gegen die Leitplanke.

Der Schaden ging in die Tausende. Im Rückspiegel konnte ich nur noch zusehen, wie der rücksichtslose Fahrer, der mich beinahe umgebracht hätte, mit seinem Laster abzog. Wenn ich umgekommen wäre, hätte er das noch nicht einmal gemerkt.

Über den Zeitpunkt, zu dem das geschehen wird, Brüder, brauchen wir euch nichts zu schreiben. Ihr selbst wißt, daß der Herr so unvorhergesehen kommt wie ein Dieb in der Nacht. Wenn die Menschen sagen werden: „Alles ist ruhig und sicher", wird plötzlich der Untergang über sie hereinbrechen wie die Wehen über eine schwangere Frau. Keiner wird entrinnen. (1. Thessalonicherbrief 5,1–3)

Immer dann, wenn in der Bibel von Jesu Wiederkehr die Rede ist, wird sie als plötzliches Ereignis beschrieben. Man hat dann keine Zeit mehr, sich in letzter Minute darauf einzustellen. Von Wert ist nur, worauf man sich ein Leben lang vorbereitet hat.

Auch für uns heutige Christen gilt, daß Jesus plötzlich wiederkommt. Es hat mich früher genervt, daß fast 2000 Jahre vergangen sind, seit Jesus gesagt hat, er werde „schnell" wiederkehren. Es half meinem Verständnis etwas auf die Sprünge, daß dieses Wort auch mit „plötzlich" oder „unmittelbar" übersetzt werden kann. Trotzdem kam es mir nicht richtig vor, daß eine Generation von Christen nach der andern in Erwartung der Wiederkunft lebte und das Ereignis nicht mitbekam.

Mein Beinahe-Zusammenstoß mit dem Laster brachte mich aber zu einer anderen Ansicht. Mir wurde klar, daß mein Unfalltod die gleichen Folgen gehabt hätte wie die Wiederkunft Jesu. Außerdem erkannte ich, daß eine Generation von Christen nach der anderen „plötzlich" in den Tod gegangen war. Für sie war damit Zeit und Geschichte beendet, und die Ewigkeit hatte angefangen.

Ich bin nicht sicher, ob Jesus zu meinen Lebzeiten wiederkommen wird. Ich erwarte ihn meistens. Trotzdem hat sich seit dem

Beinahe-Unfall mein Horizont hinsichtlich eines „plötzlichen" Erscheinens vor ihm erweitert.

Könnte es heute für dich soweit sein?

Hast du dir immer vorgestellt, daß die Wiederkunft Jesu etwas ganz Allgemeines, weit Entferntes sei? Was bewirkt die bisher so lange Verzögerung seiner Wiederkunft in dir: Erwartest du ihn tatsächlich während deiner Lebenszeit oder nicht? Wie wirkt es sich auf deine Einstellung aus, wenn du dir klarmachst, daß mit „plötzlich" nicht nur sein Erscheinen, sondern auch dein eigener Tod gemeint sein könnte?

>>>Noch ein Lesetip:

Matthäus 24,27–31; 1. Thessalonicherbrief 4,13–18

Die Wiederkunft Christi ist wie ...

Ein Klassentreffen

>>> Hast du dich schon einmal geärgert, irgendwohin gehen zu müssen, weil du dich einfach noch nicht darauf eingestellt hattest, als es soweit war?

Es ist ein gewisser Trost bei Abschiedsfeiern nach dem Schulabschluß, daß man einander verspricht, sich wiederzusehen. Grundschule, Oberschule, Studium – man ist hier mit einer einmaligen Mischung von Leuten zusammen, und das in einem einmaligen Zeitabschnitt des Lebens. Ein Klassentreffen verheißt dann ein paar Jahre später die Reise in eine Vergangenheit, als das Leben und die Freundschaften noch reiner und einfacher waren.

Auf jeden Fall verspricht man sich das davon. Ich bin erst auf zwei Wiedersehensfeiern gewesen – eine war an der Schule meiner Frau, die andere an meiner eigenen –, aber ich glaube, das reicht fürs ganze Leben.

Beim Klassentreffen meiner Frau kannte ich sowieso niemanden. Sie flatterte von einer Freundin zur nächsten, vertiefte sich in vergangene Zeiten und versuchte pflichtschuldig, mich vorzustellen und ins Gespräch mit einzubeziehen. Offensichtlich hatte ich mit diesen Leuten nichts gemeinsam und würde wohl 99 % von ihnen nie mehr im Leben begegnen. Es wurden die drei längsten Stunden meines Lebens.

Du denkst wahrscheinlich, mein eigenes Klassentreffen sei besser gewesen. Leider nicht. Natürlich waren jetzt unsere Rollen vertauscht, und *ich* lief von einem zum andern. Trotzdem machte es keinen Spaß. Die meisten von denen, die mir in der Schule am nächsten gestanden hatten, waren aus diesem oder jenen Grund nicht da. Viele von den Anwesenden protzten herum und gaben mit ihren beruflichen Erfolgen an. Um das noch zu krönen, erkannte ich ein paar Leute gar nicht erst wieder. Selbstverständlich waren es gerade die, die auf mich zukamen und mich beim Namen nannten. Schon nach einer Stunde sind wir gegangen.

Die rettende Liebe Gottes ist offenbar geworden. Sie gilt allen Menschen, und sie hält uns an zu einem Leben, das ihrer würdig ist. Wir haben uns doch losgesagt von jedem Ungehorsam gegen Gott und von unseren selbstsüchtigen Wünschen, damit wir nun mitten in dieser Welt ein Leben führen in Selbstbeherrschung, in Liebe zu den Menschen und in Ehrfurcht vor Gott. Vor uns liegt ja die ewige Freude; denn wir warten darauf, daß die Herrlichkeit unseres mächtigen Gottes und unseres Retters Jesus Christus sichtbar wird. Er hat sein Leben für uns gegeben, um uns von aller Schuld zu befreien und zu einem Volk zu machen, das nur ihm gehört und alles daran setzt, das Gute zu tun.
(Titusbrief 2,11–14)

Mir fallen mindestens drei Gründe ein, warum die Klassentreffen mir keinen Spaß gemacht haben, und diese Gründe helfen mir verstehen, warum manche Menschen sich vielleicht nicht auf die Wiederkunft Christi freuen.

Erstens wußte ich eigentlich nicht, nach wem ich Ausschau halten sollte. Wegen des zeitlichen und räumlichen Abstands hatten sich die Beziehungen verflüchtigt. Außerdem waren die Leute anders geworden. Weder hatte ich mich um ihre Entwicklung gekümmert, noch sie sich um meine. Warum also gespannt sein, einander wiederzusehen?

Zweitens hatte ich nichts getan, um mich auf das Wiedersehen vorzubereiten. Ich hätte ja meine alten Jahrbücher durchblättern, ein paar Anrufe machen oder bei der Organisation für das Klassentreffen mithelfen können. Ich hätte noch vorher ein paar alte Beziehungen aufleben lassen können – was immer noch drin wäre, wenn ich jemals ein nächstes Treffen besuchen würde.

Drittens stellte sich keine Wiedersehensfreude ein. Freude kann sich in allen Lebensumständen halten, wenn man Hoffnung hat (die gespannte Erwartung auf etwas Gutes). Weil ich nichts für die Beziehungen getan hatte, die jetzt wiederaufleben sollten, und nicht einmal bereit war, sie wieder zu festigen, hatte ich das Treffen nicht gerade „hoffnungsvoll“ erwartet. Ich hatte nicht gehofft, daß etwas Tolles geschehen würde. Ein Leben in Hoffnung bringt Offenheit für Freude. Das Wiedersehen wurde zum Reinfall, hätte aber eigentlich ein Knaller werden können.

In seinem zweiten Brief an Timotheus beschreibt Paulus die Christen als Menschen, „die sehnlich darauf gewartet haben, daß er kommt“. Mein Klassentreffen zeigte mir, wie erschreckend wahrscheinlich es ist, die Wiederkunft Christi als Reinfall statt als Höhepunkt zu erleben, wenn man keine Beziehung zu ihm hat. Da sehnt man sich nicht gerade nach seinem Kommen.

Bereit für das Wiedersehen?

Tust du Tag für Tag etwas für deine Beziehung zu Jesus? Freust du dich deshalb schon auf seine Wiederkunft? Was wäre zu tun, um den Draht zu ihm wieder lebendig zu machen, wenn Zeit und Abstand ihre Spuren hinterlassen haben? Könntest du heute noch damit anfangen? Kann man sich eigentlich auf den Himmel freuen, wenn man sich auf das Wiedersehen mit Jesus selbst nicht freut?

>>>Noch ein Lesetip:

Philipperbrief 3,17–21; 2. Timotheusbrief 4,8

Bekennen, woran man glaubt, ist wie . . .

Der Bau eines Atombunkers

>>> *Was läßt deinen Glauben klarer erkennen: deine Worte oder dein Lebensstil? Was können Menschen über deinen Glauben erfahren, die nur dein alltägliches Leben beobachten?*

In dem Ort, wo ich früher wohnte, gab es ein merkwürdiges Haus. Es fiel mir zuerst wegen der hohen Stapel von Ziegelsteinen im Hof nebenan auf. Das Haus war sowieso ganz aus Ziegelsteinen gebaut, also dachte ich, der Besitzer wollte eine Garage oder etwas ähnliches dazu bauen. Jedesmal, wenn ich daran vorbeifuhr, schaute ich nach, was dort entstand.

Bald war klar, daß er keinen Anbau plante. Aber was war es dann? Im Lauf der Wochen, Monate und Jahre stapelten sich immer neue Ziegelsteine im Hof, und das Haus wurde immer dicker. Ich merkte, daß er zwischen die Ziegelsteinlagen noch irgendein anderes Material schichtete und eigentlich gar keine neuen Räume baute, sondern nur die Wände verstärkte.

Eines Tages fuhr ich mit einem Freund daran vorbei und zeigte ihm das ungewöhnlich verpuppte Haus. Er hatte in der Zeitung davon gelesen und informierte mich, daß es überhaupt nicht um neue Räume ginge. Der Besitzer mache aus seinem Haus einen riesigen Bunker als Schutz im Falle eines Atomkriegs.

Ich mußte laut lachen. Was für eine Verschwendung! Hätte er bei diesem Einsatz von Zeit und Geld nicht tausend andere Dinge schaffen können? Bildete er sich etwa ein, daß er gesund und munter sein Frühstück vom Blechteller essen könne, wenn die ganze Stadt in die Luft gehen würde?

Mein Freund aber fand dieses extreme Verhalten gar nicht lächerlich. Mit einer philosophischen Bemerkung brachte er mich zum Nachdenken.

„Anscheinend erkaufen sich Menschen eben ihre Lebenssicherheit mit verschiedenen Methoden“, sagte er.

Die Angriffsrampen, über die die Babylonier die Stadt erstürmen wollen, sind schon bis an die Stadtmauern vorgetrieben. Bald wird Jerusalem fallen; die Waffen der Feinde im Verein mit Hunger und Pest sorgen dafür. Es ist eingetroffen, was du angedroht hast; du siehst es selbst. Und doch, Herr und Gott, hast du mir befohlen: „Kauf dir den Acker! Tu es im Beisein von Zeugen!“ Dabei ist Jerusalem schon so gut wie in der Hand der Babylonier! (Jeremia 32,24–25)

Mich fasziniert dieser Mann, der aus seinem Haus einen riesigen Atombunker gemacht hat (und wohl immer noch verstärkt). Ich würde es gern mal von innen sehen und mich mit ihm unterhalten. Wie begründet er mittlerweile seine Investition, nachdem der Eiserne Vorhang gefallen ist und die Sowjetunion sich aufgelöst hat? Ob er sich dumm vorkommt? Vielleicht sagt er aber auch: „Abwarten.“

Jeremias Handeln fasziniert mich noch mehr. Gott hatte ihm gesagt, sein Land werde überrannt, die heilige Hauptstadt Jerusalem erobert und die Menschen ins Exil nach Babylon verschleppt. Dann befahl er ihm, ein Stück Land zu kaufen.

Was für ein Sinn für Humor! Wenn es jemals eine Zeit gab, in der die judäischen Grundstückspreise niedrig waren, dann damals, als die Babylonier die Herrschaft an sich rissen und das Volk Gottes als Sklaven nach Babylon führten. Gott aber wollte, daß sein Prophet bei allen Untergangs- und Gerichtsreden öffentlich und ohne Worte eine Botschaft der Hoffnung verkündete. Er verlangte von Jeremia, sich mit Leben und Handeln hinter diese Botschaft zu stellen.

Der Mann im vielschichtigen Ziegelhaus vermittelt mit seinem Handeln eine ganze Menge von dem, was er glaubt. Klar, daß er glaubt, trotz aller Zeichen der Hoffnung werde das Verderben hereinbrechen. Jeremia vermittelte genau das Gegenteil. Das regt mich dazu an, mit meinem Lebensstil lieber solche Zeichen zu setzen, als mich unter Ziegelsteinen abzuschotten.

Kaufst du Land, oder baust du einen Bunker?

Wenn du dir ein öffentlich sichtbares Zeichen aussuchen könntest, mit dem allen vorgeführt wird, wie du zum Leben stehst – wofür würdest du dich entscheiden? Wo würdest du das machen? Welche Kosten, nicht nur an Zeit und Geld, sondern an gutem Ruf, würdest du einplanen? Wäre es ein Riesenbau oder eine kleine, aber pfiffige Idee? Könntest du schon heute damit anfangen?

>>>*Noch ein* Lesetip:

Römerbrief 1,16–17; 1. Korintherbrief 15,12–19

Kreative Bibelarbeit ist wie . . .

Eine alte Geschichte, neu erzählt

>>> *Kommt es schon mal vor, daß die Bibel lebendiger auf dich wirkt als sonst? Wann und warum passiert das?*

Zwölf Tage vor Heiligabend wurde mir klar, daß ich mal wieder für die Weihnachtsfeier meiner Jugendgruppe verantwortlich war – nun schon das fünfte Jahr hintereinander. Es war eine ziemlich anspruchsvolle Gruppe, immer auf etwas Lustiges, Kreatives und Neues eingestellt. Meinem Gefühl nach war mir der Vorrat an kreativen Weihnachtsideen schon mit der letzten Feier ausgegangen.

Ich schlug die bekannte Weihnachtsgeschichte im zweiten Kapitel des Lukasevangeliums auf und fing an zu lesen. Vielleicht sprang mir ja von den Seiten etwas sensationell Neues in die Augen. Aber alles blieb beim alten – Hirten, ein Stall, eine Krippe, Windeln, ein Baby.

Natürlich steckte ein tiefer Sinn in dieser großartigen Geschichte. Wie aber sollten wir einen neuen, frischen Blick dafür bekommen? Gab es etwas Neues zu diesem bekannten Bericht zu sagen, das nicht schon millionenmal gesagt worden ist? Übrigens interessierte sich meine Jugendgruppe für Themen wie Mode, Science Fiction und Beziehungskisten (da staunst du, was?).

Ich las mir die Geschichte immer wieder durch. Dann kam die Idee.

Als es Zeit war, Weihnachten zu feiern, teilte ich die Jugendlichen in fünf Gruppen auf und gab ihnen je eine Kopie mit dem Bericht von Jesu Geburt aus dem Lukasevangelium. Jede Gruppe bekam eine Schachtel mit Gegenständen, die ich zusammengestellt hatte. Dann bat ich die Gruppen, die Geschichte genau durchzulesen und sich in zwanzig Minuten bereitzuhalten, das Geschehen nachzuspielen, als ob es in einer anderen Umgebung passiert sei – in einer futuristischen Weltraumszene, im Wilden Westen oder im Rahmen einer heutigen Liebesgeschichte.

Erst gab es ein bißchen Protest, aber die kreativen Ausbrüche zwanzig Minuten später waren wirklich sehenswert! Sie durften die Szenerie abwandeln, waren sich aber bewußt, daß die Grundwahrheit der Geschichte genau wiedergegeben werden mußte. Das hieß, sie mußten dem Geschehen das Beiwerk nehmen, wie meinetwegen Schafe und Stall, und sich auf das konzentrieren, was an Gottes Menschwerdung wirklich wichtig war.

Es gab Pistolen, ausgeflippte Kostüme und ungewöhnliche und respektlose Geburten. Trotzdem wurde Gottes Wort so auf eine Szene angewandt, daß die Wahrheit darin ganz neu lebendig und aktuell wurde. Das nenne ich eine kreative Bibelarbeit!

Als sie es sahen, berichteten sie, was ihnen der Engel von dem Kind gesagt hatte. Alle, die dabei waren, staunten über das, was ihnen die Hirten erzählten. Maria aber bewahrte all das in ihrem Herzen und dachte immer wieder darüber nach. (Lukas 2,17–19)

Wenn man gleichzeitig über Gottes Wort und die gegenwärtigen Lebensumstände nachdenkt, entzündet sich die Kreativität. Ich glaube, daß es Maria so ging, als sie – wie Lukas sagt – das ihr anvertraute „Wort“ in ihrem Herzen bewahrte und immer wieder über die ungewöhnlichen Umstände nachdachte, die Jesus auf die Welt gebracht hatten. Die Hirten rannten fort und erzählten jedem, was passiert war. Maria dagegen dachte nach.

Wenn du nachdenkst, läßt du das Sichtbare und Oberflächliche hinter dir. Warum Hirten? Warum eine Jungfrau? Warum eine „ganz normale“ menschliche, mühsame Geburt statt beispielsweise einer magischen „Erscheinung“?

Als meine Jugendgruppe sich mit ihren Neufassungen abmühte, stellten sie sich genau diese Fragen. Sie mußten klären, was verändert werden durfte, damit es zur Szene paßte, und was die heilige, ewige, unveränderliche Wahrheit an der Weihnachtsgeschichte ist.

Die Wahrheit aus einer neuen Perspektive zu erkennen, sie klarer hervortreten zu lassen, ohne ihren Gehalt zu verändern – das ist echte Kreativität. Für unsere Gruppe fing diese kreative Arbeit damit an, über die Wahrheit nachzudenken, statt sie für selbstverständlich zu halten.

Schon mal über die alten Geschichten nachgedacht?

Fehlt deiner persönlichen Bibelarbeit das gewisse Etwas, vielleicht ein Funke Interesse? Könnte das Nachdenken über ein vertrautes Kapitel und der Versuch, es neu zu verstehen, kreative Energien wachrufen? Welche altbekannte Geschichte könntest du gleich heute mit dieser Methode betrachten?

>>>Noch ein Lesetip:

Markus 4,30–34; Lukas 2,1–20 >>

Engagement ist wie . . .

Zahnpflege mit Zahnseide

>>> Ist ein verbindliches Verhalten für dich etwas Selbstverständliches? Wie stark muß man sich wohl verpflichten, bevor echtes Engagement daraus wird?

Ich mag meinen Zahnarzt. Die Zahnarzthelferin nicht so sehr. Das ist nichts Persönliches und schon gar keine Ablehnung von Zahnarzthelferinnen insgesamt. Eigentlich fand ich ihre Vorgängerin ganz nett. Sie ist mir nie mit dem Thema Zahnseide auf die Nerven gegangen.

Die Neue dagegen hat eine geradezu missionarische Ader. Sie will jedem Patienten saubere Zähne verpassen und macht bei ihrem Einsatz für dieses Ziel vor nichts halt. Als sie meine Zähne das erste Mal reinigte, fühlte sich mein Mund nachher wie ein Schlachtfeld an. Das Zahnfleisch war wund und blutete. Der Unterkiefer schmerzte. Die Zunge schmeckte wie rostiges Eisen.

Als ich mich ächzend von der schärfsten Putzaktion erholte, die ich je erlebt hatte, fing sie mit ihrer Zahnseide-Werbung an. Ich hasse das Zeug. Ich habe ziemlich große Hände und einen eher kleinen Mund, zumindest im Vergleich zu anderen Leuten. Nicht einfach, den dünnen Faden und meine dicken Finger in die richtigen Lücken und Spalten zu bekommen. Ich versprach, es zu versuchen, dachte aber nicht mehr daran.

Sechs Monate später kam ich wieder an die Front, schmeckte das Blut und tastete mit der Zunge nach den wunden Stellen. Dann kam die Frage: „Wie klappt's mit der Zahnseide?"

Ich zog in Erwägung, nicht ins Becken, sondern auf ihren weißen Kittel zu spucken, und zwar alles, was sie an Fetzen in meinem Mund hinterlassen hatte, hielt mich aber zurück und sagte nur die halbe Wahrheit: „Na ja, nicht so gut, wie ich gedacht hatte, mit diesen großen Händen hier . . ."

Sie ließ mich mit kühler Ungeduld ausreden und trug mir auf, die Sache besser zu machen, damit die Zahnreinigung für sie das nächste Mal nicht so schwierig sei. Ich murmelte zustimmend und überlegte, wie ich sie reinlegen könne.

Ein paar Wochen vor dem nächsten Termin holte ich die Zahnseide hervor und huschte mal schnell zwischen die Lücken. Fast jeden zweiten Tag bis zum Opfergang zur Zahnsteinfee zog ich die Sache durch. Sie war gar nicht zufrieden. Jetzt sollte ich alle vier Monate einen Termin bekommen, damit meine Zähne richtig sauber blieben.

Ihr habt erlebt, wie der Herr große und starke Völker vor euch vertrieben hat; bis heute hat niemand euch standhalten können. Jeder einzelne von euch hat tausend Feinde vor sich hergejagt, weil der Herr, euer Gott, für euch kämpfte, wie er es versprochen hatte.
Auch in Zukunft hängt euer Leben davon ab, daß ihr allein den Herrn, euren Gott, liebt.
Wenn ihr euch von ihm abwendet und euch den Völkern zuwendet, die in eurem Land leben, wenn ihr euch mit ihnen verschwägert und vermischt, dann wird der Herr, euer Gott, diese Völker auch nicht mehr vor euch vertreiben. Das laßt euch gesagt sein! Sie werden dann für euch so gefährlich wie eine Schlinge oder Falle und so schmerzhaft wie Dornen im Auge oder Stachelpeitschen, mit denen man Ochsen antreibt. Schließlich wird keiner von euch mehr übrig sein in dem guten Land, das euch der Herr, euer Gott, gegeben hat. (Josua 23,9–13)

Als Josuas Tage als Anführer gezählt waren, rief er das Volk zusammen und forderte es auf, eine Verpflichtung einzugehen. Solch ein Versprechen hatte seinen Preis, würde aber auch gewaltige Vorteile bringen. Sollten sie sich nicht daran halten, würden sie nur sich selbst schaden.

Obwohl ich die Zahnarzthelferin als meine persönliche Feindin und ihre Ansprüche als Eingriff in meine Freiheit sah, war das Engagement, das sie mir abverlangte, in Wirklichkeit nur zu meinem Besten. Allmählich überzeugte sie mich; weniger durch die hundertste Erklärung, wie Karies wirkt, sondern eher, indem sie mich die Konsequenzen meiner Nachlässigkeit spüren ließ. Entweder zeigte ich echtes Engagement, oder sie würde mich bis an mein Lebensende alle vier Monate foltern.

Ich hätte mir einen anderen Zahnarzt suchen können und vielleicht einen gefunden, dessen Helferin nicht so hohe Maßstäbe an die Zahnhygiene anlegt. Darunter hätten aber meine Zähne und nach und nach auch meine Gesundheit gelitten. Mit dem Engagement für Gott und seine Gesetze ist es ganz ähnlich. Er läßt uns die Konsequenzen spüren, wenn wir unsere Versprechen ihm gegenüber nicht mehr ernst nehmen und in unserer Kurzsichtigkeit nicht erkennen, welche Gefahren der Ungehorsam für unsere Gesundheit birgt. Engagement, hat mal jemand gesagt, ist nichts als eine Entscheidung von Dauer.

Was ist geistliche Zahnseide?

Verlangt Gottes Wort Verpflichtungen von dir, an die du dich nicht hältst? Hast du eingesehen, daß diese Verpflichtungen richtig sind, schiebst aber das Engagement dafür vor dir her? Ist dir aufgefallen, daß so etwas Folgen hat? Gibt es einen Bereich, in dem du dich heute mal wieder engagieren müßtest?

>>>*Noch ein* **Lesetip:**

2. Könige 18,11–12; Matthäus 7,21–23

Engagement ist wie . . .

Ein Schritt an die Stelle deines Vaters

>>> Hängt das, was du glaubst oder wofür du dich einsetzt, in erster Linie von der Meinung deiner Eltern ab? Ist das gut oder schlecht?

Als ich ins Büro meines Collegedirektors trat, mußte ich blitzartig an das eine Mal denken, als ich in der Grundschule zum Rektor gerufen wurde. Ich fragte mich, was ich falsch gemacht hatte, oder schlimmer noch, ob er mir eine blöde Aufgabe übertragen wollte, zum Beispiel im Verschönerungskomitee oder sowas ähnliches.

Wahrscheinlich deshalb fiel mir das Kinn herunter, als er mich bat, gemeinsam mit meinem Vater die Rede vor meiner Abschlußklasse zu halten. Ich war überrascht, auch geschmeichelt, machte mir Sorgen und war am Ende nur noch neugierig. Warum wir? Letztes Jahr hatten wir eine bekannte Persönlichkeit als Redner, wahrscheinlich den berühmtesten in der ganzen Geschichte des Colleges.

So freundlich wie möglich erklärte der Direktor mir seine Entscheidung. Er konnte den Redner des letzten Jahres kaum überbieten, wollte also etwas völlig und radikal anderes machen. Statt eine Berühmtheit zu bemühen, wollte er zurück zu den Wurzeln – ein Student und sein Vater sollten über ihre Beziehung reden.

Irgendwo dachte ich mir: „Aha, und wenn er dann nächstes Jahr einen anderen nimmt, ist der im Vergleich zu uns automatisch berühmt."

Trotzdem gingen mein Vater und ich die Sache an. Wir unterhielten uns stundenlang über unsere Beziehung – wie es für ihn gewesen war, mein Vater zu sein, und wie ich mich als sein Sohn gefühlt hatte. Diese gemeinsamen Stunden werde ich mein Leben lang zu schätzen wissen.

Als die Inhalte geklärt waren, ging es um das Problem, wie man zu zweit eine solche Rede halten sollte. Schließlich einigten wir uns auf ein stufenweises Vorgehen. Von einem Podium am einen Bühnenende sollte er sich erst zur Erziehung des Kleinkindes äußern und ich auf einem Kinderstuhl am anderen Ende darauf reagieren. Dann würde es um sein Verhältnis zum Schuljungen gehen; meine Sicht dazu erfolgte von einem Schultisch. Danach käme die Erziehung des Teenagers zur Sprache, und ich sollte auf einen Hocker umziehen, ihm den Rücken zukehren und mit verschränkten Armen demonstrieren, was ich damals von seinem Autoritätsanspruch gehalten hatte.

Er sollte die gesamte Rede vom Podium aus halten, während ich vom Kinderstuhl an näher rücken würde. Wie aber die Schlußszene gestalten? Wie konnte man meinen Reifungsprozeß zu einer eigenen Persönlichkeit mit eigenen Überzeugungen und Charakterzügen symbolisieren? Dann kam die Idee. Er sollte das Podium verlassen, und ich wollte seinen Platz einnehmen und die Rede beschließen.

Wenn ihr nicht dazu bereit seid, dann entscheidet euch heute, wem sonst ihr dienen wollt: den Göttern, die eure Vorfahren verehrt haben, oder den Göttern der Amoriter, in deren Land ihr jetzt lebt. Ich und meine Familie aber sind entschlossen, dem Herrn zu dienen. (Josua 24,15)

Die meisten von uns kommen in ihrem geistlichen Leben irgendwann an einen Punkt, wo wir uns entscheiden müssen, ob wir den Glauben, der uns von unseren Eltern vermittelt wurde, für uns annehmen oder nicht. Das soll nicht heißen, daß wir bis dahin keinen eigenen Glauben haben, aber in gewissem Sinne sind wir „behütet" worden von denen, die uns auf den Weg gebracht haben. Wenn sie ins zweite Glied zurücktreten, entscheiden wir uns, ob wir ihren Platz am Podium übernehmen wollen.

Josua stellte das Volk Israel vor eben diese Wahl, bevor er die Führung abgab. Er hatte sie ins verheißene Land gebracht und in die Eroberungskämpfe gegen die Völker dort geleitet. Nun erinnerte er sie daran, daß ihre Vorfahren anderen Göttern gedient hatten und die Menschen, unter denen sie lebten, immer noch Götzen dienten. Nach einem letzten Hinweis auf seinen eigenen Standpunkt trat Josua dann zurück und forderte zu einer Entscheidung auf, die wir alle an bei einigen Kreuzungen unserer geistlichen Reise vor uns haben.

Bist du ans Podium getreten?

Inwieweit sind dein Glaube und deine Taten dein geistiges „Eigentum“? Gibt es Dinge, die du über Bord werfen würdest, wenn die geistliche Leitung deiner Eltern oder anderer „führender“ Christen in deinem Leben nicht mehr wäre? Was würdest du aufgeben? Viele junge Leute stehen vor dieser Entscheidung, wenn sie von der Schule abgehen oder aus dem Elternhaus ausziehen. Welche Entscheidungen in dieser Lebensphase haben Auswirkungen auf dein geistliches Leben?

>>>*Noch ein* Lesetip:

2. Könige 2,1–14; Johannes 14,11–12 >>

Jesu Tod verstehen ist wie . . .

Ein unverhofftes Schachmatt

>>> Glaubst du, daß die bösen Mächte vom Tod Jesu am Kreuz überrascht waren? Ist dir jemals aufgegangen, daß Jesus davon überhaupt nicht überrumpelt wurde?

Mein Freund und ich taten ein paar Schritte vor dem Restaurant, wo wir gerade gegessen hatten, und entdeckten zufällig auf dem Rasen ein überdimensionales Schachfeld. Da wir noch ein paar Minuten Zeit hatten, entschlossen wir uns zu einem schnellen Spiel. Keiner von uns beiden war besonders gut im Schach, und uns fehlte die Übung; es würde also schnell zu Ende sein.

Wahrscheinlich lernt mindestens die Hälfte der Schachspieler sogenannte „idiotensichere" Siegesmethoden kennen. Sie bestehen aus vier oder fünf Zügen hintereinander, die den Gegner schnell mattsetzen können, wenn er nicht ahnt, was man vorhat und mit seinen Zügen den König schützen will. Wenn er aber die Absicht durchschaut (oder gar ein paar Schachkenntnisse hat), läßt sich die „idiotensichere Methode" ziemlich leicht stoppen.

Der Erfolg dieser Taktik hängt davon ab, ob der Gegner mehr mit seiner eigenen Strategie beschäftigt ist als mit der Verteidigung oder gar dem vorausschauenden Verständnis der feindlichen Absichten. Die Eröffnungszüge beim Schach sind oft Routine, meist vorhersagbar. Ein Schachmatt ist da nicht zu erwarten, es sei denn, man ist so dumm und sieht es nicht kommen.

In der Hoffnung, daß mein Freund wirklich so aus der Übung war, wie er behauptete, holte ich meine Methode aus den Winkeln des Gedächtnisses und probierte sie aus. Ich machte den ersten, den zweiten, den dritten und vierten Zug. Dann schlug mein Freund unerwartet meine Dame. Ein paar Züge später setzte er meinen König schachmatt.

Der Vater liebt mich, weil ich bereit bin, mein Leben zu opfern, um es aufs neue zu erhalten. Niemand kann mir das Leben nehmen. Ich gebe es aus freiem Entschluß. Es steht in meiner Macht, es zu geben, und auch, es wieder an mich zu nehmen. Damit erfülle ich den Auftrag meines Vaters. (Johannes 10,17–18)

Ein erfahrener Schachspieler läßt sich normalerweise nicht überraschend mattsetzen. Tatsächlich geben die großen Schachmeister im Fall einer Niederlage ihren König schon viele Züge vor dem Schachmatt preis. Anfänger wie ich halten sich an die schnellen, leichten und durchsichtigen Angriffe und besiegen nur Gegner, die genauso kurzsichtig spielen. Wir mögen es „idiotensicher".

Satan ist der größte aller Idioten. In der Bibel gilt als „Narr" nicht, wer zuwenig Grips hat, sondern zuwenig Gottesfurcht. Ihm wird nicht die Vernunft abgesprochen, sondern ihr falscher Einsatz. Er glaubt, er könne sich über Gottes ewige Prinzipien hinwegsetzen. Er glaubt, er könne Gottes Plan außer Kraft setzen.

Meine Lieblingszeilen aus der Rockoper „Jesus Christ Superstar" stehen im Dialog von Jesus und Pilatus. Pilatus, Satans Marionette, sagt: „Warum sprichst du nicht mit mir? Dein Leben liegt in meiner Hand! Warum bleibst du still? Ich glaube, du blickst nicht durch!"

Jesu Antwort sagt alles: „Du hast nichts in deiner Hand. Alle deine Macht stammt von ganz woanders her. Alles ist festgelegt, und du kannst nichts daran ändern."

Schachmatt.

Hast du den Großmeister spielen sehen?

Wie wirkt sich bei dir die Erkenntnis aus, daß Jesus nicht gegen seinen Willen getötet wurde? Hast du den Eindruck, daß das heutige Geschehen aus dem Ruder läuft, oder durchschaust du, daß nur Narren glauben, Gott habe nicht hingekriegt, was er geplant hat? Kannst du mit deinen „geistlichen Augen“ erkennen, wie er hinter den Kulissen daran wirkt, den Feind überraschend Schachmatt zu setzen?

>>>*Noch ein* Lesetip:

Epheserbrief 3,8–12; Kolosserbrief 2,13–15 >>>

Die Suche nach dem richtigen Partner ist wie ...

Angeln statt Jagen

>>> Wie stellt man es an, den Richtigen oder die Richtige zu finden? Hast du manchmal das Gefühl, dabei niemals zum Zug zu kommen?

In meiner Jugendgruppe gab es zwei weibliche Zwillingspärchen im gleichen Alter. Alle vier waren hübsche, intelligente junge Damen, die jeden für sich einnehmen konnten. Ich sah sie nicht nur als Teilnehmer, sondern als „kleine Schwestern".

Ich denke gern an einen Bibelabend zurück, als sie gerade frisch auf dem College waren. Außer uns fünf war niemand gekommen. Das Thema hieß „Beziehungen", insbesondere zum anderen Geschlecht. Kaum hatte das Gespräch angefangen, da machte sich schon Selbstmitleid breit.

„Es gibt keine wirklich netten Jungs, die Christen sind", beschwerte sich die eine.

„Ja, und selbst wenn es sie gäbe, würde mich keiner ansprechen!" schmollte die nächste.

Von da an wurde nur noch gejammert. Sie alle würden alte Jungfern werden. Sie würden nie die Tricks beherrschen, die man heutzutage brauchte, um einen anständigen Kerl zu jagen und zur Strecke zu bringen. Und wenn man dann noch den Anspruch habe, daß der Junge, mit dem man sich verabrede, Christ sei, sinke die Wahrscheinlichkeit gegen Null.

Ich unterbrach das deprimierende Gespräch und schlug vor, lieber über Jagen und Angeln zu reden. Mit ungläubigen Blicken gaben sie mir zu verstehen, daß ich auch bloß ein „typischer Mann" war. Trotzdem überzeugte ich sie, daß Kenntnisse über den Unterschied zwischen Jagen und Angeln die einzige Chance sind, beim Warten auf „Mr. Right" im seelischen Gleichgewicht zu bleiben.

Wie eine Lilie unter den Dornen, so ist meine Freundin unter den Mädchen. Wie ein Apfelbaum unter den wilden Bäumen, so ist mein Freund unter den Jünglingen. Unter seinem Schatten zu sitzen, begehre ich, und seine Frucht ist meinem Gaumen süß. Er führt mich in den Weinkeller, und die Liebe ist sein Zeichen über mir. Er erquickt mich mit Traubenkuchen und labt mich mit Äpfeln; denn ich bin krank vor Liebe. Seine Linke liegt unter meinem Haupte, und seine Rechte herzt mich. Ich beschwöre euch, ihr Töchter Jerusalems, bei den Gazellen oder bei den Hinden auf dem Felde, daß ihr die Liebe nicht aufweckt und nicht stört, bis es ihr selbst gefällt. (Hoheslied 2,2–7, Luther)

Wenn du dir die wunderschönen Worte des Hoheliedes in der Bibel durchliest, fällt dir sicher auf, wie unheimlich gut das Mädchen ihrem Freund gefällt. Sie setzt mehr auf „anziehende" Wirkung statt auf raffinierte Jagdmethoden. Sie fällt ihm auf als Lilie unter den Dornen. Er bittet die „Töchter Jerusalems", auf die Liebe zu warten und sie nicht vorzeitig zu erzwingen.

Bezeichnend ist der Unterschied zwischen Jagen und Fischen. Beim Jagen weiß man genau, was man abschießen will. Man wählt das richtige Kaliber und schleicht sich vorsichtig an die Beute an. Dann bringt man sie mit tödlicher Kraft unerwartet zur Strecke.

Angeln ist ganz anders. Man weiß nur ungefähr, was man fangen will. Es könnte aber ein Karpfen, ein Barsch oder ein Hecht werden. Man ist gut ausgerüstet, entscheidend aber ist der Köder.

Was nimmt man, um den Unbekannten in der Tiefe anzulocken? Probiert man es lieber am Steg, oder wirft man den Köder weit in der Mitte des Sees aus? Und wenn dann der Köder den Fisch angelockt hat – klappt es gleich beim ersten Schwung, oder muß man ein bißchen „kämpfen"? Hat man ihn an Land gebracht, und er ist nicht das, was man wollte – behält man ihn, oder wirft man ihn unverletzt wieder ins Wasser?

Meine jungen Freundinnen, die Zwillinge, waren deshalb so enttäuscht, weil sie es mit der Jagd probiert hatten. Sie suchten sich von weitem jemanden aus und ließen ihre Hoffnung gleich total fahren, wenn er ganz anders war, als sie sich vorgestellt hatten. Würden sie aber im Sinne Gottes mit der Sache umgehen, dann könnten sie getrost darauf warten, wen ihr „Köder" anlockt.

Ein Angler ist ganz entspannt, genießt die schöne Stimmung am See und wählt sorgfältig seinen Köder im Bewußtsein, daß der Fisch ebenso ihn aussucht wie er den Fisch. Außerdem kann er seinen Fang jederzeit unverletzt zurückwerfen, bis er den Richtigen erwischt hat.

Schon die Angel ausgeworfen?

Hast du schon mal „ein Auge auf jemanden geworfen", bevor du überhaupt etwas über diesen Menschen wußtest? Sind schon einmal interessante Menschen auf dich zugegangen, weil du einfach „du selbst" geblieben bist? Womit verschafft man sich die besseren Beziehungen? Sieh dich doch ab heute einmal um und beurteile, inwiefern die Beziehungen in deiner Bekanntschaft für „Jagen" oder „Angeln" sprechen – egal, ob du auf Partnersuche bist oder nicht.

>>>*Noch ein* Lesetip:

Ruth 2,1–4,12; Sprüche 7,6–27

Die Ehe ist wie . . .

Schokoriegel, M&Ms und Sahnetörtchen

>>> Freust du dich darauf zu heiraten, wenn du dir Ehepaare näher betrachtest, oder macht dich der Gedanke eher nervös?

Vor einigen Jahren noch fand ich an Hochzeiten nichts Besonderes. Wie es schien, hatte die Sache viel mit steifer Kleidung, gezwungenen Zeremonien und nervösen Menschen zu tun. Die Hochzeit soll ja eigentlich der große Tag für Braut und Bräutigam sein, aber ich hatte so manche Hochzeit miterlebt, an der weder sie noch er viel Spaß hatten.

Daher stammten teilweise meine verkrampften Vorstellungen von der Ehe. Romantische Verabredungen machten Spaß. Sex versprach Spaß zu machen. Selbst das gemeinsame Einrichten einer Wohnung würde Spaß machen. Warum eigentlich die Hochzeit selbst nicht?

Zum Glück waren meine Frau und ich uns vor der Hochzeit einig, daß dieser Tag ein großer Spaß für uns sein sollte und genauso auf uns zugeschnitten und toll wie hoffentlich unsere ganze Ehe. Weder die Feier noch unsere Beziehung wollten wir uns von der Tradition vorschreiben lassen.

Die Hochzeit ist hoffentlich für jeden ein einmaliges Ereignis im Leben. Sie kann auf das neue gemeinsame Leben einstimmen und allen anderen anschaulich zeigen, welche Vorlieben, Träume und Lebensziele das Ehepaar hat. Wir wollten uns dafür einen Ort aussuchen, an dem wir gern sind, und Gäste, die wir lieben und respektieren. Wir wollten nur tun, was uns wirklich Spaß macht.

Meine Frau macht sich nichts aus Kuchen. Also besorgten wir Schokoriegel. Ich dagegen kann mich total für M&Ms begeistern, deshalb kamen sie auf den Tisch. Und weil meine Frau nicht auf die traditionelle Hochzeitstorte verzichten wollte, erlaubten wir uns meine Lieblingsnascherei – einen Berg aus einzeln verpackten Sahnetörtchen.

Jesus antwortete: „Es ist doch undenkbar, daß die Gäste bei einer Hochzeit fasten – jedenfalls solange der Bräutigam da ist! Früh genug kommt der Tag, an dem der Bräutigam ihnen entrissen wird, dann werden sie fasten, immer an jenem Tag.
Niemand flickt ein altes Kleid mit einem neuen Stück Stoff; sonst reißt das neue Stück wieder aus und macht das Loch nur noch größer. Auch füllt niemand neuen Wein, der noch gärt, in alte Schläuche; sonst sprengt der Wein die Schläuche, und beides ist verloren. Nein, neuer Wein gehört in neue Schläuche!" (Markus 2,19–22)

Jesus meinte mit den Beispielen von der Hochzeit die Beziehung zu seinen Jüngern. Die Religiösen seiner Zeit verlangten von ihm einen sehr „ordentlichen" und traditionell geprägten Lebensstil. Sie wollten ihn fromm, ernst, gesetzlich und angepaßt. Sie wollten, daß er so war wie sie.

Jesus hatte aber damit nichts am Hut. Er war nicht gekommen, um zu den alten Traditionen einer Religion zu passen, die den Kontakt zu Gott verloren hatte. Er war gekommen, um eine ganz neue Beziehung zur Menschheit zu schaffen. Hier ging es weniger um richtiges Verhalten als um den Glauben, weniger um Gesetze als um Liebe. Braut und Bräutigam brauchten sich nicht mehr um der Tradition willen sklavisch an vorgeschriebene Zeremonien zu halten. Jetzt durfte die persönliche, fröhliche Verbindung von Braut und Bräutigam gefeiert werden. Jesus war in der muffigen Religion der Pharisäer genauso fehl am Platz wie neuer Wein in alten Schläuchen.

Anfangs runzelten einige Gäste die Stirn über die Art, wie meine Frau und ich unsere Hochzeitsfeier gestalteten. Auch hinterher fiel uns auf, daß man das Ereignis nicht mit den traditionell üblichen Worten „bezaubernd" oder „formvollendet" lobte. Einstimmig fiel dagegen das Urteil aus, die Hochzeit habe „Spaß gemacht". So hatten wir es uns gewünscht, und so sollte auch unsere Ehe aussehen. Hochzeiten und Ehen sollten ein Fest aus echter Freude sein, weil sie die Beziehung Jesu zu seiner eigenen „Braut“ widerspiegeln, und das sind wir – du und ich.

Sahnetörtchen gefällig?

Welche Ehen in deiner Bekanntschaft vermitteln dir einen fröhlichen Ausblick auf das Verheiratetsein? Welche stimmen dich eher traurig? Ist es dir bei deinen Beziehungen wichtiger, dich und den Partner als Persönlichkeiten zu sehen, als traditionellen Rollen gerecht zu werden? Sind deine Beziehungen echt und entwicklungsfähig, oder steckst du in Freundschaften fest, für die andere die Regeln aufgestellt haben?

>>>Noch ein Lesetip:

1. Mose 2,18–24; Jesaja 54,5 >>>

Die Macht von Worten ist wie ...

Gift in der Schulcaféteria

>>> Wie groß ist bei deinen Gesprächen der Anteil an positiven oder ermutigenden Worten? Wieviel negatives Gerede oder Kritik leistest du dir?

Ich stand in der Schlange vor der Essensausgabe und fühlte mich äußerst unlocker und ganz allein. Es war der erste Unterrichtstag, und ich kannte niemanden. Ich war gerade auf diese Schule gewechselt. Die meisten Leute in meinem Alter hatten schon ihre festen Cliquen.

Während des Unterrichts vor dem Essen konnte ich auf einige Fragen antworten und schaffte es dabei sogar, etwas Kluges zu sagen. Ein paar Mitschüler lächelten zustimmend. Ob wohl auch zukünftige Freunde dabei waren? Nichts hätte ich mir so sehr gewünscht, um nicht ganz allein dort in der Schlange stehen zu müssen.

Dann entdeckte ich vor mir ein Mädchen, das vorhin in der gleichen Klasse wie ich gewesen war. Wenn ich mich nicht irrte, hatte auch sie mir zugelächelt. Jetzt drehte sie sich so weit um, daß wir einander anschauen konnte. Ich stellte fest, daß sie mich erkannt hatte.

Wir machten uns bekannt und wechselten ein paar Worte über meine Situation als Neuer und die Klasse. Es überraschte mich ein bißchen, wie direkt und bedenkenlos sie redete, war aber dankbar für die neue Bekanntschaft. Gerade hatte ich das Gefühl, wir könnten ganz gut miteinander, als sie sagte: „Weißt du, irgendwie könntest du ganz süß sein, wenn deine Nase nicht so groß wäre."

Das sagte sie so dahin, als wollte sie meine Reaktion testen. Ich bin wahrscheinlich knallrot geworden und versuchte, meine Verlegenheit schnell mit einem Witz zu überspielen. Ich weiß aber noch wie heute, daß ich das Gespräch so schnell wie möglich beenden wollte. Gemeinsam gegessen haben wir nicht.

Der Mensch hat es fertiggebracht, alle Tiere zu bändigen: Raubtiere, Vögel, Schlangen und Fische. Aber seine Zunge hat noch keiner bändigen können; sie läßt sich nicht unter Kontrolle bringen.
Sie ist voll von tödlichem Gift. Mit ihr loben wir Gott, unseren Herrn und Vater – und mit ihr verfluchen wir unsere Mitmenschen, die nach Gottes Bild geschaffen sind. Aus demselben Mund kommen Segen und Fluch. Meine Brüder, das darf nicht sein! (Jakobus 3,7–10)

Das Mädchen in der Cafeteria hatte die Chance gehabt, mit einer kleinen Dosis freundlicher Worte etwas ungemein Gutes zu bewirken. Statt dessen richtete sie mit ihren Worten Schaden an. Auf mich wirkte das wie Gift.

Nach meinem Eindruck hatte sie nicht lange darüber nachgedacht, was für Worte sie dem „Neuen" servieren sollte. Später habe ich erfahren, daß sie Christin war. Sollte sie heute dieses Kapitel lesen, ist es ihr bestimmt peinlich, und es tut ihr leid, nicht etwas anderes gesagt zu haben.

Genauso beschreibt die Bibel das Wirken der Zunge, und darum ist sie so gefährlich. Es sind nicht die Worte, die sorgfältig überlegt und formuliert werden, mit denen wir unbedacht Schaden anrichten. Es sind die achtlosen oder kessen Sprüche, mit denen wir einfach so um uns werfen, ohne groß darüber nachzudenken, wie sie beim anderen ankommen. Wir können uns weismachen, unsere Worte im Griff zu haben, und so tun, als seien es niedliche kleine Hunde an der Leine, die hin und wieder ein Häufchen am falschen Ort hinterlassen, eigentlich aber ganz gehorsam sind. Die Bibel macht uns klar, daß wir ein Raubtier an der Leine haben, das einfach aufgrund seiner Natur Menschen anfällt und beißt. Ich spreche aus Erfahrung – sowohl als Opfer als auch als „Köter". Paß auf meine Beißerchen auf!

Auch schon mal Gift verspritzt?

Hat dir letzte Woche jemand etwas besonders Verletzendes gesagt? Wußte der Betreffende, was er angerichtet hat? Ist dir schon einmal – vielleicht zu spät – aufgefallen, daß du mit deinen Worten jemandem sehr weh getan hast? Ist es schon zu spät, dieser Person heute ein „Gegenmittel“ zu verabreichen?

>>>Noch ein Lesetip:

Psalm 39,1; Sprüche 21,23 >>

Echte Hingabe an Gott ist wie . . .

Ganz allein Basketball spielen

>>> *Bewährt sich die Hingabe an Gott eher in einer Krise oder im Alltagsleben?*

Seit ich denken kann (also noch nicht sehr lange) spiele ich gern Basketball. Der nächste Korb, an dem ich in meiner Grundschulzeit üben konnte, war fünf Blocks von unserem Haus entfernt. Fast täglich und bei allen Wetterlagen dribbelte ich meinen Kinderball auf dem Weg zu diesem alten Brett mit dem Ring ohne Netz. Die Anlage ist schon längst abgerissen worden, aber auf meinem rechten Knie ist immer noch eine große Narbe, die mich an den Kiesboden erinnert.

In diesen jungen Jahren war mein größter Traum, so wie Danny Maddis zu werden. Danny war ein Sportstudent und hatte schon in seinem ersten Jahr an der Uni alle möglichen Rekorde gebrochen. Wenn ich meinen abgeschabten Gummiball in den wackligen alten Korb „dunkte", stellte ich mir vor, ich sei er. Tief innen war ich fest entschlossen, so lange auf diesem elenden Kiesplatz zu trainieren, bis ich genauso gut war.

Eines Tages hatte ich gerade einen traumhaften Slamdunk gelandet, als mich eine Stimme aus meinen WM-Phantasien riß.

„Wie läuft's?"

Es war Danny. Er war an meinem Spielplatz vorbeigekommen und hatte sich unbemerkt hinter mir aufgebaut. Jetzt streckte er mir die Hände entgegen und bat mich um den Ball.

Die nächsten paar Minuten waren völlig surreal. Nur ich und Danny spielten auf den Korb. Ein paar Minuten später kam ein Wagen mit Oberschülern angefahren, die alle am Platz ausstiegen. Schnell war der Entschluß gefaßt, ein Spiel zu improvisieren, und ich ging brav an die Auslinie, von wo aus ich so vielen Spielen zugeschaut hatte, wenn die Großen den Platz übernahmen.

„He, wo willst du denn hin?" Das war Danny. „Du bist in meiner Mannschaft."

Und so kam's, daß ich einmal im Team meines Idols mitspielte. Wie im Film, sag ich dir!

Philippus wiederum suchte Natanael auf und sagte zu ihm: „Wir haben den gefunden, über den Mose im Gesetz geschrieben hat und den auch die Propheten angekündigt haben. Es ist Jesus aus Nazaret, der Sohn Josefs.“
„Kann aus Nazaret etwas Gutes kommen?“ fragte Natanael. Philippus aber sagte zu ihm: „Komm mit und überzeuge dich selbst!“
Als Jesus Natanael kommen sah, sagte er: „Da kommt ein wahrer Israelit, ein Mann ohne Falschheit.“
Natanael fragte ihn: „Woher kennst du mich?“
Jesus antwortete: „Bevor Philippus dich aufforderte mitzukommen, habe ich dich unter dem Feigenbaum gesehen.“
Da sagte Natanael: „Du bist der Sohn Gottes! Du bist der König von Israel!“ (Johannes 1,45–49)

Unter diesem Feigenbaum war etwas passiert, das nur Jesus und Natanael etwas anging. Da Jesus ihn als „wahren Israeliten“ bezeichnet, hatte Natanael dort vielleicht gewissenhaft für das baldige Kommen des Messias gebetet. Vielleicht war dieser Feigenbaum Natanaels geheimer Ort, wo er sein Herz vor Gott ausschüttete und ihm sagte, wie sehr er Israels Erlösung ersehnte. Was dort auch geschehen sein mochte: Jesu Wissen über Natanaels Privatleben reichte, um seine Skepsis in leidenschaftliches Vertrauen umzuwandeln.

Bis ich an jenem Tag mit Danny spielte, war ich ein bloßer Bewunderer gewesen, ein kleiner Fan, dessen Hoffnungen, eines Tages so wie Danny zu werden, mit realistischer Skepsis durchsetzt waren. Auf dem Kiesplatz, der mein Feigenbaum war, gab ich Tag für Tag meiner Sehnsucht Ausdruck, zu Dannys Welt zu gehören. Hier übte ich mich in den Dingen, von denen ich wußte, daß sie Danny wichtig waren. Dann trat er plötzlich von hinten in mein Leben und forderte mich auf, in seiner Mannschaft zu spielen! Meine Träume und meine Zweifel wurden durch seine Gegenwart total in den Schatten gestellt.

Natanael, ich kann dich total verstehen!

Auch fleißig beim Trainieren?

Ist deine tägliche Stille Zeit Beweis dafür, wie wichtig es dir ist, in Gottes Welt zu leben und ihm ähnlich zu werden? Wo und wie wirfst du deine Körbe? Muß sich vielleicht etwas an deinem Alltag und deinen Gewohnheiten ändern, damit du Gott wirklich eine Chance gibst, dich in seiner Mannschaft einzusetzen? Wie wär's, wenn du gleich heute anfängst?

>>>Noch ein Lesetip:

Prediger 12,13–14; Matthäus 6,5–6 >>

Absichtlicher Ungehorsam ist wie . . .

Ein Schreck in der Zeitschriftenecke

>>> Machst du schon mal absichtlich etwas Verkehrtes, sogar wenn dir dabei ganz klar ist, daß es falsch ist? Darf einem Christen sowas überhaupt passieren?

Schleichst du dich auch gern von hinten an jemanden heran und erschreckst ihn? Ich ja. Ich mache mir einen Spaß daraus, mir im Fernsehen einen spannenden Film anzusehen, wenn jemand dabei ist, der richtig darin aufgeht. Dann, an der spannendsten Stelle, falle ich ihn an und schreie dabei fürchterlich. Dabei riskiere ich nicht selten eine Ohrfeige (das ist es mir wert!).

Den schönsten Schrecken habe ich einmal an einem Nachmittag zwei Freunden aus meiner Jugendgruppe eingejagt, als wir uns die Zeit im Einkaufszentrum vertrieben. Wir waren im großen Kaufhaus jeder für sich bummeln und hatten verabredet, uns später am Eingang zu treffen. Ich war lange vor dem ausgemachten Zeitpunkt durch und wollte mich noch in der Zeitschriftenecke umschauen.

Als ich um die Ecke bog, sah ich meine beiden Freunde in einem gewissen Magazin herumschnüffeln, das für seine „hüllenlosen" Bilder berüchtigt ist. Ich kam schnell genug über den ersten Schreck hinweg, um mir einen Streich auszudenken.

Ich schlich mich von hinten an, ließ meine Hände auf die Schultern der beiden fallen und donnerte mit möglichst tiefer, vollmächtiger Stimme: „Die Entrückung ist da, und ihr steckt eure Nase in ein Pornoheft!?"

Die waren vielleicht am Ende! Fast hätten sie sich dort im Gang in die Hosen gemacht.

Am Tag des Herrn nahm der Geist Gottes von mir Besitz. Ich hörte hinter mir eine Stimme, die wie eine Trompete klang . . . Ich wandte mich um und wollte sehen, wer zu mir sprach . . . Als ich ihn sah, fiel ich wie tot vor seinen Füßen zu Boden. Er legte seine rechte Hand auf mich und sagte: „Hab keine Angst! Ich bin der Erste und der Letzte." (Offenbarung 1,10,12,17)

Ein Tip: Lies das Kapitel mal ganz durch. Bei der Beschreibung Jesu werden mir jedesmal die Knie weich! Johannes, der Schreiber dieses unglaublichen Textes, hatte Jesus hier auf der Erde vielleicht als Freund am nächsten gestanden. Jetzt, im Exil auf der Insel, als alter Mann, hörte er die Stimme Jesu wahrscheinlich zum ersten Mal seit sechzig Jahren. Obwohl er Jesus persönlich kannte, ließ ihn der tatsächliche Anblick des ehrfurchtgebietenden auferstandenen Herrn wie tot zu Boden fallen.

Nach jahrelanger treuer Jüngerschaft war die tatsächliche Begegnung mit Jesus selbst trotzdem ein heiliger Schreck für ihn. Zweifellos erkannte er die Stimme, aber die Macht und Heiligkeit von Jesus können wir uns eben mit unseren Maßstäben nicht vorstellen.

Bestimmt kommt auch für mich die Wiederkehr Jesu mindestens genauso plötzlich und atemberaubend, ob ich ihm nun im Krankenhausbett, bei einem Autounfall oder am Ende der Zeiten begegne. Ich habe mich schon oft gefragt, wie ich genau reagieren würde, wenn er kommt. Was mir dabei Kopfschmerzen macht: Solche Gedanken kommen gerade dann, wenn ich etwas tue, das ich meinem Gewissen zufolge nicht tun dürfte.

Wie fest glaube ich eigentlich daran, daß Jesus so wiederkommt, wie er gesagt hat? Würde ich absichtlich ungehorsam sein, wenn ich wirklich glaube, er könne jeden Augenblick kommen? Nehme ich tatsächlich das Risiko auf mich, meine eigenen Worte auf mich anwenden zu müssen: „Die Entrückung ist da, und du . . ." Wobei lasse ich mich erwischen?

Weiche Knie und Demut scheinen mir die einzig mögliche

Reaktion zu sein, Jesus bei seiner Wiederkehr zu begegnen. Bestimmt falle auch ich zu Boden und hoffe, daß er mich in seiner Gnade wie seinen alten Freund Johannes zum Aufstehen auffordert. Vielleicht hält mich diese Vorstellung das nächste Mal davon ab, ihm absichtlich ungehorsam zu sein.

Lieber doch das Heft weglegen?

Sprechen wir mal nicht von den Fehlern, die uns unbeabsichtigt unterlaufen. Gibt es Situationen, in denen du bewußt genau das Verkehrte tust? Kannst du dir vorstellen, wie Christus genau in diesem Moment wiederkommt? Ergibt sich aus dieser Vorstellung nicht sofort der Drang, sich so schnell wie möglich aus dieser Sache zu lösen?

>>>Noch ein Lesetip:

Apostelgeschichte 5,1–11; 1. Korintherbrief 3,11–17

Echte Freundschaft ist wie . . .

Eine Stimme, die man gleich erkennt

>>> Siehst du Gott als deinen besten Freund?
Wie wirkt sich das für dich aus?

Nicht selten entwickelt sich eine enge Freundschaft zwischen Menschen, die einander oft sehen. Viele „beste Freunde“ sind Nachbarn, gehen in die gleiche Klasse, machen mit der gleichen Leidenschaft Sport oder auch gemeinsam Musik. Das bringt sie zusammen.

Aus irgendeinem Grund ergaben sich meine Freundschaften oft nicht nach diesem Muster. Ich hatte einen Arbeitskollegen als besten Freund, und dann mußte er beruflich in eine andere Stadt ziehen. In meinem ersten Jahr im College hatte ich einen guten Freund, aber dann ging ich auf eine andere Schule. Auf dem nächsten College schloß ich Freundschaft mit meinem Zimmernachbarn, aber auch der wohnt jetzt Hunderte Meilen weit weg.

Dann ist da noch mein bester Freund, den ich in meinem ersten Jahr an der Oberschule kennenlernte. Wir gingen zur gleichen Kirche, aber das war wirklich der einzige Ort, wo sich unsere Pfade natürlicherweise kreuzten. Er zog um in eine Nachbarstadt, ging auf eine andere Schule und hatte andere Hobbys. Trotzdem standen wir uns näher als Brüder. Wir konnten praktisch die Gedanken des anderen lesen. Oft setzte der eine den Satz des anderen fort.

Unsere Telefongespräche hatten immer den gleichen Anfang. Auf mein unschuldiges „Hallo?“ folgte ein Brüller: „Adams?!“

„Scott!“ Ich versuchte mit möglichst mannhaft-brummiger Stimme zu antworten. (Scott war sein Familienname – es wäre nicht cool genug gewesen, den Vornamen zu nennen, außer in seltenen Augenblicken, wo wir uns innerlich sehr nah waren.) Die Unterhaltung erstreckte sich von da an auf alle möglichen Themen, aber jedes Gespräch fing immer mit dem gleichen „Stammesgruß“ an.

Inzwischen leben auch wir Hunderte Meilen voneinander entfernt, und zwischen unseren Anrufen liegen eher Monate als Tage. Bis heute aber reagiere ich ohne Zögern auf sein bulliges „Adams?!“ mit einem ebenso lauten „Scott!“

Entscheidender ist aber, daß unsere Freundschaft sofort die gleiche Tiefe wie damals bekommt, auch wenn wir wochenlang nicht miteinander geredet haben. Nicht ganz so gut, wie ihn als Nachbarn zu haben, aber wenigstens fast.

Der Schafhirt geht durch die Tür hinein; der Wächter am Eingang öffnet ihm. Die Schafe hören auf seine Stimme, wenn er sie einzeln beim Namen ruft und ins Freie führt. Draußen geht er vor ihnen her, und die Schafe folgen ihm, weil sie seine Stimme kennen. Einem anderen Menschen würden sie nicht folgen. Im Gegenteil, sie würden vor ihm davonlaufen, weil sie seine Stimme nicht kennen.
(Johannes 10,2–5)

Du könntest nach meiner Telefonnummer blättern, wenn du Lust hättest, mich anrufen und mir gleich jetzt „Adams?!“ ins Ohr brüllen. Ich würde natürlich nicht mit „Scott!“ antworten, weil ich wüßte: Du bist nicht er. Ich kenne seine Stimme und den Tonfall. Ich kenne ihn.

Jesus hat sich „Guter Hirte“ genannt, dessen Schafe seine Stimme kennen, weil sie sich täglich von ihr führen lassen. Sie hören wirklich hin, weil sie wissen, daß ihr Überleben davon abhängt. Sie kennen den Unterschied zwischen dem Hirten und einem Fremden. Sie wissen, daß der Hirte ihr wahrer Freund ist.

Es gibt natürlich auch Freundschaft aus Gewohnheit. Solche „Freunde“ kennen einander nicht richtig. Eigentlich sind sie eher Fremde. Sie gelten nur deshalb als „Freunde“, weil sie in der gleichen gesellschaftlichen Gruppe sind oder aus der gemeinsam verbrachten Zeit ihren Vorteil schinden. Vielleicht verbringen sie mehr Zeit zusammen als Scott und ich in unserem ganzen Leben, aber am Telefon würden sie sich nicht schon nach dem ersten Ton erkennen.

Wir alle haben solche Tralala-Freundschaften. Ich würde aber lieber auf Freundschaften aus Gewohnheit verzichten, wenn es dabei mehr um den eigenen Vorteil geht als ums wirkliche Kennen.

Solche Beziehungen machen mir schlechte Angewohnheiten im Umgang mit meinem Hirten deutlich. Ich bin auf eine Beziehung und Freundschaft mit Gott angewiesen, bei der ich jederzeit sofort und mühelos seine Stimme erkenne. Ich möchte schnell und entschlossen reagieren können, wenn mein Hirte mich vor Gefahr warnt. Ich möchte ihm gleich ein dankbares Lächeln zeigen, wenn er mir Liebe und Treue erweist. Und ich möchte sofort merken, wenn jemand anders sich als er ausgibt.

Eigentlich kann ich mir denken, warum Gott meine besten Freunde im ganzen Land verstreut hat, statt sie in meiner Nachbarschaft zu halten. Sich auf eine Stimme zu verlassen, bis man den Freund von Angesicht zu Angesicht sieht, ist eine ganz nützliche Übung für die Freundschaft mit Gott.

Die Stimme erkannt?

Wonach würdest du gehen, wenn du alle deine Freundschaften in „gut" und „flüchtig" (oder „aus Gewohnheit") einteilen würdest? Welche Kategorie beschreibt am besten deine jetzige Beziehung zu Gott? Wie macht man aus einer flüchtigen eine echte Freundschaft? Gilt das genauso für deine Freundschaft mit Gott?

>>>*Noch ein* Lesetip:

Sprüche 18,24; Johannes 15,13–15

Geistlich „erwachsen werden" ist wie . . .

Bekanntschaft mit den Großeltern

>>> *Wie hat sich deine Beziehung zu Gott verändert, seit du ihn kennengelernt hast? Verhält Gott sich jetzt anders – oder du selbst?*

Der eine von meinen beiden Großvätern starb, als ich sieben war. Der andere lebt noch heute. Ich habe sie ganz unterschiedlich kennengelernt.

Für mich war der eine, der in meiner Kindheit gestorben ist, eine Mischung aus Weihnachtsmann und Reparaturservice. Nach der zweistündigen Fahrt zu ihm und unserer Oma wartete auf meinen älteren Bruder und mich unweigerlich eine „Spieleparty", wie er es nannte. Genauso unvermeidlich ging schon nach der ersten Stunde ein Teil von dem kaputt, was wir bekommen hatten.

Das war aber kein Problem. Opa konnte alles reparieren, ohne sich auch nur vom Sessel erheben zu müssen. Er langte nur in seine Tasche, holte sein kleines Taschenmesser heraus – und siehe da, das Teil war so gut wie neu, sogar besser. Mit meinem kindlichen Verstand dachte ich, er könne mit diesem Zaubermesser jedes Spielzeug, jedes Auto, ja, jeden Atomreaktor reparieren.

Opa besaß in finanzieller Hinsicht nicht viel, aber als er starb, war ein bestimmter Betrag dazu vorgesehen, meinem Bruder und mir unsere ersten Fahrräder zu kaufen. Ich habe ihn eigentlich immer nur als Geber kennengelernt.

Mein anderer Großvater ist genauso großzügig. Auch bei ihm zu Hause gab es für uns Kinder immer etwas Besonderes. Der Unterschied ist, daß er noch lebt und ich ihn als Erwachsener kennenlerne, so wie meine beiden Großmütter. Ich habe mit ihm über sein Leben, seine Ehe, den Beruf, über schwierige Entscheidungen und den Glauben geredet. Er ist weder der Weihnachtsmann noch ein Alleskönner, hat mein Leben aber wie kaum ein anderer inspiriert.

Da fragten sie ihn: „Was müssen wir tun, um Gottes Willen zu erfüllen?"
Jesus antwortete: „Gott verlangt nur eins von euch: Ihr sollt dem vertrauen, den er gesandt hat."
Sie erwiderten: „Welches besondere Zeichen deiner Macht läßt du uns sehen, damit wir dir glauben? Was wirst du tun? Unsere Vorfahren aßen Manna in der Wüste, wie es auch in den heiligen Schriften steht: ‚Er gab ihnen Brot vom Himmel zu essen.'"
„Täuscht euch nicht", entgegnete Jesus, „Nicht Mose hat euch das Brot vom Himmel gegeben, sondern mein Vater gibt euch das wahre Brot vom Himmel. Das Brot, das vom Himmel kommt und der Welt das Leben gibt, das ist wirklich Gottes Brot." (Johannes 6,28–33)

Viele, die Jesus zunächst nachfolgten, hatten es auf seine Wunder abgesehen. Warum? Anscheinend hatten sie vor allem ihre eigenen Bedürfnisse und Wünsche im Sinn. Manche waren krank, und Jesus heilte sie. Manche waren hungrig, und Jesus gab ihnen zu essen. Manche waren machtlos und arm, und Jesus gab ihnen die Hoffnung, daß mit ihm der Messias gekommen sei.

Auf meinen „Weihnachtsmannopa" habe ich mich gefreut, weil ich wußte, was er für mich tun würde. Das war mir genauso wichtig wie er selbst als Person. Heute freue ich mich auf meinen anderen Opa, weil ich mehr von seinem Charakter, seiner Integrität und seinem Wissen kennenlernen will. Darin möchte ich ihm ähnlich werden. Deshalb schätze ich jeden gemeinsamen Augenblick. Nicht, daß er sich in den letzten paar Jahren so geändert hat und als Person interessanter geworden wäre. *Ich* bin einfach nur erwachsen geworden, und die Reife hat meine Sicht von ihm verändert.

In dem Maße, wie ich vor Gott „erwachsen werde", erkenne ich die ichbezogene Unreife, ihn nur wegen der „Spielsachen" zu besuchen. Hin und wieder mache ich das trotzdem noch, frage mich aber, ob er nicht kopfschüttelnd zusieht, wie sein Geschenk mir gleich kaputtgeht. Geduldig wartet er darauf, daß ich merke, wieviel wichtiger der Geber als die Gabe ist.

Ich würde meinen „Wunder“-Opa gern heute aus einer erwachseneren Perspektive heraus kennenlernen. Auch bin ich sehr dankbar, als Erwachsener den anderen Großvater charakterlich schätzen gelernt zu haben. Und genauso würde ich gern ein paar meiner Bittgebete hintenanstellen und dafür Gott in wirklichen Gesprächen „von Mann zu Mann“ besser kennenlernen.

Was hast du für einen Opa?

Fallen dir menschliche Beziehungen ein, in denen du dich so verhältst wie bei Gott? Gibt es reifere Beziehungen, wie die du dein Verhältnis zu Gott lieber gestalten würdest? Warum wäre eine solche reifere Beziehung als Beispiel geeignet, wie man Gott begegnen sollte? Welche Fragen könntest du Gott jetzt schon im Gebet stellen, um sein Wesen besser kennenzulernen?

>>>Noch ein Lesetip:

4. Mose 11,7–34; 1. Korintherbrief 13,11–12 >>

Die Beziehung richtig anfangen ist wie ...

Der falsche Freund und die richtigen Fragen

>>> Hast du schon eine Beziehung erlebt, bei der es darauf ankam, wie alles anfing?

Seit ich Beth zum ersten Mal begegnet bin, wollte ich sie besser kennenlernen. Sie war charmant, klug und hübsch (ist sie immer noch), und ich schmiedete schon Zukunftspläne für uns beide, nachdem wir uns in der Schlange vor dem Schulsekretariat kurz in die Augen gesehen hatten. Sehr schnell bat ich sie, mit mir auszugehen.

Leider offenbarte sie mir, daß sie schon einen Freund hatte. Er wohnte in einer anderen Stadt, war aber fest mit ihr zusammen. Ich fiel aus allen Wolken. Es überraschte mich nicht, daß so eine tolle Frau schon „vergeben" war, aber bei dem Gedanken, daß wir nicht mal eine Chance haben sollten, wollte mir das Herzchen brechen.

Dann kam der Hoffnungsschimmer. Wir könnten zwar nichts miteinander anfangen, sagte sie, uns aber gern besser kennenlernen. Das stimmte mich in etwa genauso froh, als wenn sie gesagt hätte, wie dürften „nur Freunde" sein, in unseren Zeiten der armseligste Zustand zwischen Mann und Frau. Ich weiß noch, wie ich dachte: *Bestimmt will sie nur nett sein.* Ich gab den Gedanken fast vollständig auf, daß aus unserer Beziehung mehr werden könnte. Es tat trotzdem weh.

Dann kam der schicksalhafte Freitagnachmittag, an dem alles anders wurde. Sie kam mit ihren Freundinnen aus der Cafeteria. Ich ging gerade hinein. Wir hielten uns nur kurz mit einer Begrüßung auf und gingen dann getrennte Wege. Ihre Freundinnen kicherten dabei. Enttäuscht schüttelte ich den Kopf. So wurde also die kleine Flamme unserer Freundschaft erstickt, bevor sie sich richtig entzünden konnte.

Ein paar Augenblicke später, in der Schlange vor der Theke,

drehte ich mich um und sah sie kommen, diesmal allein. Sie fragte, ob sie sich mir anschließen dürfe. Die nächste halbe Stunde saß sie an meinem Tisch und sah mir beim Spaghettiessen zu. Dann gingen wir nach draußen und nahmen auf einer ziemlich abseits gelegenen Bank Platz. Irgendwie hatte ich das Gefühl, daß die Zukunft unserer Beziehung nun geklärt werden müsse. Was konnte ich bloß sagen?

Fragt immer, was dem Herrn gefällt!
(Epheserbrief 5,10)

Dieser kurze Vers gibt uns auf, die Beziehung zu Gott damit zu beginnen, daß wir erkennen, was ihm gefällt. Dann sollen wir uns daran halten. Viel zu oft fangen wir eine Beziehung mit Imponiergehabe an. Wir basteln an einem bestimmten Aussehen oder anderem Eindruck herum und lassen dann die besten Freunde ausspionieren, wie es mit den Chancen bei der Person steht, auf die wir es abgesehen haben. Selbst wenn es klappt, haben wir damit kaum eine menschliche Beziehung angefangen, bestenfalls ein Etappenziel erreicht.

Weil Beth dann irgendwann meine Frau wurde, glaube ich fast, daß die Frage, die mir in diesem spannenden Augenblick auf der Bank in den Sinn kam, von höchster Stelle inspiriert war. Als wir uns hinsetzten, einander ansahen und „Was jetzt?" dachten, bat ich sie bloß, mir von den Dingen zu erzählen, die sie wirklich gern tat oder mochte. Mein Wunsch, sie jetzt kennenzulernen, wo ich die Chance dazu hatte, stellte meinen sonst vorhandenen Hang zur Angeberei in den Schatten. Dieser Wunsch war so intensiv, daß ich unbedingt wissen wollte, was ihr Spaß machte und wen sie gern hatte. Warum? Ich machte mir Hoffnungen, eines Tages zu diesem erlauchten Kreis dazuzugehören. Vielleicht gab sie mir ein paar Hinweise, wie ich dieses Ziel erreichen konnte.

Die nächsten vier Stunden erzählten wir einander von Lieblingsdingen. Sie sprach von Regenbögen, ihrem Hund, Sonnenuntergängen, abendlichen Spaziergängen und dem abgenutzten

Teddy. Ich erzählte von Basketball, vom Gedichteschreiben, von Musik und davon, wieviel Spaß es mir macht, Leute zum Lachen zu bringen. Ein paar Wochen später sang ich ihr ein Lied vor, das ich über ihre Lieblingssachen geschrieben hatte. Sie sagt, das sei der entscheidende Moment unserer Beziehung gewesen. Schon nach einem Monat war ihr ferner Freund abgeschrieben.

Stellst du die richtigen Fragen?

Wenn du mit jemandem zusammen bist – wie hat es angefangen? Hat dieser Anfang dazu beigetragen, in welchem Zustand die Beziehung heute ist? Wenn es noch niemanden gibt, mit dem du ausgehst – hast du trotzdem schon ein Auge auf ihn oder sie geworfen? Kannst du dir vorstellen, diesen Menschen dadurch besser kennenzulernen, indem du herausfindest, wer er oder sie ist, was ihm oder ihr gefällt? Wie könnte das alles mit deiner jetzigen Beziehung zu Gott zusammenhängen?

>>>Noch ein Lesetip:

1. Mose 29,9–28; Johannes 4,7–30

Dienen ist wie ...

Der Mann hinter dem Bräutigam

>>> *Fällt es dir leicht, anderen zu dienen, oder kostet es dich Mühe? Arbeitest du daran?*

Ich geb's ja zu: Ich stehe lieber im Vordergrund als hinter den Kulissen. Ich bin gern unter Menschen. Deshalb würde ich bei einer Hochzeit lieber Empfangschef sein als der Mann, der hinter dem Bräutigam steht und in allen Angelegenheiten für ihn da ist. Bei uns in Amerika heißt dieser Mensch „Best Man". Er ist meist der beste Freund des Bräutigams und spielt bei der Ausrichtung der Hochzeit eine wichtige Rolle. Allerdings ist er einzig und allein zum Helfen da – still im Hintergrund. Der Empfangschef dagegen trifft alle Welt. Er schreitet die Gänge auf und ab, begrüßt die Gäste, lächelt, begleitet hierhin und dorthin, bietet seine Hilfe an und ist charmant.

Als mein Freund mich also darum bat, bei seiner bevorstehenden Hochzeit „Best Man" zu sein, hatte ich gemischte Gefühle. Mir war klar, welche Ehre das bedeutete. Ich war aber schon mal „Best Man" gewesen und hatte genau deswegen ganz schön viel verpaßt. Warum? Weil der Job des Best Man der Dienst für den Bräutigam ist. Es geht um *seine* Bedürfnisse, und man steht in seinem Schatten.

Das konnte ich mir bei dieser Hochzeit nicht so recht vorstellen. Mein Freund war ein leiser, bescheidener Mensch und heiratete ein sanftes Mädchen. Kein großer Schatten, in dem man verschwindet. Bei dieser Hochzeit hätte ich lieber zum Empfangskomitee gehört.

Trotzdem ging ich auf seinen Wunsch ein. Auch wenn die Rolle nicht so ganz mein Ding war, war es doch das Natürlichste von der Welt, meinem guten Freund den Gefallen zu tun. Als ich dann Besorgungen für ihn erledigte, seine Fliege zurechtzupfte, ihn durch die Gegend fuhr und mich dabei im Hintergrund hielt, wurde mir klar, daß ich so etwas nicht für jeden tun würde. Bei ihm machte es mir aber richtig Spaß, einfach nur für ihn da zu sein!

Ihr könnt selbst bestätigen, daß ich sagte: ‚Ich bin nicht der versprochene Retter, sondern ich bin nur vor ihm hergesandt worden.' Wer die Braut bekommt, der ist der Bräutigam. Der Freund des Bräutigams steht nur daneben. Wenn er den Bräutigam jubeln hört, freut er sich. So ist jetzt auch meine Freude vollkommen. Sein Einfluß muß zunehmen, meiner muß abnehmen. (Johannes 3,28–30)

Auf der Hochzeit meines ruhigen Freundes ging in mir geistlich etwas vor. Ich hatte mich willentlich entscheiden müssen, ihm zu dienen, dafür zu sorgen, daß er alles hatte, was er brauchte, und so manchen Auftrag in letzter Minute zu erledigen. Früher war er manchmal wegen meiner stärkeren, eher extrovertierten Persönlichkeit hinter mir verschwunden. Heute faßte ich schon vorher den Entschluß, daß meine Rolle darin bestand, die Gäste auf ihn zu verweisen, damit er den glücklichsten Tag seines Lebens voll auskosten konnte. In dieser Rolle traten meine Bedürfnisse hinter seinen zurück. Die Konzentration auf seine Bedürfnisse ließ mich an meine gar nicht mehr denken.

Das muß Johannes der Täufer gemeint haben, als er sagte, daß sein Herr (und jüngerer Cousin) Jesus an Einfluß zunehmen müsse. Er selbst wollte weniger wichtig und prominent werden. Johannes beeindruckt mich, weil er ein Mann war, der nie die zweite Geige gespielt hat. Er war mutig, ziemlich grob und nahm kein Blatt vor den Mund – nach Jesu eigenen Worten war er größer als alle Propheten vor ihm. Und doch erkannte dieser starke Prophet, der im Mittelpunkt der allgemeinen Aufmerksamkeit stand, daß ein Freund sich über den Bräutigam freut und ihm gern dient, wenn er auftritt.

Jesus zu dienen fällt mir nicht gerade leicht. Nicht, daß ich unbedingt der Bräutigam sein will, aber manchmal möchte ich lie-

ber als Organisator an seiner Hochzeit teilnehmen, „wichtig“ sein und den Dingen meinen Stempel aufdrücken. Das liegt mir mehr als die versteckt dienende Funktion, um die ich gebeten wurde. Aber was Jesus wichtig ist, muß auch mich immer mehr beeinflussen. Und zwar aus einem einfachen Grund: Weil sein Konzept vom Leben das einzige ist, das wirklich diesen Namen verdient!

Lieber doch der Empfangschef sein?

Ertappst du dich manchmal dabei, Gott in den Hintergrund zu drängen, statt für ihn da zu sein? Ist es dir recht, daß er dein Herr ist, auch wenn er dir eine Aufgabe überträgt, die dir keinen Spaß macht? Wie könnte es dir heute gelingen, die Aussage Johannes des Täufers in die Tat umzusetzen: „Sein Einfluß muß zunehmen, meiner muß abnehmen“?

>>>Noch ein Lesetip:

1. Korintherbrief 15,9–10; Hebräer 3,1–6

Erlösung ist wie . . .

Der Brunnen an der Newton Street

>>> *Was für Gefühle hattest du, als deine Beziehung zu Gott richtig ins Lot kam? War es in erster Linie Freude? Erleichterung? Staunen? Befreiung?*

Das beste Wasser der Welt kommt aus dem Brunnen am Sportplatz an der Newton Street in der Kleinstadt, wo ich aufgewachsen bin. Mir ist natürlich klar, was für ein subjektives Vorurteil ich da habe. Fast jeder andere könnte mir ein anderes „bestes Wasser" nennen, das er je getrunken hat.

Eigentlich will ich auch darauf hinaus. Jeder, der nach dem „besten Wasser der Welt" gefragt wird, muß wohl zugeben, noch nicht den gesamten Wasservorrat der Welt geschmeckt zu haben. Trotzdem hat man einen ganz persönlichen Eindruck in Erinnerung, welches Wasser besonders erfrischend war. Das ist sicherlich ein Kompliment für das Wasser, aber auch ein Hinweis darauf, wie quälend Durst sein kann. Außergewöhnlich gutes Wasser kann ganz normal schmecken, wenn man nicht durstig ist. Durchschnittliches Wasser kann ganz außergewöhnlich schmecken, wenn der Durst nur groß genug ist.

Deshalb war für mich das beste Wasser immer an der Newton Street. Da spielte ich nämlich in der Kindheit mit meinen Freunden, meist zu angestrengt und zu lange – manchmal den ganzen Tag – auf unseren Marathon-Baseball-Turnieren. Wir schwitzten, rutschten aus und schluckten Staub.

Bei diesem Verlust an Schweiß und Spucke machten sich Sonne und Staub noch mehr bemerkbar. Ich bekam einen so ungeheuren Durst, wie ein kleiner Junge ihn kaum mehr aushalten kann.

„Her, wer Durst hat! Hier gibt es Wasser!
Auch wer kein Geld hat, kann kommen!
Kauft euch zu essen! Es kostet nichts!“ (Jesaja 55,1)

Der Prophet Jesaja hatte zu seiner Zeit beim Schreiben eine heiße, trockene Gegend im Sinn, wo man Tag für Tag echten Durst erlebte, wo das Leben vom Verdursten bedroht war. Mit diesem Bild sprach er von Gottes Angebot, die Menschen zu retten. Alle seine Zeitgenossen konnten sich in diesem Beispiel ganz hautnah wiederfinden.

Niemand, der auf den staubigen Straßen der Heimat Jesajas unterwegs war, hätte das Angebot abgelehnt, kühles, lebenspendendes Wasser trinken zu dürfen. Unglaublich, daß auch noch die Nahrung umsonst sein sollte. Je durstiger und hungriger der Reisende war, desto dankbarer ging er darauf ein.

Mir ist klar, daß ich eigentlich noch nie lebensgefährlichen Durst verspürt habe. In den durstigsten Momenten aber war der Brunnen an der Newton Street eine wahre Oase. Ich hatte nichts bei mir, um meinen Durst zu stillen, und dieser Brunnen erfrischte mich genug, daß ich mit dem Fahrrad nach Hause fahren konnte.

Wenn ich mich an die geniale Erfrischung des kühlen Wassers aus diesem Brunnen erinnere, bekomme ich eine Vorstellung davon, was Jesus für mich getan hat, als er mir das lebendige Wasser der Erlösung gereicht hat.

Da kommt das Wasser von der Newton Street wohl doch erst an zweiter Stelle.

Schon mal richtig Brand gehabt?

Hast du noch ein Gefühl für die dumme Lage, in der du vor deiner Bekehrung gewesen bist? Könnte die Erinnerung an Umstände und Empfindungen von damals dazu beitragen, Gott heute treu zu bleiben? Schon mal darüber nachgedacht, warum Gott die alltägliche Erfahrung des Dursthabens als Bild benutzt?

>>>*Noch ein Lesetip:*

Johannes 4,7–15; Johannes 7,37–38

Heuchelei ist wie ...

Kurzweitsichtigkeit

>>> Hast du schon mal das Gefühl gehabt, zwei verschiedene Leben zu führen – ein geistliches und eins, in dem davon nichts zu merken ist?

Meine Augen haben bisher immer perfekt funktioniert. In den letzten Jahren aber hat es eine komische Entwicklung gegeben. Mein linkes Auge ist allmählich weitsichtig geworden, mein rechtes Auge dagegen kurzsichtig.

Merkwürdig, daß ich davon eigentlich nichts gemerkt habe. Anscheinend hatten meine Augen die Sache stillschweigend unter sich ausgemacht, so daß beim Lesen die ganze Arbeit am rechten Auge hängenblieb. Wenn ich in die Weite schaue, übernimmt das linke Auge.

Die überraschende Entdeckung dieses Phänomens ergab sich, als ich den Sehtest für die Verlängerung meines Führerscheins machen mußte, was alle vier Jahre sein muß. Als die Assistentin mich aufforderte, den Text im kleinen Sichtgerät zu lesen, erkannte ich nur die Hälfte. Mein linkes Auge hatte anscheinend auf Pause geschaltet.

Sie bat mich, den Rest auch noch zu lesen. Ich schaute wieder ins Gerät und erkannte immer noch nur die Hälfte. Das reichte ihr nicht. Als sie das Gerät zu sich drehte, um zu überprüfen, ob es funktionierte, fiel mir auf, daß man mit beiden Augen hineinschauen mußte. Nun schob sie es wieder in meine Richtung, und ich konnte auch die linke Seite lesen, wenigstens fast alles, allerdings mit meinem rechten Auge. Da siebenundzwanzig Leute hinter mir in der Schlange standen, befand sie das Ergebnis für zufriedenstellend.

Kurz darauf ging ich das erste Mal in meinem Leben zum Augenarzt. Er mußte lachen und verschrieb mir eine Brille, die jedem Auge das zu sehen verhalf, was bis dahin nur jeweils einem vorbehalten war. Ich trage die Brille allerdings nur selten. Warum sollte ich auch, solange meine Augen die Kunst des Jobsharings kultivieren?

Und weiter sagte Jesus: „Wie geschickt bringt ihr es fertig, Gottes Gebote zu umgehen, damit ihr eure Vorschriften aufrechterhalten könnt! Mose hat bekanntlich gesagt: ‚Ehre deinen Vater und deine Mutter!' und ‚Wer zu seinem Vater oder seiner Mutter etwas Schändliches sagt, wird mit dem Tode bestraft.' Ihr dagegen behauptet: Wenn jemand zu seinem Vater oder seiner Mutter sagt: Korban – das heißt: Was ich euch eigentlich geben müßte, ist für Gott bestimmt –, dann braucht er seinen Eltern nicht mehr zu helfen. Ja, ihr erlaubt es ihm dann nicht einmal mehr. So macht ihr Gottes Gebot ungültig durch eure eigenen Vorschriften. Dafür gibt es noch viele andere Beispiele." (Markus 7,9–13)

Jesus wollte den Pharisäern damit sagen, daß sie ihre Religion nicht einfach in der Ecke abstellen und sie nur nach Bedarf hervorholen dürften. Sie sollten das „Korbangeld" nicht beiseite legen und so tun, als sei es Gott gewidmet, wo sie sich doch in Wirklichkeit nur vor den Pflichten gegen ihre Eltern drücken wollten. So machen es die Heuchler, weil die Hauptsache im Leben für sie nur das ist, was sie wollen und gut finden. Und dazu mißbrauchen sie auch die Religion.

Ich möchte nicht, daß mein lebendiger Glaube wirkt wie eine tote Religion. Trotzdem trenne ich viel zu oft mein „Glaubensleben" vom „Alltag" ganz ähnlich, wie meine Augen eine klare Aufgabentrennung haben. Beinahe läuft es so, als ob ich in bestimmten Situationen mein Glaubensleben die ganze Arbeit, die Entscheidungen und die Lenkung von Gedanken und Verhalten machen lasse. In anderen Situationen „darf" es dann eine Pause einlegen.

Im Leben eines Christen sollte es keine schizophrene Trennung zwischen Frömmigkeit und Alltag geben. Davor kann ich mich nur bewahren, wenn ich meinen Glauben den Alltag regieren lasse. Solange ich mir einen „normalen“ Bereich ausspare, in dem Gott keinen Zugang hat, ist meine Frömmigkeit etwas zu billig. So ein Glaubensleben ist kurzsichtig und wird nicht Gottes Sehtest für wahres Leben gerecht. In einem alten Kirchenlied heißt es:

„Sei du mein Augenlicht, Herr meines Herzens,
Alles sei nichtig mir, wenn du nur bleibst.“

Wie steht's mit deinen Dioptrien?

Hast du raffinierte Methoden entwickelt, um deinen Glauben von deinem Umgang mit anderen und deinen eigenen Zielen fernzuhalten? Wie gut lassen sich diese beiden Bereiche koordinieren? Was für Entscheidungen sind fällig, damit dein Glaubensleben noch heute bestimmt, was in deinem Alltag passiert?

>>>Noch ein Lesetip:

Matthäus 23,12–14; Lukas 22,54–62

Der Spitzname „Rotznase"

>>> Ist dir schon mal aufgefallen, daß eine beiläufige oder schnippische Bemerkung von dir auf andere einen tiefen Eindruck gemacht hat? War die Wirkung positiv oder eher schädlich?

Hast du einen Spitznamen? Hast du schon mal anderen einen Spitznamen verpaßt? Ich erinnere mich an ein Mädchen in der vierten Klasse, das „Rotznase" genannt wurde. Der Name war nicht meine Erfindung, aber ich muß zugeben, nicht unschuldig an seiner Weiterverwendung gewesen zu sein. In der Pause auf dem Schulhof vergnügten wir uns mit dem „Rotznasenspiel". Wir taten so, als sei es eklig, beim Schlangestehen neben ihr zu sein. Wenn sie uns streifte, mußten wir einen ausgedachten Reinigungsakt vornehmen, um die Bazillen abzuwaschen. Wir waren ganz schön grausam.

Ich bin ihr immer nur in der Schule begegnet – bis sie eines Tages in unserer Kirche auftauchte. Da wußte ich nicht, was ich tun sollte. Wir in der Kirche sprachen ja immer wieder darüber, daß man Freunde zum Gottesdienst einladen solle und wie wichtig es sei, daß die Gäste sich willkommen fühlen. Ich war noch ein bißchen zu jung, um mir darüber Gedanken zu machen, nannte mich aber immerhin auch Christ.

Hier also steckte ich in der Falle. Auf der einen Seite die Freunde aus der Schule, die „Rotznase" kannten, auf der anderen Seite meine Freunde aus der Kirche, meine Eltern und andere Erwachsene, die mich aufforderten, sie zu begrüßen und ihr die Liebe Gottes nahezubringen. Jetzt stand sie direkt vor mir und wurde vorgestellt, als wäre sie ein normaler Mensch.

Und schon war mir die Aufgabe übertragen worden, sie in der Kirche herumzuführen. Als wir einander das wahrscheinlich erste Mal in die Augen schauten, nahm ich sie fast als echtes Mädchen mit echten Gefühlen wahr.

In diesem kurzen, heiklen Augenblick reichte sie mir ihre Hand, und als wir uns berührten, sagte sie leise: „Jetzt bist du bazillenverseucht!"

Aus dem selben Mund kommen Segen und Fluch.
Meine Brüder, das darf nicht sein! (Jakobus 3,10)
Wörter haben Macht über Leben und Tod;
wer sich hingebungsvoll mit ihnen beschäftigt,
kann viel durch sie erreichen. (Sprüche 18,21)

In der ganzen Bibel finden wir Beispiele dafür, daß der einmal ausgesprochene „Segen" oder „Fluch" eine besondere Macht haben kann. Aus eigener Erfahrung wissen wir, daß das wahr ist. Wie oft haben wir Narben hinterlassen, wenn wir mit solchen Worten um uns werfen: „Nie kannst du was richtig machen" oder: „Wie kann man nur so blöd sein" oder Ähnliches. Genauso leicht läßt sich erkennen, wenn jemand durchweg gelobt, geliebt und angenommen wurde. Ein Gespür für diesen Segen bleibt beständig erhalten.

Ich wünschte, ich könnte berichten, daß ich meine Prüfung mit „Rotznase" würdig bestanden, mich also für den Spitznamen und die entsprechenden Bosheiten entschuldigt hätte, um ihr dann zu versprechen, nie wieder damit anzufangen. Vielleicht kann man von einem Jungen in der vierten Klasse nicht so viel erwarten. Ist das zuviel verlangt? Selbst wenn ich mein Verhalten damals mit der Unreife eines Viertklässlers erkläre – womit entschuldige ich mich heute, wenn ich meine Umwelt mit nichtsnutzigen oder verletzenden Worten verseuche? Womit will ich mich entschuldigen, wenn ich negativ und vernichtend über Menschen rede, obwohl ich entweder den Mund halten oder gar etwas Aufbauendes hätte sagen können?

Ich weiß nicht, welche langfristige Wirkung der böse Spitzname auf dieses arme kleine Mädchen hatte. Vielleicht macht mein schlechtes Gewissen mir mehr zu schaffen, als tatsächlich angerichtet worden ist. Vielleicht ist es wenigstens zu etwas gut, Debbie, daß ich inzwischen deinen richtigen Namen kenne. Hiermit entschuldige ich mich!

Was für Spitznamen hängst du den Leuten an?

Über welche Menschen sprichst du besonders leichtfertig dein boshaftes Urteil? Gibt es auch etwas Positives, Konstruktives über sie zu sagen? Wie würde es sich auf deine Beziehung zu ihnen auswirken, wenn du sie verbal „segnen“ würdest, statt sie runterzumachen? Könntest du heute schon damit anfangen?

>>>Noch ein Lesetip:

Matthäus 12,36–37; Jakobus 3,3–12

Schlechte Freunde sind wie ...

Tauziehen vor dem Güterzug

>>> Hast du ein Gefühl dafür, daß manche Freundschaften besser für dich sind als andere? Woran erkennst du den Unterschied zwischen gesunden und ungesunden Freundschaften?

Es war im Sommer nach der achten Klasse, als Tim und ich zum ersten Mal zusammen die Gegend unsicher machten. Vor allem zog es uns „in die Stadt". In der Kleinstadt, wo ich aufwuchs, galt das als die angesagte Tätigkeit des Abends. Es gab auch nichts anderes zu tun. Wenn man als Oberschüler ein Auto fahren durfte, „kreuzte" man damit in der Stadt umher. War man noch zu jung dazu, ging man zu Fuß.

Bis dahin hatten Tim und ich noch nicht oft zusammen etwas gemacht. Er wohnte am andern Ende der Stadt und traf sich meist mit Jungs aus einer reicheren Clique. Es schmeichelte mir, als er mich zum ersten Mal dabei haben wollte. Mir war wichtig, genug Geld in der Tasche zu haben. Tim hatte immer jede Menge Geld. Mir war zwar klar, daß meins sauer verdient war und seins ihm eher zugesteckt wurde, aber trotzdem wollte ich mir an diesem Abend alles leisten können, was seinem Geschmack entsprach.

Als wir in der Stadt waren, spielten wir Pool-Billard und Flipper im Jugendtreff unseres Ortes. Ich war beeindruckt, wieviele „Große", besonders ältere Mädchen, Tim kannte. Wir verabredeten uns mit ein paar Leuten für später und machten uns dann über die Bahngleise, von denen die Stadt durchschnitten wurde, auf zur nächsten Eisdiele.

Auf dem Rückweg hörten wir den Pfiff eines Zuges. Tim bekam leuchtende Augen.

„Komm, ab zum Gleis!" rief er und rannte los.

Ich zockelte zögernd hinterher. Der Zug konnte nicht mehr weit sein. Als wir am Gleis ankamen, waren die Schranken unten und der Zug schon zu sehen. Tim blieb nicht stehen. Er lief über die Bahngleise und drehte sich nach mir um. Ich sah den Scheinwerfer des Zuges in gerade hundert Meter Entfernung. Zu knapp, fand ich, um noch rüberzulaufen. Aber Tim wartete. In den Augenblicken, als der Zug näher gerattert kam, fand eine Art unsichtbares Tauziehen zwischen mir und meinem neuen Kumpel statt. Ich rang mich schweren Herzens dazu durch, auf meiner Seite zu bleiben.

Als der lange Güterzug vorbei war, wartete Tim mit empörtem Blick auf mich. Unfaßbar, daß ich ihm nicht hinterhergelaufen war. Ich hatte ihn fast fünf Minuten lang aufgehalten. Entscheidender noch war, daß ich wohl bei einer Prüfung in Risikobereitschaft und schneller Entschlossenheit oder sowas versagt hatte. Er war echt enttäuscht von mir.

Den ganzen Abend lang war er sauer auf mich. Und danach gab es keinen gemeinsamen Abend mehr.

Herodes und Pilatus hatten sich früher gehaßt,
aber an diesem Tag wurden sie Freunde. (Lukas 23,12)

Herodes und Pilatus waren aus dem denkbar schlimmsten Grund „Freunde" geworden: Beide wollten sie Jesus loswerden. Ihre Freundschaft war ausschließlich auf ein gemeinsames Interesse gegründet. Sie erkannten, daß sie einander bei ihren egoistischen Zielen helfen konnten. Eigentlich ging es mehr um ein Zweckbündnis als um Freundschaft. Vor dem Tag, an dem sie ihre Macht gegen Jesus bündelten, waren sie Feinde gewesen.

Ehrlich gesagt gab es damals kaum eine Basis für eine echte Freundschaft mit Tim. Er kannte Leute und hatte Sachen, die ich bewunderte. Ich dachte, daß ich auch etwas davon abbekommen würde, wenn ich mich an ihn hielt. Wahrscheinlich wollte er auch etwas von mir, obwohl ich bis heute keine Ahnung habe, was das war. Auch wir strebten eher eine Allianz als Freundschaft an.

Tim hat mich am Gleis getestet. Von da an wußte er wohl, daß er immer auf mich warten müßte – und das war ich ihm nicht wert. Ich ahnte, daß er mich immer zu etwas anstiften würde, das mir nicht ganz geheuer vorkam. Und das war er mir nicht wert.

Im Rückblick habe ich den Eindruck, daß Gott mich an diesem Sommerabend vor etwas viel Gefährlicherem als einem heranrasselnden Güterzug bewahrt hatte.

Lieber das Seilende fallen lassen?

Wie würdest du die Beziehung zu Leuten in deiner Clique beschreiben, die eigentlich nicht deine Freunde sind? Wieviele von deinen sogenannten Freundschaften sind eher „Zweckbündnisse"? Treibst du dich mit Leuten herum, weil du meinst, sie könnten dir nützlich sein – und nicht, weil sie dir als Menschen wertvoll sind? Kannst du dir vorstellen, welche Gefahr in solchen Beziehungen lauert?

>>>*Noch ein* Lesetip:

5. Mose 13,6–9; Psalm 41,9 >>

Gruppenzwang ist wie ...

Ein Spiel für Zuschauer

>>> Wer sind die Leute, deren Beifall dir am wichtigsten ist? Fühlst du dich durch ihre Ansichten und Ansprüche an dich in alle möglichen Richtungen gezerrt?

Im Lauf der Jahre änderten sich nach und nach meine Motive, gern Basketball zu spielen. Anfangs habe ich das Spiel einfach toll gefunden. Ob drinnen oder draußen, allein oder in der Mannschaft, in Sportkleidung oder in Jeans – ich hatte einfach Freude daran, den Ball in den Korb zu werfen. Unsere Juniormannschaft trat am Samstagmorgen an. Fans gab es kaum welche. Machte nichts. Wir hatten eben unseren Spaß am Spiel.

Im Jahr vor meinem Schulabschluß aber war ich allmählich dazu übergegangen, für die Zuschauer, den Beifall und die Anerkennung zu spielen. Bei den Uni-Wettkämpfen fanden sich etwa zwei- bis dreitausend Leute ein. Es gab eine große Cheerleader-Truppe. Wir hatten auffällige Trainingsanzüge zum Aufwärmen. Schon beim Einlaufen auf den Platz kamen wir durch einen riesigen Basketkorb aus Pappe. Unser Mannschaftsmaskottchen war sorgfältig von Hand gemalt. Jedes Spiel war eine Show.

Wer aber für die Zuschauer lebt, stirbt auch durch die Zuschauer. Kurz vor dem Abschlußjahr verloren wir mehrere Stammspieler, teils durch Umzug, teils durch Verletzung. Es lief darauf hinaus, daß wir andauernd verloren. Oft hörten wir genauso oft enttäuschtes Stöhnen oder Buhrufe wie Anfeuerungsschreie.

In der Schlußphase eines solchen Spieles stand ich einmal in der Feldmitte und wartete darauf, daß ein Mitspieler seinen Freiwurf machte. Wie ich da so stand, warf jemand von den oberen Rängen ein Papierflugzeug. Es erhob sich hoch über die Menge und landete direkt auf dem Feld, genau vor meinen Füßen. Wir waren wie immer im Rückstand. Mein Bedürfnis nach Beifall war nicht gedeckt. Also nahm ich den Flieger, wandte mich den Zuschauern zu und ließ ihn fliegen.

Wahrscheinlich hatte ich nicht die nötige Brise erwischt, denn das Flugzeug schaffte es nur bis zum Tribünenrand, machte dann eine Kurve und landete wieder vor meinen Füßen. Höhnisches Gelächter brandete auf. Schnell hob ich es auf und warf es noch mal auf die Menge zu, diesmal mit mehr Ehrgeiz und Energie.

Wieder einmal änderte es die Richtung und kehrte zum Feld zurück, diesmal bei einem Gegenspieler. Jetzt war der Spott mit einigen unfreundlichen Bemerkungen gemischt, bei denen meine Spielkunst mit der Geschicklichkeit beim Papierfliegerwurf verglichen wurde. Der Gegenspieler grinste, machte aus dem Flieger ein Papierknäuel und warf es über die Schulter in die Tribüne, etwa auf halber Höhe. Da waren die Zuschauer begeistert.

Können sie mir jetzt vorwerfen, ich beschwatze Menschen? Dann könnten sie doch gleich sagen, ich beschwatze Gott! Rede ich etwa den Menschen nach dem Mund? Ich gehöre Christus und diene ihm – wie kann ich da noch nach dem Beifall der Menschen fragen!
(Galaterbrief 1,10)

Es geschieht ganz leicht, daß der Beifall meiner Umgebung mir zum Hauptmaßstab wird. In gewisser Hinsicht ist das einfacher, als die Leitung durch Gottes Wort und die Stimme seines Geistes zu hören, die sich in meinem Innern regt. Wenn mir die Masse zum Maßstab geworden ist, verstärke ich bloß noch das, was sie beklatscht und lasse bleiben, was sie verspottet. Mit Hilfe von Gottes Maßstab und seiner Stärkung des Charakters in mir tue ich manchmal weniger von dem, was mir Beifall einbringt und verstärke das, worüber sie spottet.

Gleich nach dem zerknüllten Papierflieger verließ auch ich den Platz. Mein Trainer meinte nur kurz, ich solle mich mal hinsetzen und darüber nachdenken, warum ich auf dem Spielfeld sei. Vermutlich dachte er, Luftfahrt gehöre nicht dazu.

Als ich wieder auf den Platz kam, gab ich mir Mühe, die dummen Sprüche und Spötteleien zu überhören, mit denen ich begrüßt wurde. Ich war entschlossen, meine frühere Liebe für das Spiel wiederzubeleben und mir einen anderen Maßstab als die Masse zu eigen zu machen. Die war mir in letzter Zeit viel zu wichtig geworden.

Spielst du für die Zuschauer?

Haben dir die Beobachter deines „Spiels“ ein Verhalten oder Einstellungen aufgedrückt, die gar nicht deine eigenen sind? Hat deine Abhängigkeit vom Beifall kaputtgemacht, was du wirklich liebst und was dein Verhalten prägen und motivieren sollte? Hast du es vielleicht nötig, einmal „den Sender zu wechseln“, damit der Beifall ausgeblendet wird und Gottes leise Stimme zu hören ist?

>>>Noch ein Lesetip:

Psalm 1,1–3; Matthäus 6,1–6 >>

Abgelehnt werden ist wie . . .

Kein Platz in der Mannschaft

>>> Bist du schon mal übergangen worden? Kann aus dem elenden Gefühl, abgelehnt zu werden, etwa irgendwas Gutes erwachsen?

Als meine Mutter mich an diesem Tag am Platz absetzte, wo das Baseballtraining für Kinder stattfand, fragte sie, wann ich abgeholt werden wolle. Obwohl ich erst sieben oder acht Jahre alt war, war es mir schon ein bißchen peinlich, von meiner Mutter hin- und hergefahren zu werden. Mit großem Stolz verkündete ich, sie brauche mich nicht abzuholen. Heute war der Tag, an dem das Team endgültig benannt wurde, und alle, die einen Platz in der Mannschaft bekommen würden, wurden nach dem Üben vom Trainer in seinem Kleinbus mitgenommen, um sich Mannschaftsmützen und Trikots auszusuchen.

Mama machte ein bedenkliches Gesicht, sagte aber nichts. Es waren etwa drei oder vier Kilometer von diesem Platz bis nach Hause, und sie hatte verständlicherweise Bedenken, ob ich am Ende heimlaufen mußte. Doch ich versicherte ihr siegesgewiß, daß alles klargehen würde.

Nach dem Training rief der Trainer uns alle zusammen. Er dankte für unser Erscheinen und sagte, es tue ihm leid, daß dieses Jahr nicht jeder einen Platz im Team bekommen werde. Ich sah mich mitleidig zu den Jungs um, von denen ich meinte, daß sie es wahrscheinlich nicht geschafft hatten. Dann rief er einen Namen nach dem anderen auf von denen, die ins Team aufgenommen waren.

Mein Name war nicht dabei.

Es war ein einsamer, abgelehnter, kleiner Junge, der an diesem Tag die endlose Strecke nach Hause lief. Ich trat unterwegs nach den Steinen, weinte nicht zu knapp und dachte darüber nach, wie wenig ich von meinen zwei besten Freunden sehen würde, die einen Platz in der Mannschaft hatten. Ich dachte, daß ich sie jetzt eigentlich sowieso nicht mehr sehen wollte. Was sollte ich meinen

Eltern sagen? War ich so schlecht im Baseball? Aber als ich endlich zu Hause ankam, dachte ich daran, in diesem Sommer lieber Basketball als Baseball zu spielen.

Kommt zu ihm! Er ist der lebendige Stein, von dem es heißt: „Die Menschen haben ihn als unbrauchbar weggeworfen; aber Gott hat ihn als den wertvollsten Stein ausgesucht." Laßt euch selbst als lebendige Steine in den Tempel einfügen, den der Geist Gottes baut. Laßt euch von Jesus Christus fähig machen, Gott als seine Priester euer Leben als ein Opfer darzubringen, das ihm Freude macht.
(1. Petrusbrief 2,4–5)

So seltsam es klingt: Am Gefühl der Ablehnung ist etwas Heiliges. Wenn ich die Ablehnung in einen Sieg ummünze, habe ich wie Christus gehandelt. Wenn ich mich nicht mit der Endgültigkeit einer Ablehnung abfinde, sondern meinem Leben eine überraschende Wende gebe, habe ich die gleiche Befehlsgewalt über meine Umstände wie Jesus über Tod und Grab. Gott ist daran gelegen, sich der Abgelehnten anzunehmen und etwas Wunderbares mit ihnen zu machen.

Als ich damals im Sommer nicht in die Kindermannschaft kam, verwandelte ich meinen Ausschluß vom Baseball in eine neue Liebe zum Basketball. Später brachte mir das nicht nur viel Freude ein, sondern auch noch die Ehre, ein College-Stipendium und einige Freundschaften, die zu den besten meines Lebens gehörten. Während des langen Weges vom Baseballplatz hätte man mich kaum überzeugen können, daß diese demütigende Ablehnung sich auf lange Sicht als positiv erweisen würde. Manchmal aber ist ein langer einsamer Spaziergang besser als eine Fahrt im falschen Kleinbus.

Was machst du, wenn du nicht angenommen wirst?

Mit welcher Ablehnung mußtest du in letzter Zeit fertigwerden? Gibt es Möglichkeiten, deine Enttäuschung in eine Chance umzumünzen? Erwartet dich vielleicht etwas Besseres, wenn es dir gelingt, dein Selbstmitleid abzubauen?

>>>Noch ein Lesetip:

Jesaja 53,3–12; Markus 8,31 >>>

Den Glauben erklären ist wie ...

Plumpsack spielen

>>> Bist du schon mal um eine Erklärung gebeten worden, woran du eigentlich glaubst? Warst du von deiner eigenen Antwort verblüfft?

Unsere Jugendgruppe war den einen Sommer eine Woche lang zum Missionseinsatz in einer kleinen Kirche in Vermont. Wir sollten die Kirche anstreichen und ein paar Arbeiten auf dem Grundstück erledigen, aber auch bei einigen Gemeindemitgliedern Bibelstunden für Kinder durchführen.

Kurz vor Beginn der ersten Veranstaltung unterhielt ich mich mit meiner Partnerin Debbie darüber, wie man den kleineren Kindern erklären könnte, was Erlösung bedeutet. Bis das gemeinsame Spiel anfing, kamen wir eigentlich zu keinem Ergebnis. Also machten wir uns an das Plumpsackspiel.

Es könnte ja sein, daß du nicht weißt, worum es beim Plumpsack geht. Dann will ich das mal erklären. Die Kinder sitzen im Kreis. Das eine, das „dran" ist, geht mit einem Säckchen drumherum, während die anderen singen:

„Dreht euch nicht um,
der Plumpsack geht rum,
und wer ihn nicht sieht,
der kriegt einen Hieb."

Hinter einem Kind wird das Säckchen fallen gelassen. Nun muß dieses Kind aufstehen und dem anderen um den Kreis herum nachjagen, damit es nicht bis zum jetzt leeren Platz des „Jägers" kommt. Ist die Jagd nicht erfolgreich, ist der Jäger „dran". Gelingt der Fang, muß das Kind, das „dran" war, sich in den Kreis setzen, bis ein anderes Kind gefangen wird. Kapiert?

Nach unserem Spiel und der biblischen Geschichte von Zachäus fragte eins von den kleineren Kindern: „Was hat Jesus damit gemeint: ‚Heute hast du mit deiner Familie Rettung erfahren'?"

Debbie schaute mich an, und ich schaute zurück.

Wenn sie euch vor Gericht stellen, so macht euch keine Sorgen, was ihr sagen sollt oder wie ihr es sagen sollt. Es wird euch in dem Augenblick schon eingegeben werden. Nicht ihr werdet dann reden, sondern der Geist eures Vaters wird aus euch sprechen. (Matthäus 10,19–20)

Nach ganz kurzer Pause griff Debbie ein und gab dem Kind die Antwort auf seine Frage nach der Errettung. „Als Jesus dem Zachäus die Errettung gebracht hat“, sagte sie, „war es so, als ob er sich für ihn in die Mitte des Plumpsack-Kreises gesetzt hätte. Zachäus’ verkehrtes Leben und seine Bosheit – seine Sünde – waren schuld daran, daß er in einen Strafkreis kam, aus dem nur Jesus ihn holen konnte. Die Rettung bedeutete einfach, daß Jesus ihn aus diesem Strafkreis erlöste, damit er von vorn anfangen konnte und sich diesmal an Gottes Regeln hielt.“

Wie alle neugierigen Kinder hatten auch diese hier noch tausend Fragen. Viele davon hätten einem hochgebildeten Theologen zu schaffen gemacht. Was mich aber noch mehr als die tiefschürfenden Fragen der Kinder verblüffte, waren die Antworten, für die Debbie ähnliche Beispiele wie aus dem Plumpsackspiel heranzog. Bald konnte auch ich bei den Antworten einspringen. Wir überraschten einander mit dem, was da aus unseren Mündern kam. Diese Überraschung aber war gar nichts gegen das Gefühl in uns drin! Gott versorgte uns für jede Frage mit Antworten, die sogar ein Kind verstehen konnte.

Wir konnten es kaum abwarten, den anderen aus der Jugendgruppe zu erzählen, was passiert war. Unterwegs sagte ich zu Debbie, ich sei schon gespannt, ob sie beim nächsten Mal genauso loslegen könne. Sie lächelte und meinte, das gehe klar, wenn Gott und ich wieder für das richtige Spiel zum Aufwärmen sorgten.

Willst du dich überraschen lassen?

Würde dir die Erfahrung, wie man einem Kind den Glauben erklärt, auch bei Gleichaltrigen zugute kommen? Ist das Prinzip der Rettung deiner Meinung nach für jemand, der Christus nicht kennt, eher zu simpel oder zu kompliziert? Würde es dir helfen, von Gott und seinen Zielen mit uns zu erzählen, wenn du zwei oder drei passende Beispiele parat hättest?

>>>*Noch ein* Lesetip:

Lukas 19,1–10; 1. Korintherbrief 2,1–4 >>

Erwartungsvoll leben ist wie ...

Vorfreude auf einen Kuß

>>> Worauf freust du dich so sehr, daß du es wirklich fieberhaft herbeisehnst? Wirkt sich diese Erwartung auf dein Alltagsleben aus?

Als ich anfing, mich mit Carol zu treffen, hatte ich so etwas wie Ehrfurcht vor ihr. Sie war eins der schönsten und elegantesten Mädchen, das ich kannte, der Star von Schultheater und Schulchor. Carol war lange mit einem anderen Jungen befreundet gewesen, und als sie nach der Trennung wieder frei war, wartete ich nur eine minimale, gerade akzeptable „Trauerzeit" ab, bis ich erkundete, ob ich eine Chance bei ihr hätte.

Der ersten Verabredung stimmte sie zu, dann der nächsten, und ich fing an zu glauben, daß sie mich so sehr mochte wie ich sie. Ich wollte die Sache langsam angehen, der perfekte Gentleman sein und sie wie eine Prinzessin behandeln. Sie hatte ja gerade erst diese lange Freundschaft hinter sich, wir kannten einander noch nicht so gut, und ich wollte nicht alles vermasseln. Gleichzeitig aber wollte ich sie unbedingt küssen.

Das hing nicht nur mit den bekannten hormonellen Gründen zusammen, sondern auch damit, daß ich den ersten Kuß als Meilenstein in einer Beziehung betrachtete. Wenn ein Mädchen sich küssen läßt, fand ich, gibt sie ein Signal, in welche Richtung sie die Beziehung steuern will. Aus der Art des Kusses konnte man vielleicht schließen, wie schnell sich die Freundschaft entwickeln sollte. Und wie oft sie einen Kuß will ... na ja, du weißt Bescheid.

Also wartete ich ein paar Treffen ab und schmiedete meine Kußpläne. Nach der vierten oder fünften Verabredung brachte ich mein Anliegen auf die eleganteste Art ins Spiel, die ich mir vorstellen konnte. Als ich sie an ihre Haustür gebracht hatte, fragte ich höflich: „Darf ich dir einen Gutenachtkuß geben?"

Was für ein Prinz war ich doch! Oder? Bei ihrer Antwort glotzte ich sie ungläubig an. Sie lächelte bloß und sagte: „Nein."

Deshalb wird der Herr von sich aus ein Zeichen geben: Die junge Frau wird schwanger werden und einen Sohn zur Welt bringen, den wird sie Immanuel nennen. (Jesaja 7,14)
Gebt acht! Ich bin schon auf dem Weg! Ich werde euren Lohn mitbringen. Jeder empfängt das, was seinen Taten entspricht. (Offenbarung 22,12)

Sowohl Jesaja als auch Johannes (der mehr als 800 Jahre später lebte) sollten die Ankunft Jesu erwarten. Beide sahen ihn nicht mehr zu ihren Lebzeiten. Wenn man aber ihre Schriften liest, spürt man beiden die Erwartungshaltung ab. Das Kommen des Messias war für sie kein weit entferntes Ereignis, das Tag für Tag unwahrscheinlicher wurde. Sie sprachen darüber. Sie schrieben davon. Sie sehnten sich danach. Sie wußten, daß es schon am nächsten Tag soweit sein konnte.

Als Carol den Kuß aufgeschoben hatte, war ich äußerst verblüfft. Anscheinend hatte sie nicht mit mir Schluß gemacht, son-

dern nur den Kuß abgelehnt. Sie machte mir klar, daß sie mich mochte. Außerdem wollte sie schon eine eher romantische als platonische Beziehung. Als ich schließlich den Mumm hatte zu fragen, ob sie ihren letzten Freund denn geküßt habe und beabsichtige, auch fernerhin wieder jemanden zu küssen, verschaffte mir ihr „Ja" auf beide Fragen ungeheure Erleichterung.

Kurz gesagt, Carol stellte mir die Frage, ob ich zu einer weniger intimen Beziehung mit ihr fähig sei, als ich mir wünschte. Diese Vorstellung reizte mich so sehr, daß ich den Versuch wagen wollte. Woche auf Woche verging ohne Küsse. Es gab aber keinen Tag, an dem ich nicht mit der Frage aufwachte: „Ob es heute wohl soweit ist?" Außerdem fragte ich mich, warum Carol so zurückhaltend war und wie sich die Beziehung entwickeln mußte, bis sie meinte, die Zeit sei gekommen. Ich lernte sie immer besser kennen, kannte sie aber nicht auf die Weise, wie ich es mir ersehnte.

Auch Jesus verlangte von Jesaja, Johannes und inzwischen auch von mir eine Beziehung ohne die Nähe seiner körperlichen Gegenwart. Meine Vorfreude auf diese Nähe sollte jeden Tag spürbar sein, sogar leidenschaftlich. Nicht leicht, sich so eine Vorfreude zu erhalten, aber ich will es versuchen. Auf jeden Fall habe ich dafür geübt. Carol habe ich übrigens nie geküßt.

Worauf wartest du?

Auf welche Ereignisse in den nächsten Tagen freust du dich? Und worauf im nächsten Jahr? Kannst du deine Vorfreude auf diese Zeit auch auf die Wiederkehr Jesu übertragen? Gilt deine Vorfreude eher bestimmten und fest versprochenen Belohnungen oder weit hergeholten Träumereien?

>>>Noch ein *Lesetip:*

Jesaja 11,1–10; Offenbarung 1,9–18 >>

Vom Glauben erzählen ist wie . . .

Grabsteine umkippen

>>> *Wie groß war der Einfluß deiner Eltern auf deinen persönlichen Glauben? Welchen Beitrag wirst du in deiner Familie und den nächsten Generationen leisten?*

Bis zur Generation meiner Eltern lebten und starben fast alle meine Vorfahren in einem Umkreis von ein paar hundert Kilometern. Als ich bei einem Gespräch mit meinen Großeltern diese Entdeckung gemacht hatte, faßten wir den Entschluß, ein paar Ausflüge zu den Friedhöfen in ihrer Umgebung zu machen.

In nur zehn Meilen Entfernung lag das Grab meines Ur-Ur-Urgroßvaters, der im Jahr 1776 geboren wurde. Gleich daneben stand die Kirche, die sein Sohn mitbegründet hatte.

Meine andere Oma wohnte etwa fünfzig Meilen weiter. Obwohl sie damals fast neunzig war, kam sie mit meinem Vater, meiner Schwester, meiner Frau, den beiden Kindern und mir mit zum Friedhof. Wir vier Generationen spazierten an den Gräbern von drei Generationen vor meiner Großmutter vorbei. Mir gingen historische Gedanken zur Kirche neben dem Friedhof und dem Glauben durch den Kopf, den ich mit meinem Ur-Ur-Ur-Urgroßvater gemeinsam habe. Im Kreise dieser sieben Generationen vermittelte dieser Ort eine unheimliche Dauerhaftigkeit, ein ganz besonderes Erbe. Wieviele Tage und Nächte, Jahre und Jahrzehnte dieser eine Grabstein wohl schon fest im Boden stand? Wieviele Jahrzehnte würde er wohl noch Zeugnis von der Herkunft einer christlichen Familie geben?

Ich drehte mich um und sah einen anderen Grabstein, neuer und größer als der meines Großvaters. An seinem Fundament war zu sehen, daß er nicht mehr so tief in der Erde steckte. Außerdem war er leicht nach hinten geneigt. Neugierig tippte ich ganz leicht mit dem Fuß gegen das marmorne Monument. Und dann kippte der ganze Grabstein um.

Vergeßt nie seine Gebote, die ich euch heute verkünde. Schärft sie euren Kindern ein und sagt sie euch immer wieder vor – zu Hause und auf Reisen, wenn ihr euch schlafen legt und erwacht. Bindet sie euch zur ständigen Erinnerung an den Arm und auf die Stirn! Schreibt sie auf die Türpfosten eurer Häuser und auf die Tore eurer Städte! (5. Mose 6,6–9)

Mose sagte den israelitischen Familien, daß Gottes Wort nicht an einem bestimmten Ort zu finden sei, sondern im menschlichen Herzen. Grabsteine kippen um. Denkmäler werden vom Zahn der Zeit zerfressen. Sogar Kirchen verfallen nach und nach.

Gleichzeitig ist es richtig, Symbole und die Geschichte als Erinnerung und Lehrmeister zu verwenden. Mose gebot nicht nur, sich Gottes Gesetze einzuprägen und darüber zu reden – sie sollten sogar an den Arm gebunden und auf die Tür geschrieben werden. Mit anderen Worten: es geht um die Errichtung sichtbarer, faßbarer Lehrstücke, die uns Gottes historisch erfahrbare Treue und unwandelbare Maßstäbe verkünden.

Als mein Vater und ich vergeblich versuchten, den Grabstein anzuheben, den ich umgeworfen hatte, fingen meine Schwester und meine Oma furchtbar an zu lachen. Wir beide hatten einander ächzend und stöhnend rumkommandiert, schauten uns jetzt aber an, merkten, wie aussichtslos unsere Mühe war und mußten auch lachen.

Inzwischen hatte meine Frau die Videokamera gezückt und nahm das ganze Schauspiel auf. Seit damals haben wir das Band oft angeschaut und den Nachmittag neu aufleben lassen, als Oma und der Rest der Familie im Kirchhof von Ur-Ur-Ur-Uropa Grabsteine umkippen gingen.

Wie fest stehen deine Grabsteine?

Sind die Orte, an denen du von Gott erfahren hast, für dich ein reiches Erbe oder kommen sie dir hohl vor, nichts als leere Tradition? Bist du so fest im Glauben verwurzelt, wie du gern möchtest? Womit könntest du dir in Erinnerung rufen, daß dein Erbe lebt und nicht nur aus sinnlosen Denkmälern besteht?

>>>*Noch ein* Lesetip:

Psalm 90,1–12; 2. Timotheusbrief 1,5–7 >>

Der Heilige Geist ist wie . . .

Ein Computerlehrprogramm

>>> Wie würdest du die Rolle beschreiben, die der Heilige Geist in deinem Leben spielt? Überläßt du ihm den gesamten Bereich, den er in dir ausfüllen will, wie die Bibel sagt?

Von Computern habe ich mich immer einschüchtern lassen. Immer wieder mußte ich hören, wie leicht so ein Gerät zu bedienen sei und wie gern ich bald selbst daran sitzen würde. Aber wenn ich jemanden bat, mich mal einzuweisen, dann gingen die Menschen mit zwei Methoden daran, mich noch mehr zu verschrecken.

Manche führten mich einfach an den Computer und sagten: „Man kann es nicht anders lernen, als wenn man es einfach allein probiert." Dann bekam ich eine Anleitung, dick wie ein Telefonbuch. Alles, was ich wissen müsse, stehe darin, hieß es. So lerne ich gar nichts.

Andere setzten sich an den Computer, machten ihn an und fingen an zu tippen. Sie erklärten, was sie gerade machten und zeigten mir jede einzelne der ungefähr tausend Tasten. Dann fragten sie ganz locker-flockig, ob ich noch Fragen hätte. Auch so lerne ich gar nichts.

Ich glaube zu verstehen, warum diese Leute mit solchen Methoden etwas vermitteln wollen. Vielleicht lernten sie selbst noch. Vielleicht hatten sie nicht viel Zeit für mich und haben vergessen, wie man sich als Anfänger fühlt. Wenn man nicht für den Unterricht bezahlt wird oder am Lernprozeß des anderen kein persönliches Interesse hat, wählt man einfach den Weg des geringsten Widerstandes.

Ich hätte euch noch vieles zu sagen, doch das würde euch jetzt überfordern. Aber wenn der Geist der Wahrheit kommt, wird er euch in die ganze Wahrheit einführen. Was er euch sagen wird, hat er nicht von sich selbst, sondern er wird euch sagen, was er hört. Er wird euch in Zukunft den Weg weisen. Er wird meine Herrlichkeit sichtbar machen; denn was er an euch weitergibt, hat er von mir.
(Johannes 16,12–14)

Endlich lernte ich mit dem Computer umgehen, als meine Freundin Jo Ann mir den Platz davor anbot, sich daneben setzte und mir bei dem half, was zu tun war. Ich bediente den Computer, traf die Entscheidungen und machte hin und wieder einen Fehler. Sie machte mir Mut, korrigierte mich, gab mir Tips und brachte es mir alles in allem bei. Das war mal ein Tag, an dem ich viel gelernt hatte.

Der Heilige Geist wird in der Bibel unter anderem als der bezeichnet, der „uns zur Seite gerufen ist". Im wesentlichen ist er unser persönlicher Trainer, der uns zeigt, wie wir Christus ähnlich werden, sprich: ein Leben leben, das sich lohnt. Er schiebt uns nicht beiseite, um dann an unserer Stelle draufloszutippen, wobei wir ihm über die Schulter schauen dürfen. Er stellt sich neben uns, macht uns Mut und gibt uns guten Rat, und zwar in viel wichtigeren Angelegenheiten als dem Bändigen eines Computers.

Der Heilige Geist kann aus den gleichen Gründen grenzenlose Lernerfolge erzielen, die meine ersten Computerlehrer scheitern ließen: Er braucht nicht mehr selbst zu lernen. Er hat alle Zeit der Welt, um sie an mich zu verschwenden. Er weiß, wie es ist, Anfänger zu sein – er wohnt in einem! Außerdem hat er noch nie den Weg des geringsten Widerstandes gewählt, weil er persönlich an mir interessiert ist.

Bekommst du persönlichen Unterricht?

Wer war der beste Lehrer, den du je hattest? Worin liegt die Bedeutung des Heiligen Geistes, der an deiner Seite bleibt, statt vor oder hinter dir zu stehen? Wie könntest du heute den Heiligen Geist in seiner Rolle als geistlicher Lehrer an dich ranlassen?

>>>*Noch ein Lesetip:*

Johannes 14,25–26; 1. Korintherbrief 2,12–13

Inkonsequenter Glaube ist wie ...

Ein Gebet für die Stereoanlage

>>> *Hast du schon mal ganz ernsthaft um etwas gebetet, am Ende aber keine Antwort von Gott bekommen? Fragst du dich manchmal, ob du vielleicht konsequenter beten müßtest? Oder sind bestimmte Gebete verkehrt, und du solltest sie lieber bleiben lassen?*

Eines Tages im ersten Jahr auf dem College ging mir die Stereoanlage kaputt, und ich mußte sie zur Reparatur an den Hersteller schicken. Es sollte eine oder zwei Wochen dauern, aber dann vergingen drei und schließlich vier Wochen. Jede Woche ging ich zum Geschäft, das die Anlage für mich eingesandt hatte und fragte, ob sie wieder da sei. Immer wieder kehrte ich in mein qualvoll stilles College-Zimmer zurück und war enttäuscht, auf die musikalische Oase in der Wüste von Lern- und Schreibarbeit verzichten zu müssen.

In dieser Lebensphase entfernte ich mich zudem immer mehr von Gott. Ich war mir nicht mehr sicher, ob ich alles glauben sollte, was meine Eltern mir von ihm erzählt hatten. Ich wußte nicht, ob ich ihm wirklich den Zugang zu allen Bereichen meines Lebens gestatten sollte. Um mir einen Kick in die richtige Richtung zu geben, hatte mein Vater mir ein Buch zum Thema Glauben geschickt. Darin fanden sich erstaunliche Berichte von Menschen, die es gewagt hatten, sich völlig abhängig von Gott zu machen. Sie standen vor unmöglichen Situationen, beteten zu Gott um eine bestimmte Lösung, und Gott reagierte genau so, wie sie es erbeten hatten. Gott als Wunschmaschine? Das kam mir alles ein bißchen simpel vor.

Also wollte ich Gott mal einem Test unterziehen. Wenn er wirklich so war, wie meine Eltern behaupteten, wenn er sich wirklich um meine Aufmerksamkeit und mein Leben bemühte, dann konnte er das bestimmt beweisen, indem er ein konkretes Gebet erhörte. Das hatte er bei den Leuten aus dem Buch ja auch gemacht.

Ich betete also darum, daß meine Stereoanlage gleich am nächsten Samstag fertig sein sollte, sechs Wochen nach dem eigentlichen Termin. Nach gewissenhaftem täglichen Beten, eine ganze Woche lang, ging ich in die Stadt und glaubte, Gott könne die Stereoanlage hergeschafft haben. Sie war aber nicht da.

Jesus antwortete: „Ich weiß genau, ihr sucht mich nur, weil ihr von dem Brot gegessen habt und satt geworden seid. Doch ihr habt nicht verstanden, daß meine Taten Zeichen sind. Bemüht euch nicht um Nahrung, die verdirbt, sondern um Nahrung, die für das ewige Leben vorhält. Diese Nahrung wird euch der Menschensohn geben, denn Gott, der Vater, hat ihn dazu ermächtigt.“
Da fragten sie ihn: „Was müssen wir tun, um Gottes Willen zu erfüllen?“
Jesus antwortete: „Gott verlangt nur eins von euch: Ihr sollt dem vertrauen, den er gesandt hat.“
Sie erwiderten: „Welches besondere Zeichen deiner Macht läßt du uns sehen, damit wir dir glauben? Was wirst du tun?“ (Johannes 6,26–30)

Mein Gebet um die Rückkehr der Stereoanlage war für Gott nichts Neues. Die Menschen im Kreis um Jesus waren auch daran interessiert, daß er sich durch die Erfüllung ihrer selbstsüchtigen Wünsche bewies. Damals reagierte Jesus nicht anders als auf mich. Ich mußte weiterhin auf die Stereoanlage warten.

Bemüh dich also nicht deshalb um Gott, weil er etwas für dich tun könnte, sondern um seiner selbst willen. Verfolg nicht deine persönlichen Ziele mit immer größerem Aufwand, sondern kümmer dich darum, Gott und seine Ziele kennenzulernen.

Glauben ist mehr als Gott zuzutrauen, daß er uns unsere Wünsche erfüllt.

In einer Kindergeschichte geht es um eine kleine Lokomotive, die bergan fährt und ständig schnauft: „Ich glaub, ich schaff's, ich glaub, ich schaff's!“ Das ist kein Glaube, sondern

Krampf. In der Bibel gilt das als Kontrast zum Glauben, nämlich als „Werke".

„Mit aller Macht glauben" läuft darauf hinaus, daß es *meine* Macht ist, auf die ich mich verlasse. Hier geht es um meinen angeschmuddelten Willen, mit dem ich bestimme, was geschehen soll. Glaube ist ganz anders. Beim Glauben geht es nicht um Dinge oder Taten, sondern um eine PERSON: um Gott, um das Kennenlernen seines Willens und seiner Absichten. Wenn ich „mit aller Macht glaube", versuche ich, Gott meine Pläne vorzulegen und gegebenenfalls bestätigen zu lassen. Wenn ich mich um echten Glauben bemühe, richte ich mich nach seinen Plänen aus.

Ist deine Stereoanlage schon da?

Hast du Gott schon mal gebeten, sich zu beweisen, indem er ein bestimmtes Gebet erhört? Könntest du heute so beten, daß es dabei nicht um Dinge, sondern um Gott als Person geht?

>>>*Noch ein* Lesetip:

Epheserbrief 2,8–9; Hebräer 11,1 >>

Gewißheit ist wie ...

In einem sicheren Auto sitzen

>>> Kommen dir manchmal Zweifel über die Festigkeit deiner Beziehung zu Gott? Kommt es dir manchmal unsicher vor, sich auf seinen Schutz zu verlassen?

Meine Frau Beth mußte einmal etwas bei einer Freundin abgeben, die draußen auf dem Land wohnte. Sie nahm unseren kleinen Sohn Caleb mit, der damals noch keine zwei Jahre alt war. Caleb schlief gerade in seinem Kindersitz, als sie ankamen, also entschloß sie sich, ihn im Auto zu lassen, bis sie die Sache abgegeben hatte.

An der Haustür mußte Beth aber feststellen, daß ihre Freundin gerade telefonierte und ihr bedeutete, sie solle hineinkommen. Beth schaute sich zögernd zum Auto um. Es war draußen auf dem Lande, es war niemand zu sehen, die Türen waren zu, und Caleb schlief fest. Da sprach wohl nichts dagegen, kurz ins Haus zu gehen, bis die Freundin aufhörte zu telefonieren.

Beth war gerade eine oder zwei Minuten drin gewesen, aber als sie wieder nach draußen trat, bot sich ein erschreckender Anblick: Die beiden großen Hofhunde waren aus dem Hinterhof aufgetaucht, sprangen am Autofenster hoch und bellten Caleb wild an, der jetzt ganz und gar nicht mehr schlief. Er schrie, so laut er konnte und sah sich panisch um, ob niemand zur Hilfe kam. In seinem Kindersitz konnte er sich gar nicht rühren.

Die Hunde wurden schnell beruhigt und wieder eingesperrt. Beth holte den verschreckten Caleb aus seinem Sitz und versuchte ihm zu erklären, was passiert war. Sie sagte ihm, sie würde ihn nie verlassen oder einer Gefahr aussetzen, und daß die Hunde ihm überhaupt nichts tun konnten und auch nicht wollten. Es waren nette Hunde, die ihm niemals weh getan hätten. Trotzdem hörte er nicht auf zu weinen und ließ seine Mama lange nicht mehr los.

Ich gebe ihnen das ewige Leben, und sie werden niemals umkommen. Keiner kann sie mir aus den Händen reißen; denn der Vater, der sie mir gegeben hat, ist mächtiger als alle. Keiner kann sie seinem Schutz entreißen.
(Johannes 10,28–29)

Daß Caleb Angst hatte, war ganz natürlich. Er war nicht imstande, die Lage voll einzuschätzen. Er wußte nicht, daß die Hunde nicht ins Auto gelangen konnten und daß sie ihn nicht fressen wollten. Er wußte auch nicht, daß seine Mama ganz in der Nähe war und bald zurückkommen würde. Seine Angst war genauso real wie seine Sicherheit.

Auch die Zweifel an den beruhigenden Worten seiner Mama waren normal. Er verfügte nicht über ihre Perspektive. Er hatte keine Macht über die Hunde. Er hatte kein Zeitgefühl für die Dauer von ein paar Minuten. Seine Zweifel waren genauso real wie seine Sicherheit.

Mit anderen Worten: Caleb war aus fast den gleichen Gründen in Angst und Zweifel, warum du und ich Angst und Zweifel haben. Unsere Lebensumstände können schwierig werden, und noch dazu ist unser Horizont ziemlich beschränkt. Im Schrecken des Augenblicks verlieren wir leicht das Gefühl für die Sicherheit, die Gottes Versprechen uns bieten: Nichts kann uns von seiner Liebe und Fürsorge trennen.

Allmählich ließ Caleb sich trösten und beruhigen. Es half schon halbwegs, die Hunde wegzuschaffen. Ihm zu erklären, daß er eigentlich gar nicht gefährdet war, machte auch schon etwas aus. Der wirkliche Trost aber wurde bewirkt durch die Gegenwart seiner Mama, die ihn liebte, auch wenn man die Hunde immer noch in der Nähe kläffen hörte.

Scharfe Zähne vor deinem Fenster?

Durch welche Umstände könntest du heute verleitet werden, Angst zu bekommen oder Gottes Versprechen anzuzweifeln, vielleicht sogar seine Liebe und seinen Schutz? Welche Sicherheit hat Gott dir versprochen, selbst wenn es ganz schwierig wird? Inwiefern könnte ein beständiges Leben in Gottes Gegenwart sich als hilfreich erweisen, wenn die bellenden Hunde kommen?

>>>Noch ein Lesetip:

Johannes 20,19–20; 2. Timotheusbrief 1,7–8 >>

Liebevolle Korrektur ist wie . . .

Ein zerrissenes Papierkleid

>>> *Mußtest du jemandem schon mal etwas sagen, das er nicht gern hörte, was aber nötig war? Hat sich das gelohnt?*

Als Mutter von vier Kindern und Schulbibliothekarin hat meine Mutter stets tapfer versucht, sich mit den Modevorstellungen von Teenagern auszukennen. Manchmal war mir das peinlich; trotzdem bewundere ich ihre Mühe.

Für einen Erwachsenen ist es gar nicht so einfach, sich in den Augen der Schüler modisch anzuziehen, wenn man das so etwa zwanzig oder gar dreißig Jahre lang durchziehen will. Mama erlebte gerade geschnittene Jeans, Hosen mit Schlag, unten enge Karottenjeans und dann wieder den geraden Schnitt. Sie sah schulterlanges Haar kommen und gehen und abwechslungsweise turmhoch toupierte Köpfe. Ich darf wohl dankbar dafür sein, daß sie nicht jede Mode mitmachte, die gerade im Schwange war.

Das eine Mal, als ich noch ein Kind war, hat sie sich ein „Papierkleid" gekauft, weil die Dinger gerade „in" waren und sie in der Kirche einen Vortrag vor Oberschülern halten sollte. Aus irgendeinem Grund ging ich mit und saß in der ersten Reihe neben ihr, wo sie darauf wartete, daß sie dran war. Als sie sich vorbeugte, fiel mir etwas auf, was anscheinend der Grund dafür ist, warum Papierkleider nicht sehr lange in Mode waren: Am Rücken war das Kleid weit aufgerissen.

Ich dachte darüber nach, was ich machen sollte. Natürlich konnte ich heimlich auf einen anderen Platz rutschen und so tun, als ob ich sie nicht kannte, wenn das Gekicher einsetzen würde. Ich konnte sie aber auch fragen, ob sie einen Hefter oder ein paar Büroklammern hatte. Oder ich sagte ihr, daß sie dabei sei, sich bloßzustellen – dazu auch mich –, wenn sie nicht irgendwas unternehmen würde.

Auch wenn ein Bruder von einer Verfehlung ereilt wird, müßt ihr zeigen, daß der Geist Gottes euch leitet. Bringt einen solchen Menschen mit Nachsicht wieder auf den rechten Weg. Paßt auf, daß ihr nicht selbst zu Fall kommt! Einer soll dem andern helfen, seine Lasten zu tragen. So erfüllt ihr das Gesetz Christi. (Galaterbrief 6,1–2)

Es ist allzu einfach, sich vor einer notwendigen Auseinandersetzung zu drücken. Wir wollen uns nicht den Zorn der Menschen zuziehen, überlassen sie deshalb ihrem destruktiven Verhalten und hoffen, daß sie zur Vernunft kommen, bevor sie allzu großen Schaden anrichten. Wir glauben, daß irgend jemand schon etwas sagen wird. Bestimmt raffen sie's noch, bevor es allzu schlimm wird. Dann kommt der Sturz in den Abgrund, und das selbstgefällige Gefühl, wir hätten es ja immer schon gewußt, wird zum armseligen Ersatz für die Gewißheit, daß wir helfend hätten eingreifen sollen.

Paulus schrieb den Christen in Galatien, daß liebevolle Korrektur eine Voraussetzung für geistige Gesundheit ist. Wir sind auf dem schmalen Weg unterwegs, und wir sind alles andere als perfekt. Da wird es immer welche geben, die dem Graben zu nahe kommen. Wenn das passiert, dann muß man weder den Fehltritt kritisieren noch so tun, als habe man nichts gemerkt. Wir sollten dem anderen die Hand hinstrecken und ihm raushelfen; vorbeugend können wir freundlich auf den Schlingerkurs hinweisen. Einander unterwegs zu helfen heißt, Verantwortung für die geistliche Gesundheit des Nächsten auf sich zu nehmen. Viel besser, man sagt in Liebe die Wahrheit, als angesichts der Gratwanderung eines Mitchristen huldvoll zu schweigen.

Als ich meiner Mutter sagte, daß sie mit ihrem Papierkleid ein brüllendes Gelächter riskieren würde, schickte sie mich dankbar ihre Jacke holen. Sie konnte sogar vor der Versammlung zugeben, daß sie ihren modischen Wagemut wahrscheinlich ein wenig überspannt und so den Riß provoziert hatte. Mein Eingreifen war nützlich. Es gab ein Happy-End.

Als ich sie übrigens später auf den Arm nehmen wollte und meinte, sie schulde mir etwas wegen der Schande, die ich ihr erspart hatte, erwiderte sie trocken: „Mach einfach den Reißverschluß an deiner Hose zu, und wir sind quitt."

Haben sich deine Freunde was aufgeschlitzt?

Hast du Freunde, die mit gefährlichen Gewohnheiten herumspielen? Worin liegt das Risiko, wenn du sie darauf hinweist? Wie und wann sprichst du sie darauf an? Ist die Gefahr, in der sie sich befinden, den Konflikt wert? Ist sie so groß, daß die Beziehung auf dem Spiel steht?

>>>*Noch ein* Lesetip:

2. Korintherbrief 10,8–11; 2. Thessalonicherbrief 3,11–15

Vergebung ist wie . . .

Die Entschuldigung

>>> Wann fällt es uns am schwersten zu vergeben? Liegt es am Schuldigen, der uns die Vergebung so schwer macht, oder ist der Grund in uns selbst zu suchen?

Mir ist aufgefallen, daß Brüder oft aufeinander herumhacken. Ich erinnere mich besonders an das eine Mal, als mein kleiner Bruder Carey und ich uns den ganzen Abend lang gegenseitig provoziert hatten. Irgendwie lief die Sache aus dem Ruder, und Carey machte etwas – ich weiß jetzt gar nicht mehr, was –, das ein elterliches Machtwort nötig machte. Meine Mutter bestand darauf, daß er sich bei mir entschuldigte.

Ist dir das schon mal passiert? Sich entschuldigen zu müssen, obwohl es dir eigentlich gar nicht leid tat? Man hätte glauben können, daß sie ihm befahl, sich den rechten Arm abzuschneiden. Er weigerte sich ganz einfach. Nie zuvor und auch nie wieder danach habe ich meinen kleinen Bruder so stur erlebt. Meine Mutter ließ nicht locker. Sie versuchte es mit guten Worten, dann mit Druck. Allmählich spielte die ganze Familie beim Drama mit. Jeder dachte sich einen kreativen Anreiz aus, um dem Kleinen die einfachen Worte „Tut mir leid" zu entlocken.

Uns entging dabei eine Lieblingssendung im Fernsehen. Papa mischte sich ein. Man kündigte an, Carey früh ins Bett zu schicken. Eine Tracht Prügel wurde angedroht. Ich war mir sicher, daß ihm als nächstes drohte, nicht aufs College zu dürfen. Also fing auch ich an, auf ihn einzureden. Es brachte nichts. Es setzte was, und er mußte ins Bett. Die Entschuldigung kam nie.

Wenn ihr den anderen verzeiht, was sie euch angetan haben, dann wird auch euer Vater im Himmel euch eure Schuld vergeben. Wenn ihr aber den anderen nicht verzeiht, dann wird euer Vater euch eure Verfehlungen auch nicht vergeben. (Matthäus 6,14–15)

Warum finden wir uns lieber mit kaputten Beziehungen ab, statt einander zu vergeben? Was ist so unangenehm daran, wenn wir eine Sache bereuen und uns vergeben?

In der Bibel steht klipp und klar, daß man mit ernsten Konsequenzen rechnen muß, wenn man einem anderen die Vergebung verweigert. Die Unfähigkeit, für uns selbst Vergebung anzunehmen, scheint dabei die schlimmste Folge zu sein.

Weil dieser Zusammenhang besteht, ist die Vergebungs-Verweigerung eine der größten Gefahren im Leben eines Christen. Diese Verweigerung errichtet eine Blockade im fortwährenden Kreislauf von Bereuen und Vergebung, die uns den Zugang zu Gott offen hält. Wie weit kann sich unsere Beziehung zu ihm schon entwickeln, wenn wir nicht täglich seine Vergebung annehmen?

Bis heute ist es mir ein Rätsel, warum ein Vergehen, an das sich keiner von uns mehr erinnern kann, den ganzen Abend mit einer unvergeßlichen Feindseligkeit vergiften konnte.

Mach den Riegel auf!

Hast du zur Zeit mit kaputten Beziehungen zu tun? Ist das passiert, weil dir jemand nicht vergeben hat oder weil du nicht vergeben konntest? Ließe sich das heute noch in Ordnung bringen?

>>>*Noch ein* Lesetip:

Matthäus 18,21–35; Markus 11,25–26

Rebellion ist wie . . .

Ein Versteck unter dem Bett

>>> Hast du schon mal aus Auflehnung oder Trotz etwas gemacht, das dir im Rückblick unglaublich dumm vorkommt?

Ich war auf mein Zimmer verbannt worden und schäumte vor Wut. Obwohl erst acht oder neun Jahre alt, war ich mir absolut sicher, lange genug die elterliche Bevormundung ertragen zu haben. Ich spürte, daß sie mich nicht respektierten, nicht verstanden und mir nicht genug Freiheit ließen. Dafür sollten sie büßen. Ich wollte von zu Hause ausreißen.

Nachdem ich dort im Zimmer die nächsten paar Tage und Wochen meiner Zukunft geplant hatte, legte sich die Wut doch ein wenig. Ein Funke rationalen Denkens glomm auf. Dieses Jahr konnte ich eigentlich noch nicht den großen Abgang machen. Vielleicht aber reichte es, meinen Eltern mal eine Lektion zu verpassen. Ich öffnete Fenster und Fensterläden so weit, daß es aussah, als wäre ich rausgeklettert. Dann schrieb ich meinen Eltern einen vernichtenden Abschiedsbrief, in dem meine ganze Enttäuschung zum Ausdruck kam: Sie hätten es sich jetzt endgültig mit mir verdorben, weil sie mich einmal zu oft aufs Zimmer verbannt hätten. Der Zettel kam ans Fenster, und dann krabbelte ich unter das Bett.

Eine halbe Stunde verging, dann eine, dann zwei Stunden. Schließlich verkrampften sich meine Muskeln, ich bekam Platzangst und hatte es gründlich satt, Staub einzuatmen. Ich gab es auf mit der Lektion, die ich ihnen verabreichen wollte und kam unter dem Bett hervor. Die Wut war verflogen. Bald wurde ich wieder aus dem Zimmer befreit.

Es muß fünf Jahre später gewesen sein, als wir für den Umzug in eine andere Stadt packten. Da fand mein Bruder in den Tiefen einer Kiste den Zettel, den ich geschrieben hatte. Wahrscheinlich hatte es ihn damals vom Fensterbrett dahin verschlagen. Ich wußte gar nicht mehr, daß ich so etwas geschrieben hatte. Mit großem Vergnügen und dramatischer Geste aber las mein älterer

Bruder zur Erheiterung der ganzen Familie die rachetriefenden Worte laut vor. Irgendwie hörte es sich lange nicht so gerechtfertigt an wie fünf Jahre zuvor, als ich sie in meinem Anfall von Wut und Rebellion niedergeschrieben hatte.

„Vater", sagte der Sohn, „ich bin vor dir und vor Gott schuldig geworden, ich verdiene es nicht mehr, dein Sohn zu sein!"
Aber der Vater rief seine Diener: „Schnell, holt das beste Kleid für ihn, steckt ihm einen Ring an den Finger und bringt ihm Schuhe! Holt das Mastkalb und schlachtet es! Wir wollen ein Fest feiern und uns freuen! Mein Sohn hier war tot, jetzt lebt er wieder. Er war verloren, jetzt ist er wiedergefunden." Und sie begannen zu feiern.
(Lukas 15,21–24)

Echte Freiheit ist nicht die bloße Unabhängigkeit, tun und lassen zu können, was man will. Der Sohn in der Geschichte gibt uns dafür das Beispiel. Echte Liebe will keine Kontrolle über den Menschen, den man liebt. Das beweist uns der Vater. Wenn ich aber in meiner Selbstsucht überzeugt bin, daß Freiheit bedeutet, unabhängig von dem zu werden, der mich liebt, dann läuft es meist auf Rebellion hinaus.

Heute schon Staub geschluckt?

Auf welche falschen oder zumindest verfrühte Freiheiten kommt es dir wirklich an? Hast du genügend Weitblick, um einzusehen, daß der Wunsch nach solchen Freiheiten geradewegs in der Rebellion mündet? Welche Vorsorge könntest du treffen, damit es nicht zu offenem Aufruhr kommt?

>>>*Noch ein* *Lesetip:*

Daniel 9,4–9; Römerbrief 6,15–18 >>

Die Entdeckung des „Unbekannten"

>>> *Gibt es Menschen in deiner Umgebung, die für dich anonym sind, die du zwar die ganze Zeit siehst, aber eigentlich nicht kennst? Wieviel muß man von einem Menschen wissen, damit man ihn Gottes Liebe spüren lassen kann?*

In der Schule, auf der ich meine Frau kennenlernte, war ich eine etwas bekanntere Persönlichkeit als sie. Mich kannten mehr Leute als sie, weil sie zurückhaltend und still war, ganz anders als ich. Sie macht immer noch ihre Scherze darüber, daß weitaus mehr Menschen sie als „meine Frau" und nicht als „Beth" kennen. Das macht ihr aber nicht viel aus; sie mag es nicht, im Rampenlicht zu stehen.

Als ein Schulchor zum Gesangsvortrag in unsere Kirche kam, war ich mir allerdings sicher, daß die Sänger Beth kannten und auch Beth sie besser kannte als ich. Bei der Chorleiterin hatte ich nämlich, anders als Beth, nie Unterricht gehabt. Als die Leiterin den Gang entlang kam und uns grüßte, merkte man, daß sie sich an uns erinnerte.

„Ach, hallo, Nate, schön, dich zu sehen!" strahlte sie. Dann folgten ein paar höfliche Fragen über meine Arbeit, unsere Wohnung und so weiter. Dann wandte sie sich an Beth. Sie wußte zwar, daß wir zusammengehörten, kannte aber offensichtlich nicht mehr ihren Namen.

„Hallo, guten Tag . . . nett, daß ich auch dich mal treffe!" Elegant zog sie sich aus der Affäre. Dann wandte sie sich zu unserer Erleichterung schnell anderen Besuchern zu. Seit damals hat Beth mir immer wieder spaßeshalber vorgeschlagen, ich solle sie doch so vorstellen: „Hallo, ich heiße Nate, und das ist meine Frau Nett."

Die Frau ließ ihren Wasserkrug stehen, ging ins Dorf und sagte zu den Leuten: „Kommt mit und seht euch den Mann an, der mir alles gesagt hat, was ich jemals getan habe! Vielleicht ist er der versprochene Retter.“
Da gingen sie alle hinaus zu Jesus. (Johannes 4,28–30)

Die peinliche Begegnung zwischen meiner Frau und der Chorleiterin war gar nicht so ungewöhnlich. Es gibt eine Menge Leute, die wir kaum kennen, auch wenn sie eine Rolle in unserem Leben gespielt haben. Andere wiederum erkennen uns kaum wieder. Meist sind wir auch damit zufrieden, einander mit einem dahingesagten „Hallo“ zu begrüßen. Das erspart uns peinliche Situationen, und wir brauchen uns weder ins Leben des anderen einzumischen, noch ihn in unser Leben zu lassen.

Die „Frau am Brunnen“ konnte ziemlich sicher sein, daß sie Jesus nicht kannte und er sie auch nicht. Er war Jude, sie Samariterin, und die befaßten sich nicht miteinander, wenn sie nicht mußten. Was jedoch mit einem verlegenen „Hallo“ schnell hätte vorbei sein können, wurde von Jesus in ein lebensveränderndes Gespräch umgemünzt.

Stell dir vor, du triffst jemanden zum ersten Mal, und er erzählt dir Sachen über dich, die er deiner Meinung nach unmöglich wissen kann. Die Frau, die Jesus am Brunnen antraf, war ablehnend und ausweichend, bis Jesus bewies, daß er sie sehr persönlich kannte und Anteil an ihr nahm. Vorher ging es im Gespräch um Wasser, um die tägliche Arbeit und Religion. Aber als sie ging und anderen von Jesus erzählte, beschrieb sie ihn als jemanden, der sie bis ins Innerste durchschaute.

Ich habe eine Menge „Hallo“-Bekanntschaften. Wahrscheinlich würde ich nie über den oberflächlichen Wetterkommentar hinausgehen, wenn ich mir nicht die Zeit nehme, sie persönlich kennenzulernen. Ob wohl so eine persönliche Bekanntschaft mir Gelegenheit gäbe, sie zum „Brunnen“ zu bringen? Eben da können sie meinem Freund Jesus begegnen, der sie schon bis ins Innerste kennt.

Mal übers Hallo hinausgegangen?

Wieviele Bekannte fallen dir ein, deren vollständigen Namen du gar nicht kennst? Gibt es Menschen, die deinen Namen kennen, obwohl du kaum einen Gedanken an sie verschwendest? Wie könntest du ihren Respekt nutzen, um ihnen Gott vorzustellen? Ergibt sich vielleicht heute eine Gelegenheit dazu?

>>>*Noch ein* Lesetip:

Jeremia 1,4–5; Psalm 139 >>

Vom eigenen Glauben erzählen ist wie ...

Freundschaft für die Ewigkeit

>>> Wieviele deiner besten Freunde sind keine Christen? Würde ein offenes Gespräch mit ihnen diese Freundschaften gefährden?

Ich war auf zwei Colleges und hatte auf jedem einen sehr guten Freund. Auf dem ersten College gab es kaum Christen, und mein bester Freund hatte keine Beziehung zu Gott. Auch ich hatte während dieser Zeit mit dem Glauben ziemlich wenig zu tun. Ich war seit frühester Kindheit Christ gewesen, ließ Gott aber keine Chance, wirklich die Gangart vorzugeben.

Es war im ersten Jahr an diesem College, als Gottes hartnäckige Anklopfaktionen mich endlich erreichten. Er zeigte mir, daß er es verdiente, mein Herr zu werden. Im nächsten Jahr wechselte ich dann auf ein andere College, damit mein wackliges geistliches Fundament sich festigen konnte. Dort schloß ich tiefe Freundschaft mit einem Christen.

Während ich immer mehr Freunde fand, von denen ich wußte, daß sie mir in alle Ewigkeit bleiben würden, dachte ich häufig an den Freund, der Gott nicht persönlich kannte. Ich konnte nicht mehr verdrängen, daß dieser gute Freund sein Leben lang und darüber hinaus von Gott getrennt sein würde, wenn sich nichts an seinem Zustand änderte. Vielleicht war mein Motiv egoistisch, aber ich wollte, daß er mit mir in den Himmel kam.

Nach dem Examen wohnten wir sehr weit voneinander entfernt, aber im ersten Jahr nach der Uni sorgte eine Geschäftsreise dafür, daß wir ein gemeinsames Wochenende verbrachten. Ich nutzte die Chance, ihm so leidenschaftlich und intensiv wie möglich von meinem Glauben zu erzählen. Er mußte ja Gott kennenlernen, und ich wollte sicher sein, daß unsere Freundschaft nicht mit dem Tod endete.

Bevor er mich zum Flughafen brachte, waren wir noch ausgiebig in einer Pizzeria essen. So direkt und herzlich wie möglich erklärte ich ihm noch einmal, was Christus in meinem Leben bewirkt hatte und bei ihm sicher auch tun wollte. Er hörte aufmerksam zu und sagte, ich sei der einzige echte Christ, den er je persönlich gekannt habe. Es tat mir geradezu weh, als ich mir klarmachte, welches schwache Beispiel ich ihm in unserem gemeinsamen Jahr geboten hatte. Kein Wunder, daß er sagte, Gott sei ihm irgendwie nicht real genug. Als er mich am Flughafen absetzte, bat ich ihn zum Abschied, sich die Sache doch mal zu überlegen. Er sagte rundweg nein.

Agrippa erwiderte: „Es dauert nicht mehr lange, und du überredest mich noch dazu, daß ich mich selber als Christen ausgebe."
„Ob es kurz oder lang dauert", sagte Paulus, „ich bete zu Gott, daß nicht nur du, sondern alle, die mich hier hören, mir gleich werden – die Fesseln natürlich ausgenommen."
(Apostelgeschichte 26,28–29)

Es tut mir immer noch weh, wenn ich daran denke, daß mein Freund nach wie vor nichts mit Gott zu tun hat, aber seit dem Mittagessen in der Pizzeria verspüre ich einen Frieden, den ich vorher nicht hatte. Bis dahin hatte mich der Gedanke verfolgt, daß ich meinem guten Freund nie erzählt hatte, wie das mit mir und Gott war. Jetzt weiß ich, daß er die Wahrheit gehört hat, auch wenn ich mir immer noch sehnlichst wünsche, daß er Jesus kennenlernt. Er muß sich wenigstens irgendwann mal nicht fragen, warum sein bester Freund ihm nie davon erzählt hat.

Haben deine Freundschaften Aussicht auf die Ewigkeit?

Welche engeren Freunde von dir haben noch nie erfahren, wie du zu Gott stehst und wie sie mit ihm in Kontakt treten können? Verläßt du dich darauf, daß sie schon irgendwie mitkriegen, was sie in Worten von dir nie gehört haben? Gibt es jemanden, für den du gleich heute zu beten anfangen könntest? Bist du bereit, auf dieses Gebet auch Taten folgen zu lassen?

>>>Noch ein Lesetip:

1. Korintherbrief 7,29–31; 2. Timotheusbrief 4,1–5

Gott, der Sohn, ist wie . . .

Die Verfolgung von Butch Cassidy und Sundance Kid

>>> *Hast du mal gründlich über das Geheimnis nachgedacht, wie der ewige Gott ein sterblicher Mensch werden konnte? Wie wichtig ist es für uns, daß Jesus wahrer Mensch und wahrer Gott ist?*

Als Kind fuhr ich total auf Western ab. Ich weiß noch, wie ich als ganz kleiner Junge Halfter, Spielzeugpistole und Sheriffstern anlegte und den Cowboyhut aufsetzte. Dann sah ich im Fernsehen „Roy Rogers" und saß dabei rittlings auf „Sessellehne", meinem treuen Roß. Wenn Roy Rogers die Bösen im vollen Galopp verfolgte, hüpfte ich wild auf und nieder und schoß auf den Bildschirm, wobei ich mir Mühe gab, Roy nicht zu treffen.

Ich wurde älter. Der Lone Ranger nahm Roys Stelle ein. Irgendwie hatte ich ein schlechtes Gewissen, Roy so fallenzulassen, aber der Ranger hatte ein besseres Pferd und einen echten Indianerkumpel statt einer doofen Freundin. Außerdem trug er diese coole Maske. Ich erinnere mich, wie mein Vater mir so eine bei uns im Kramladen kaufte. Als ich sie am nächsten Tag auf dem Schulhof anlegte, rotteten sich vierzig oder fünfzig Jungs zusammen und jagten mich durch das ganze Gelände, nur weil sie wissen wollten, wer der Maskierte war.

Vom Lone Ranger ging es dann weiter zu Clint Eastwood und anderen. Geheimnisvolle Westernhelden faszinierten mich auch weiterhin. Eine meiner Lieblingsfilmszenen findet sich in „Butch Cassidy und Sundance Kid", wo Robert Redford und Paul Newman nach einem Eisenbahnraub mit ihren Pferden fliehen müssen. Trotz aller Reitkünste und Ausweichmanöver können sie die Verfolger nicht abschütteln.

Butch und The Kid sind an so hartnäckige Verfolgungen nicht gewöhnt. Sie waren bei früheren Verbrechen immer geschickt und clever genug, der Verhaftung zu entgehen, wobei sie sich keine große Mühe geben mußten. Jetzt können sie trotz größter Anstrengung die scheinbar spürhundartige Gruppe nicht abschütteln, die sich an ihre Fersen heftet. Immer wieder verwischen sie ihre Spuren, reiten durch einen Fluß, springen zu zweit auf das gleiche Pferd oder erklimmen einen Berg. Dann schauen sie zurück, sehen, wie die Verfolger trotzdem näher kommen und fragen sich: „Was sind das für Typen?"

„Darum habe ich euch gesagt, daß ihr sterben werdet in euren Sünden; denn wenn ihr nicht glaubt, daß ich es bin, werdet ihr sterben in euren Sünden."
Da fragten sie ihn: „Wer bist du denn?"
Und Jesus sprach zu ihnen: „Zuerst das, was ich euch auch sage." (Johannes 8,24–25, Luther)

Die Skeptiker im Kreis um Jesus hatten das gleiche Problem wie Butch Cassidy und Sundance Kid. Auch die Feinde des Lone Ranger hatten damit zu tun: Sie sahen etwas, das sie noch nie zuvor gesehen hatten, etwas anscheinend Übernatürliches. Das gab zu denken. Die Frage war die gleiche: „Wer ist dieser Typ?"

Sowohl die Skeptiker bei Jesus als auch die Schurken im Western litten an Selbstüberschätzung; sie unterschätzten jeden, mit denen sie zu tun hatten. Butch und The Kid meinten, sie würden von einer Art Fata Morgana verfolgt. Die Menschen, die an Jesus zweifelten, fanden, sie hätten es mit einem normalen Menschen zu tun.

Um Jesus zu verstehen, muß man sich unbedingt klarmachen, daß er genau das ist, was er von sich sagt. Er ist ganz Gott und ganz Mensch. Seine Kritiker behaupteten, an Gott zu glauben, wollten aber nicht akzeptieren, daß er als Mensch auf die Erde kam. Natürlich glaubten sie, daß Jesus ein Mensch war, konnten aber nicht die Behauptung akzeptieren, daß er noch weit mehr als das war – obwohl alles, was er tat, diese Wahrheit verdeutlichte.

Wenn Jesus nicht Gott ist, dann hat er keine Macht, mit unserer Sünde fertig zu werden. Wenn er kein Mensch ist – nicht nur damals, sondern auch heute –, dann hat er kein vorbildhaftes Leben geführt, hat nicht wirklich am Kreuz gelitten und den Tod und das Grab überwunden und ist damit nicht Gottes heiligen Ansprüchen gerecht geworden.

Wer ist dieser Typ?

Genau das, was er die ganze Zeit von sich gesagt hat.

Wer ist dieser Typ?

Glaubst du an Jesus als wahrer Gott, oder ist er für dich ein entfernter Held, der vor langer Zeit gelebt hat? Glaubst du an Jesus als wahrer Mensch, oder kommt er dir wie ein übernatürliches Gespenst vor, das durch Mauern gehen kann, aber mit dir und mir nichts weiter zu tun hat? Wie wär's, wenn du dich heute mal schlau machst, was er von sich selbst gesagt hat?

>>>*Noch ein* Lesetip:

Johannes 1,14–18; Hebräerbrief 2,9–18

Hingabe an Gott ist wie ...

Familienähnlichkeit

>>> Welchem deiner Angehörigen siehst du am ähnlichsten? Welchem Angehörigen ähnelst du charakterlich am meisten?

Zu meinen frühesten Erinnerungen gehört die, als ich im Vorschulalter mit meinem Vater ein paar Besorgungen erledigte. Wir gingen zur Post, zur Reinigung oder zur Bank, und ich marschierte an seiner Seite – eigentlich mehr an der Seite seiner Kniescheibe. Die sehr großen Leute hinter den Schaltern zwickten mir unvermeidlich in die Wange, und immer sagte jeder dasselbe: „Junge, du siehst ja genauso aus wie dein Papa!"

Diese Erfahrungen ließen schon früh den irreführenden Eindruck in mir aufkommen, daß die Großen hinter ihren Schaltern dumm seien, weil ich wußte, daß ich meinem Vater überhaupt nicht ähnlich sah! Er war fast zwei Meter groß, wog gute zwei Zentner und hatte fast eine Glatze. Ich war nicht mal ein Meter groß, wog keine fünfzig Pfund und hatte Haare. Wie konnte man da sagen, daß wir uns ähnlich sahen?

Trotz meiner Überzeugung, der Vergleich wäre Quatsch, war ich gleichzeitig auch sehr, sehr stolz darauf. Mein Vater war der tollste Mensch der Welt, mein Ein und Alles. Er war zu allem fähig, was mein kleines Hirn sich ausmalen konnte. Und das schönste war, daß er mich echt gern mochte! Ab und zu kam mir der Gedanke, daß auch ich sein Ein und Alles war! Auch wenn die Schalterleute blind sein mußten, ließ mich die Vorstellung, ihm ähnlich zu sein, direkt aufstrahlen.

Als ich älter wurde, gab es zugegebenermaßen Jahre, in denen mir der Vergleich nicht viel bedeutete. Je mehr sich meine Kinderwelt vergrößerte, desto mehr andere Helden und Vorbilder zeigten sich. Papa stand hinter Sportlern, Rockstars und allmählich auch Millionären und Politikern zurück.

Allerdings blieb Papa ziemlich beständig, während die Helden vorbeizogen und nach und nach entzaubert wurden. Inzwischen weiß ich die Familienähnlichkeit wieder zu schätzen und frage mich, ob sie wohl wirklich so groß ist.

Seht doch, wie sehr uns der Vater geliebt hat! Seine Liebe ist so groß, daß er uns seine Kinder nennt. Und wir sind es wirklich! Die Welt versteht uns nicht, weil sie Gott nicht kennt. Meine lieben Freunde, wir sind schon Kinder Gottes. Was wir einmal sein werden, ist jetzt noch nicht sichtbar. Aber wir wissen: wenn es sichtbar wird, werden wir Gott ähnlich sein; denn wir werden ihn sehen, wie er wirklich ist. Jeder, der das voll Vertrauen von ihm erwartet, hält sich von allem Unrecht fern, so wie Christus es getan hat. (1. Johannesbrief 3,1–3)

Die Vorstellung, Gottes Kinder zu sein, kann uns ganz schön überwältigen, wenn wir nur daran denken. Was für eine Riesenmasse Liebe muß der Schöpfer des Universums übrig haben, wenn er solche Typen wie uns adoptiert! Und mit diesem Vater-Kind-Verhältnis geht Hand in Hand eine immer stärker werdende Familienähnlichkeit. So wie unsere menschlichen Gene zu einer Ähnlichkeit mit unseren Eltern beitragen, bewirken unsere neuen geistlichen Gene, daß wir mehr und mehr unserem himmlischen Vater ähneln.

Es blieb aber nicht bei den Erbeigenschaften, als ich versuchte, meinem Vater ähnlich zu werden. Der kleine Vorschuljunge von damals schlüpfte in Papas Schuhe, schlang Papas Gürtel (mehrfach) um seinen mageren Bauch und kämmte sich mit Papas Kamm. Ich freute mich unheimlich, ihm von Natur aus ähnlich zu sehen, aber ich wollte mir sein Aussehen auch äußerlich „anziehen".

Das muß Johannes wohl meinen, wenn er sagt, daß wir Christen angesichts der Hoffnung, Gott eines Tages ähnlich zu sein, schon jetzt fleißig daran gehen, „uns von allem Unrecht fernzuhalten, so wie Christus es getan hat". Immerhin wollen wir doch, daß alle Menschen sofort die Familienähnlichkeit erkennen.

Ein Lieblingsvers von mir aus einem Lied, das Wayne Watson geschrieben hat, gibt diesem Gefühl Ausdruck:

Eines Tages ruft Jesus mich beim Namen.
Bis dahin will ich nicht derselbe bleiben.
Ich möchte ihm so nahe sein,
daß sich nicht viel verändert,
wenn der Tag kommt,
an dem er mich beim Namen ruft.

Siehst du deinem Vater ähnlich?

Was gibt es für Leute in deiner Bekanntschaft, die im geistlichen Sinne Gott am ähnlichsten sehen? Warum fallen gerade sie dir ein? In welcher Hinsicht ist die Ähnlichkeit ganz deutlich? Wo würdest du anfangen, wenn du heute Gott ähnlicher sein willst als gestern? Wirst du damit anfangen?

>>>*Noch ein* Lesetip:

2. Korintherbrief 3,18; Epheserbrief 5,1–2 >>

Gottes Gnade ist wie ...

Auberginenauflauf

>>> *Hast du schon mal etwas probiert, wovon du überzeugt warst, es nicht zu mögen, und das dann doch ganz lecker war? Ist es dir in deinem geistlichen Leben schon mal genauso gegangen?*

Es gibt viele Gerichte, aus denen ich mir nicht viel mache, aber manche finde ich richtig eklig. Ich meine damit nicht zu zähes Fleisch oder sowas. Es geht um Speisen, bei denen der bloße Geruch mich zum ... na ja, du weißt, was ich meine.

Eines Tages brachte meine Oma ein breiiges Zeug auf den Tisch, das sie als „Auberginenauflauf" bezeichnete. Ich lehnte dankend ab. Zwar wußte ich, daß es ein blankes Vorurteil gegen diese Breischüssel war, denn ich hatte nicht mal Ahnung, wie eine Aubergine überhaupt aussah. Aber es klang schon wie Brechdurchfall, wenn ich zu lange darüber nachdachte, abgesehen davon, daß es auch genau so aussah, als sei es schon mal gegessen worden.

Ich weiß nicht, ob deine Oma meiner ähnlich ist. Meine jedenfalls gibt sich mit einem Nein nicht so leicht zufrieden. Man darf ihr nicht damit kommen, daß man ihren Auflauf nicht mal probieren will.

Widerstrebend und fast würgend probierte ich also eine Löffelspitze. Und oh Wunder – ich fand es gut, echt gut! Inzwischen ist es eins meiner Lieblingsessen, das in unserer Familie zu Feiertagen auf den Tisch kommt. Natürlich nie ohne meine zeremonielle Erinnerung, wie ich damals keinen Bissen davon probieren wollte.

Erprobt es doch selbst und erlebt es: Der Herr ist gütig!
Wie glücklich sind alle, die bei ihm Zuflucht suchen!
(Psalm 34,9)

Was für ein Charakterzug ist das eigentlich, der uns etwas verabscheuen läßt, das wir nicht mal probiert haben? Beim Auberginenauflauf gab es meiner Meinung nach zwei Gründe dafür. Erstens hatte ich mir ein Wissen über eine Sache angemaßt, von der ich keine Ahnung hatte. Zweitens sah die Sache nicht sehr vielversprechend aus. Und stärker als meine Abneigung war noch mein eigener Wille, der allein entscheiden sollte, was über meine Lippen geht und was nicht.

Viele Menschen vermuten, sie wüßten, wie Gott ist. Sie glauben die Gebote des christlichen Glaubens zu kennen und schreiben ihm unangenehme, einschränkende oder unsinnige Merkmale zu. Vor allem wollen sie selbst bestimmen, was sie als Bestandteil ihres Lebens aufnehmen. Sie wollen um jeden Preis ihren eigenen Willen durchsetzen.

Solche Sturheit ist nicht nur den Ungläubigen vorbehalten. Wie oft hat mir Gott etwas Neues offenbart oder mir einen Bereich gezeigt, in dem ich etwas ändern sollte? Und wie oft habe ich mich dagegen gesträubt, weil es nicht appetitlich aussah oder ich es nicht mal probieren wollte?

Die Hartnäckigkeit meiner Oma ist nichts gegen die von Gott. Er serviert mir immer wieder den gleichen Teller seiner Gnade, bis ich bereit bin zu probieren und erkenne, daß er mich liebt und weiß, was mir gut tut. Am Ende erweist sich das Auberginenauflauf-Prinzip als wahr. Was anfangs so ungenießbar aussah, wird zum erfreulichsten Segen meines Lebens.

Ißt du auch schön dein Gemüse auf?

In welchen Bereichen von geistlichem Gehorsam oder Ungehorsam fällt es dir besonders schwer, die Sache zu „schlucken“? Was würde es in deiner Situation bedeuten, einen Happen von Gottes Willen zu „schmecken“? Probierst du es vielleicht heute mal?

>>>Noch ein Lesetip:

Psalm 119,103; Hebräer 6,4–6

Gier ist wie . . .

Eine Schlange als Hauptgewinn

>>> *Kämpfst du manchmal mit dem Wunsch, etwas haben zu wollen, was anderen gehört? Handelt es sich bei dieser Gier um eine bewußte Entscheidung, oder überfällt sie dich einfach so?*

Das Frühjahrsfest im Park in der Nähe unseres Hauses brachte immer eine besondere Mischung von Begeisterung und Zwielichtigkeit in unsere Nachbarschaft. Es war reich an Lichtern und Gerüchen, Spielen und Karussells, aber das Jahrmarktpersonal war uns fremd und kam uns seltsam, fast unheimlich vor. Die Leute tauchten aus dem Nichts auf, und man sah sie eigentlich nie wieder abfahren. Das hat sicher zu meinem Mißtrauen gegen den Jahrmarkt beigetragen, konnte mich aber nicht von ihm fernhalten.

Als ich noch klein war, ging es mir hauptsächlich um die Fahrten auf Karussells und Achterbahn, aber als Oberschüler fand ich es dort interessant, weil man Mädchen kennenlernen konnte. Man stieg zwar noch in die Walzerbahn, aber jetzt ließ sich die wahnsinnige Zentrifugalkraft auch noch nutzen, um sich ganz versehentlich gegen das Mädchen pressen zu lassen, mit dem man verabredet war. Man *mußte* sich aneinander festhalten, sei es aus echter oder gespielter Angst.

Dann gab es da noch die verlockenden Gewinne, die Kuscheltiere. Man hatte den Eindruck, daß auf dem Jahrmarkt jedes zweite Pärchen aus einem Mädchen mit einem oder mehreren riesigen Kuscheltieren und einem Typ bestand, der an ihrer Seite herumstolzierte, als hätte er gerade eine Olympiamedaille gewonnen. Natürlich machte das jedes Mädchen ohne eine solche Trophäe so neidisch, daß die männliche Begleitung sich schon um des eigenen Egos willen verpflichtet fühlte, einen Gewinn für die Herzensdame zu ergattern.

Ein Jahr, nachdem ich dieses Phänomen zuerst beobachtet und mir zu Herzen genommen hatte, verabredete ich mich mit einem ganz besonderen Mädchen zum Jahrmarkt. Ich wollte einen

Abend vorher die Fahrmöglichkeiten auskundschaften und mir eine Spielbude aussuchen, wo ich die besten Gewinnchancen hatte. In diesem Jahr waren lange Plüsch-Schlangen die beliebtesten Kuscheltier-Trophäen. Die Mädchen trugen sie um den Hals, über dem Arm und um die Hüften. Tragisch, daß *eine* Schlange bei dieser neuen Mode nicht genug war! Mit einer einzigen Schlange erntete man keine Begeisterungsschreie. Die hörte man erst, wenn ein Mädchen mehrere davon rumschleppte.

Ich brauchte Übung. An einem zu kleinen Korb mit zu großem Basketball mußte ich zehn Dollar investieren, um eine Schlange zu gewinnen. Meine Lage war nicht einfach. Fast jeder, der mich kannte, wußte, daß ich in einer Basketballmannschaft spielte. Es gab praktisch keinen Jahrmarkt, bei dem meine Bekannten mich nicht zwangen, den Beweis anzutreten, daß ich hier genausogut wie auf dem Sportplatz treffen konnte. Ich gab noch mal fünf Dollar aus und gewann eine zweite Schlange.

Am nächsten Abend gab es wegen des Mädchens an meiner Seite noch mehr Druck und Anreiz, Schlangen zu gewinnen: drei Stück für fünfzehn Dollar. Das war die Mindestanforderung, um beim Umherspazieren etwas Respekt zu bekommen. Als ich nach Hause kam, konnte ich mir nicht den Gedanken verkneifen, daß ich dreißig Dollar ausgegeben hatte, um drei Stunden lang ein Mädchen und drei Schlangen spazierenzuführen. Später sah ich dann meine Reptilienfreunde im Regal des Spielzeuggeschäftes. An den grinsenden Mäulern hingen die Preisschilder: ein Dollar.

Gewiß bringt es großen Gewinn, Gott zu dienen,
wenn man nur sein Herz nicht an irdischen Besitz hängt.
Was haben wir in die Welt mitgebracht? Nichts! Was können
wir aus der Welt mitnehmen? Nichts! Wenn wir also
Nahrung und Kleidung haben, soll uns das genügen.
Wer unbedingt reich werden möchte, gerät in Versuchung.
Er verfängt sich in unsinnigen und schädlichen Wünschen,
die ihn zugrunde richten und ins ewige Verderben stürzen.
(1. Timotheusbrief 6,6–9)

Wie die vielen anderen Laster fängt Gier damit an, daß wir uns mit anderen vergleichen. Unser Neid bekommt dann eine weitere Zutat, wenn wir nicht richtig einschätzen können, was wirklich wertvoll ist – beispielsweise alles, was die anderen haben und wir nicht? Wenn wir den Besitz dieser Dinge anstreben, lassen wir uns zur Befriedigung unserer Gier zu Methoden verführen, die uns zugrunde richten.

Es wäre mir nicht gerade leicht gefallen, über den Jahrmarkt zu spazieren und die Statussymbole, die Schlangen, nicht haben zu wollen. Jeder andere, der etwas auf sich hielt, hatte sie ja schließlich auch.

Was hätte ich tun sollen? Wahrscheinlich hätte ich dankbar für das sein sollen, was ich hatte, statt mir Gedanken über den Besitz der anderen zu machen. Denn wenn ich jetzt an diese Erfahrung zurückdenke, wäre ein Grund für Dankbarkeit das Mädchen an meiner Seite gewesen. Sie hatte mich überhaupt nicht gebeten, ihr die blöden Schlangen zu Füßen zu legen.

Was zahlst du für deine Schlangen?

Welche Statussymbole von deinen Freunden verlocken dich am meisten? Hast du dir schon mal Gedanken darüber gemacht, was mit dem biblischen Wort „Begierden“ gemeint ist? Worin könnten die überhöhten Kosten für die Dinge bestehen, die du zur Zeit unbedingt haben willst? Was ist in der Bibel damit gemeint, sein „Herz nicht an irdischen Besitz zu hängen“? Würde es sich lohnen, so zu leben?

>>>Noch ein Lesetip:

Psalm 39,4–7; Lukas 12,15–21 >>

Wachstum im Glauben ist wie ...

Eine Reise ohne Gepäck

>>> Wieviel an deinem geistlichen Leben ist Gewohnheit? Hast du ab und zu das Gefühl, dich nur „fromm" zu betätigen, aber nicht geistlich zu wachsen?

Die einzige Kreuzfahrt, bei der ich je dabei war, hat Spaß gemacht, aber sie hatte auch etwas Bedrohliches. Wie bei jeder anderen Reise muß man sein Leben auf eine begrenzte Menge Gepäck reduzieren, bis man wieder nach Hause kommt. Hier aber ist das Gefühl von Isolation viel stärker. Wir checkten uns auf unsere schwimmende Insel ein und waren vom Rest der Welt durch eine unendlich große Wassermasse abgeschnitten.

Meine Gefühle des Abgeschnittenseins aber waren gar nichts im Vergleich zu einem anderen Mann, den ich auf dem Schiff kennenlernte. Die Fluglinie hatte sein Gepäck verloren, bevor er an Bord kam. Er machte seine Kreuzfahrt trotzdem, denn die Fluglinie versprach, das Gepäck zum ersten Hafen zu bringen, wo wir anlegen würden. Dort kam es aber nicht an, auch nicht am zweiten oder dritten Hafen.

In diesen paar Tagen, als wir von Hafen zu Hafen kreuzten, beobachtete ich eine seltsame Veränderung an diesem Mann. In den ersten paar Tagen milderte sich seine Wut zu einem stilleren, eher bedächtigen Ärger. Schließlich fand er sich mit seiner Lage ab und war nur noch resigniert.

Warum auch nicht? Jeden Tag trug er die gleichen Sachen. Jeden Tag verzichtete er auf persönliche Bequemlichkeiten und Dinge, die er sorgsam verstaut hatte, um seine Kreuzfahrt zu genießen. Immer wieder mußte er auf die blöde Frage antworten, ob sein Gepäck schon angekommen sei, obwohl sein gleichbleibendes Outfit doch alles sagte.

Nach den ersten Tagen setzte aber ein interessanter Wandel ein. Es war, als würde ihm das aufgezwungene Abenteuer eine neue, unbelastete Freiheit geben, sein Leben zu genießen. Alle anderen mußten aufgetakelt zum Essen erscheinen. Er trug wie immer sein geblümtes Hemd und die Shorts. Alle anderen kannten nur die paar Leute, mit denen sie die Reise machten. „Den Mann, der sein Gepäck verloren hat", kannte und bemitleidete jeder. Er war der beliebteste Mensch an Bord.

Ich fing an, ihn richtig um seine Lebensweise zu beneiden. Er war nicht mehr an die Gewohnheiten des Alltags gebunden, die er „verpackt" hatte mitbringen wollen. Statt dessen war er gezwungen, jeden neuen Tag mit seinem Angebot wahrzunehmen und sich auf Gnade und guten Willen der Mitreisenden zu verlassen. Als das Gepäck endlich eintraf, verlor ich ihn aus den Augen. Er war wieder Teil der Masse mit ihrem vorhersagbaren Alltagsleben, das wir aus unserem Sicherheitsgefühl heraus zusammenpacken und mit uns führen, wohin wir auch gehen.

Der Herr sagte zu Abram: „Verlaß deine Heimat, deine Sippe und die Familie deines Vaters und zieh in ein Land, das ich dir zeigen werde! Ich will dir viele Nachkommen schenken und dich zum Vater eines mächtigen Volks machen. So wirst du in aller Welt geachtet sein; an dir wird sichtbar werden, was es bedeutet, wenn ich jemand segne. Allen, die dir und deinen Nachkommen Gutes wünschen, werde auch ich Gutes erweisen. Aber wenn einer euch Böses wünscht, dann trifft ihn mein Fluch. Alle Völker der Erde werden Glück und Segen erlangen, wenn sie dir und deinen Nachkommen wohlgesonnen sind." Abram folgte dem Befehl des Herrn. Er war 75 Jahre alt, als er seine Heimatstadt Haran verließ. Seine Frau Sarai und Lot, der Sohn seines Bruders, begleiteten ihn.
(1. Mose 12,1–4)

Es hat etwas Erfrischendes und Befreiendes, wenn wir plötzlich aus den eingeschliffenen Gewohnheiten des Alltags hervortreten. Stell dir einmal vor, wie der 75jährige Abram seine Sachen packt, die Sippe und sein Land verläßt und in eine Gegend zieht, wo er

nie gewesen war. Jahrhundertelang sollte seine Familie ein Nomadenleben führen, ohne einen Ort ihr Zuhause nennen zu können oder bestimmte kulturelle Gewohnheiten zu pflegen. Was muß das aber für ein Glaubensleben gewesen sein! Was für große Dinge hat Gott getan, als sie unter seiner Führung unterwegs waren, statt am gleichen Ort festzusitzen!

In den Jahren, die dann folgten, bevölkerten die Nachkommen Abrams ein Land, bauten Städte und stellten die einst mobile Bundeslade in einen „dauerhaften" Tempel. Und doch hat man beim Lesen des Alten Testamentes fast den Eindruck, daß dieses Volk sich in dem Maße, wie es seßhaft wurde, immer weniger auf Gott verließ. Je länger es an einem Ort blieb, desto stärker war es an Rituale und Religiosität gebunden. Die Beziehung zu Gott blieb auf der Strecke.

Vielleicht mache ich eines Tages noch mal eine Kreuzfahrt. Ich würde dann ernsthaft erwägen, nur ein paar Klamotten und kein sonstiges Gepäck mitzunehmen.

Wie leicht ist dein Reisegepäck?

Läßt du zu, daß „fromme" Aktivitäten deinen täglich ausgeübten Glauben ersetzen? Ist es möglich, sich so sehr in Gewohnheiten zu verfangen, daß man kein Gespür mehr für ein richtiges, lebensveränderndes Christsein in direktem Kontakt mit Gott hat? Welche von deinen religiösen Routinehandlungen könnten deinen Glauben eher einschränken, als ihm auf die Sprünge zu helfen? Was könntest du heute anfangen, damit dein Glaube wieder mehr von Gott abhängt?

>>>*Noch ein* Lesetip:

4. Mose 13,30–14,11; Psalm 55,19; Johannes 15,1–5

Gott, der Heilige Geist, ist wie ...

Hilfe im Treibsand

>>> Warst du schon mal in einer echt verzweifelten Situation, wo du wirklich Hilfe gebraucht hast? Hat dir jemand geholfen?

Zu meinen ganz frühen Erinnerungen gehört diese: Ich saß weit weg von zu Hause auf einer Schaukel von Leuten auf dem Lande, denen meine Eltern gerade einen Besuch abstatteten. Mein älterer Bruder und ich, damals etwa fünf und drei Jahre alt, hatten am Rand des Grundstücks dicht am Wald gespielt.

Mein Bruder wollte mich anschubsen, und ich schwang mich hoch. Als er plötzlich zurück zum Haus ging, konnte ich nicht abwarten, bis die Schaukel zum Stehen kam. Ich sprang ab und landete bis zu den Knöcheln in einer riesigen, schlammigen Pfütze.

Zum Glück sah mein Bruder, was passierte. Leider hatte er auch ein paar Zeichentrickfilme zu viel gesehen.

„Keine Bewegung, das ist Treibsand!" schrie er.

Nun hatte auch ich genug Filme gesehen, um zu wissen, was das hieß (den Unterschied zwischen Treibsand und Schlamm kannte ich allerdings nicht), und ich wußte, daß Bewegen oder gar Strampeln den Abgang ins sandige Jenseits nur beschleunigte. Also verfiel ich pflichtgemäß in eine Art Totenstarre.

Mein tapferer Bruder sagte, er würde Hilfe holen. Aber wenn ich mich bewegte, würde er es herauskriegen, weil ich bei seiner Rückkehr nicht mehr da wäre. Er ging, und in der nächsten halben Stunde, wie mir schien, kam mir niemand zur Hilfe.

Ich werde den Vater bitten, daß er euch einen Stellvertreter für mich gibt, den Geist der Wahrheit, der für immer bei euch bleibt. Die Welt kann ihn nicht bekommen, denn sie sieht ihn nicht und kennt ihn nicht. Aber ihr kennt ihn, und er wird bei euch bleiben und in euch leben.

Ich lasse euch nicht wie Waisenkinder allein, sondern werde zu euch zurückkommen. (Johannes 14,16–18)

Der Heilige Geist ist Gott. Er kommt an deine und meine Seite, wenn wir in Not sind, und zieht uns aus dem Treibsand. Oft holt er uns aus dem Schlamm, wenn wir geglaubt haben, in Treibsand zu stecken, und vor Angst erstarrt sind. Manchmal läßt er sich dazu Zeit; *viel* Zeit, wie uns scheint, besonders dann, wenn wir im Treibsand stecken.

Jesus sagte, er würde uns nicht ohne Ratgeber, Tröster oder Helfer zurücklassen. Es ist sein eigener Geist, Gott in einer so geheimnisvollen Weise, daß er sowohl bei uns als auch in uns leben kann. In einem Psalm heißt es, er sei die immerwährende Hilfe in der Not. Der Heilige Geist hilft uns nicht nur durch Rettungseinsätze. Er steht uns auch im Alltag zur Seite, damit wir wirklich leben lernen und immer mehr wie Jesus werden.

Als mein Vater kam und mich aus dem „Treibsand" zog, setzte es Ärger für meinen Bruder und Erklärungen für mich, was den Unterschied zwischen Schlamm und Treibsand betrifft. Er rettete mich nicht nur, sondern gab mir auch Erklärungen, seine Hilfe zum Erwachsenwerden.

Steckst du fest?

In welcher Hinsicht kannst du diese Woche den „Rettungseinsatz" des Heiligen Geistes gebrauchen? In welcher Hinsicht kannst du sein tägliches Hilfsangebot besser nutzen? Sträubst du dich vielleicht irgendwie gegen seine Hilfe? Warum?

>>>*Noch ein* Lesetip:

Psalm 30,8–12; Hebräerbrief 13,5–6

Ein fauler Kompromiß ist wie . . .

Verdünnter Apfelsaft

>>> Kündigen sich Kompromisse bei dir mit Fanfaren an, oder schleichen sie sich durch Hintereingänge in dein Leben? Gibt es warnende Anzeichen dafür, daß du auf die falsche Bahn gerätst?

Manchmal kann ich mir gar nicht vorstellen, daß meine beiden Söhne von den gleichen Eltern stammen. Caleb ist blond, Noah hat braunes Haar. Der eine sieht mehr wie seine Mutter aus, der andere mehr wie ich. Der eine fing schon sehr früh an zu sprechen, der andere konnte bis zum Alter von neunzehn Monaten nur grunzen. Obwohl beide Jungen grundsätzlich recht sanft sind, ist der eine viel passiver und beeinflußbarer. Der andere hat, positiv gesprochen, eine „ausgeprägte Persönlichkeit"; nach einer weniger positiven Beschreibung ist er vom wilden Watz besessen. Natürlich ist das nicht ernst gemeint.

Eins ist sicher, ihre Verdauungsorgane sind absolut unterschiedlich. Als sie noch Windeln trugen, produzierte Noah oft drei-, vier- oder gar fünfmal am Tag eine volle, stinkende Windel. Caleb andererseits konnte fast eine Woche ganz ohne auskommen, aber danach mußte man sich auf etwas gefaßt machen.

Wir sprachen einmal mit dem Arzt über diese Widersprüche, aber seiner Meinung nach „ist jedes Kind unterschiedlich", so einfach ist das. Und er mußte es ja wissen. Er machte sich allerdings eher Gedanken über Calebs „Stuhlgangfrequenz" von nur einmal in ein paar Tagen. Da beide Jungen als Hauptgetränk Apfelsaft bevorzugten, schlug der Arzt vor, wir sollten Noahs Apfelsaft verdünnen und es bei Caleb statt dessen mit Pflaumensaft probieren.

Ich erspare meinen Lesern die Einzelheiten, die dabei herauskamen. Es reicht die Feststellung, daß sowohl die Größe der Häufchen als auch deren Häufigkeit stark beeinflußt wurde. Die nächsten paar Tage bewirkten wir durch sorgfältige Überwachung des „Inputs" eine Feineinstellung des „Outputs". Sie unterscheiden sich immer noch in dieser oder jener Hinsicht, aber im beschriebenen Bereich gelang uns eine Steuerung, weil wir die Unterschiede im Körperbau berücksichtigt hatten.

Ihr seid mir treu geblieben und habt euer Bekenntnis zu mir nicht widerrufen, nicht einmal, als mein treuer Zeuge Antipas bei euch getötet wurde, dort, wo der Satan wohnt.
Trotzdem habe ich einiges an euch auszusetzen: Unter euch gibt es Anhänger der Lehre Bileams. Der stiftete Balak an, die Israeliten zur Sünde zu verführen. Da aßen sie Fleisch vom Götzenopfer und trieben Unzucht. Es gibt unter euch auch einige, die der Lehre der Nikolaiten folgen. Kehrt um! Sonst komme ich bald zu euch und werde gegen diese Leute mit dem Schwert aus meinem Mund Krieg führen. (Offenbarung 2,13–16)

Jedes Kind ist unterschiedlich. Das gilt auch für jeden Christen und jede Kirche. Im zweiten und dritten Kapitel der Offenbarung läßt Jesus sieben Briefe an sieben verschiedene Kirchen schreiben. Jede Kirche hat ihre eigene, besondere Art, ihre eigenen Stärken und Schwächen. Deshalb hat Jesus individuelle, maßgeschneiderte Anweisungen für jede einzelne gegeben.

Diese Gruppe von Christen in Pergamon hatte die Wahrheit verwässert, und das Ergebnis stank zum Himmel. Sie waren in vieler Hinsicht beständig und treu geblieben, hatten aber gefährliche falsche Lehren zugelassen. Soweit waren sie treu geblieben, erkannten aber nicht, wie ihre Treue von Menschen untergraben wurde, die sich auf ein Wort Gottes beriefen, ihn aber überhaupt nicht kannten.

Um ihrer geistlichen Gesundheit willen mußte Jesus einen Wandel des geistlichen „Inputs“ vornehmen. Was sie sich zuvor verwässern und abschwächen lassen hatten, mußte jetzt gereinigt und verstärkt werden. Wenn das nicht geschah, dann würde Jesus persönlich erscheinen und es selbst tun müssen.

Ist dein Saft konzentriert?

Wie würdest du die sichtbaren Früchte oder Ergebnisse deines geistlichen Lebens beschreiben? Inwiefern beeinflußt die Qualität dessen, wovon du dich geistlich „ernährst", die Art von Resultaten, die dein Leben aufweist? Womit könntest du deinen Geist nähren, damit du heute ein Leben führen kannst, das Gott gefällt?

>>>Noch ein *Lesetip:*

Philipperbrief 1,27; 1. Timotheusbrief 4,1–2

Stolz ist wie . . .

Eine schwache Antwort beim Test

>>> *Bist du schon einmal geprüft worden, ohne daß du dich vorbereitet hast? Was hast du getan?*

Mein Geschichtslehrer im ersten Collegejahr hatte eine unheimlich effektive Kontrollmethode, ob wir unsere Lektüre gelesen hatten: Er stellte uns Testfragen. Von Anfang an machte er uns klar, daß es an jedem beliebigen Unterrichtstag einen Test zum Lesestoff des Vortags geben könne. Nach und nach stellte sich heraus, daß die Endnote zur Hälfte mit den Testergebnissen gebildet wurde.

In Wirklichkeit kamen die Tests nur alle fünf bis zehn Tage. Im Laufe des Semesters entwickelten die meisten von uns eine Art Strategie zur Risikobewältigung für das Lesepensum. Wenn es zum Beispiel einmal einen Test gesetzt hatte, rechneten wir uns aus, daß die Chancen für einen baldigen nächsten Test niedrig waren. Also brauchten wir unsere Hausaufgaben nicht so ernst zu nehmen. Jeder Tag, der ohne Prüfung vorbei ging, bedeutete, daß man den Lernstoff nicht bis zum Examen nachholen mußte, denn bei der Hausaufgabenkontrolle ging es ja nur um den Stoff des vorigen Tages. Was wir uns an historischem Wissen nicht angeeignet hatten, machten wir durch Perfektionierung der Wahrscheinlichkeitsrechnung wett.

Natürlich kam der Tag, an dem dieser belesene Historiker das statistisch Undenkbare tat: Er setzte nicht an zwei, sondern gar an drei aufeinanderfolgenden Tagen einen Test an. Der zweite Tag hatte mich nicht mal unvorbereitet erwischt. Mir war ein verdächtiges Glitzern in seinen Augen aufgefallen, und ich bereitete mich auf das Schlimmste vor. Doch was für ein Unmensch würde uns an drei Tagen hintereinander testen? Als ich mein Blatt umdrehte, hatte ich dieses Untergangsgefühl im Magen. Ich hatte die Lektüre nur quergelesen. Meine einzige Hoffnung war Bluffen.

Man gestehe mir zu, den Rest der peinlichen Geschichte so kurz wie möglich zu machen. Die Antwort auf eine der Fragen lautete „Punische Kriege". Als ziemlich naiver Collegeneuling waren mir viele Begriffe im Kopf durcheinandergeraten. Im meiner Panik schrieb ich: „Pubertätskriege".

Das Gefühl in der Magengrube bei der Ankündigung dieses Tests war so schlimm, wie es die Welt noch nicht verspürt hatte. Dachte ich – aber das war gar nichts gegen die Krämpfe, die ich durchlitt, als diese Lösung von meinem Hintermann laut vorgelesen wurde. Er hatte mein Aufgabenblatt zu korrigieren und fragte den Dozenten kichernd, ob meine „ziemlich ähnlich klingende" Antwort akzeptabel sei. Doch sobald er sie vorgelesen hatte, war mir klar, daß ich Geschichte und Biologie verwechselt hatte.

Falsche Waage kann Gott nicht ausstehen; nur richtiges Gewicht ist ihm recht. Wer überheblich ist, wird verachtet; ein kluger Mensch ist bescheiden. (Sprüche 11,1–2)

Nach diesem peinlichen Geschichtstest ließ ich die riskanten Spielchen bleiben und arbeitete für den Rest des Semesters alle Lektüreaufgaben brav durch. Ich will damit nicht sagen, daß ich ganz und gar aufgehört habe zu bluffen. Aus der gleichen Überheblichkeit heraus, die mich mein Lesepensum nicht ernst nehmen ließ, glaube ich immer noch, mit weniger hinzukommen, als von mir verlangt wird – ob von Gott oder Mitmenschen. Wie auch in den Sprüchen steht, entsteht aus dieser Überheblichkeit Betrug und Bluff. Das sind verzerrte Alternativen. Besser, ich erfülle einfach die Aufgaben, die ich von denen bekomme, unter deren Autorität ich stehe. Das gilt nicht nur für die Geschichtstests meines Lebens, sondern auch die anderen Gelegenheiten, wo ich mich entscheide, ob ich die anderen zu bluffen versuche oder nicht. Manchmal bin ich sogar dumm genug zu versuchen, Gott zu veräppeln.

Wie in den Sprüchen beschrieben, führt Überheblichkeit zur Verachtung. Auf meine Geschichtsnote wirkte sich positiv aus, daß diese Verachtung keinen Trotz in mir hervorkehrte. Ich wurde eher ganz schön bescheiden. Und diese Bescheidenheit führte dann nach und nach zu etwas Weisheit – nicht nur im Hinblick auf die Noten, sondern auch, indem ich bei meiner Vorbereitung und beim Lernen die „richtigen Gewichte" statt der „falschen Waage" einsetzte. Es war ein dorniger Pfad zur Weisheit, und bis heute ist es so geblieben.

Macht dir Bluffen etwas aus?

Ertappst du dich manchmal dabei, wie du versuchst, anderen etwas vorzumachen? Wie leicht ist es, mit diesem Betrug weiterzumachen, sei es durch ausgesprochene oder unausgesprochene Worte? Wie wär's mit etwas mehr Ehrlichkeit?

>>>Noch ein Lesetip:

1. Mose 12,11–20; Sprüche 20,17 >>

Anderen beim geistlichen Wachstum zu helfen ist wie . . .

Babysitting

>>>

>>> Wirst du manchmal ungeduldig mit anderen Christen, die ihre Unreife raushängen lassen? Wie wirst du mit deiner Ungeduld fertig?

Babys sind süß. Das findet jeder. Seien wir aber doch mal ehrlich: Zum größten Teil sind Babys außerdem noch nervig. Ständig weinen oder jammern sie, meist weil sie vorne etwas hineingesteckt haben wollen oder hinten saubergemacht werden müssen. Sie können nicht laufen. Sie können nicht sprechen. Sie können gar nichts allein machen. Am schlimmsten ist, daß man ihnen praktisch überhaupt nichts beibringen kann. Solange ein Baby ein Baby ist, kann man es nur füttern, die Windeln wechseln, saubermachen und im Arm halten.

Selbst wenn sie zu laufen anfangen, hat man nur Probleme. Als meine kleine Schwester Alita laufen lernte (ich war damals acht oder neun), wuselte sie am liebsten vor dem Fernseher herum. Wie eine kleine Aufziehfigur stolzierte sie mitten im wichtigsten Programm hin und her. Mein Frust dabei kümmerte sie nicht die Spur. Wenn ich ihr freundlich Bescheid sagte, blieb sie zwangsläufig wie angewurzelt vor dem Bildschirm stehen und grinste mich an. Ihr Blick sagte: „Du darfst mich nicht schlagen, ich bin noch so klein“, und trieb mich fast in den Wahnsinn. Ich konnte ihr dann bloß noch ein Bein stellen und danach so tun, als hätte ich keine Ahnung, warum sie weinte. Selbst diese Taktik wirkte nicht mehr, als sie sprechen lernte.

Ältere Kinder sind viel erfreulicher. Als ich alt genug war, als Babysitter auf mein Schwesterchen und Brüderchen aufzupassen, war das meiner Meinung nach der Schlüssel, um sie zu nützlichen Mitgliedern der Gesellschaft zu machen. Wenn sie sich daneben benahmen, mußten sie zur Strafe gründlich die Toiletten putzen. Mit einigem Stolz erinnere ich mich, wie einmal meine Eltern zurückkamen und zwei erschöpfte, aber gehorsame Kinder und ihren großen Aufpasser begrüßen durften. Als sie fragten, wie es gelaufen sei, antwortete mein kleiner Bruder Carey: „Mama und Papa, wenn euch beiden mal etwas zustößt, könnt ihr ganz beruhigt sein. Das Haus ist dann immer ganz sauber, und wir sind auch bald tot."

Zu euch, Brüder, konnte ich bisher nicht reden wie zu Menschen, die vom Geist bestimmt sind. Ich mußte euch behandeln wie Menschen, die von ihrer selbstsüchtigen Natur bestimmt werden und im Glauben noch Kinder sind. Darum gab ich euch Milch, keine feste Nahrung, weil ihr die noch nicht vertragen konntet. Auch jetzt könnt ihr das noch nicht. (1. Korintherbrief 3,1–2)

Unreife Christen haben viel Ähnlichkeit mit Babys. Sie haben ihre Probleme, sich selbst zu ernähren. Selbst in den grundlegenden Bereichen benehmen sie sich nicht immer wie Christen. Manchmal ziehen sie der gesunden Nahrung alles vor, was gut schmeckt oder gute Gefühle verleiht. Sie fallen leicht hin und haben oft nicht genug geistliche Disziplin, was an das Töpfchentraining beim Baby erinnert. All das erklärt sich aus der Sehnsucht nach einer sicheren Umgebung wie im Bauch der Mutter, statt das neue Leben nach der Geburt in Angriff zu nehmen.

Babys muß man ihren Zustand aber mindestens zeitweise zugestehen. Sie brauchen immer wieder das Allernötigste. Was ihre unappetitlichen Gewohnheiten angeht, brauchen sie Geduld, Toleranz und Ermutigung, um immer bessere Fortschritte zu machen. Man darf sie nicht mit der Nase in die eigenen Fehler stecken. Die Sehnsucht nach der alten Umgebung wächst sich aus. Es wäre genauso dumm, von einem Neuling im Glauben geistliche Großtaten zu erwarten, wie von einem Baby, ein Auto zu fahren.

Aus Babys werden Kleinkinder, dann Kinder, Teenager und Erwachsene. Nur dann, wenn „Babys" jahrelang ohne Veränderung in ihrem Zustand verharren, sollten wir uns wirklich Gedanken um ihr geistliches Wachstum machen. Selbst dann ist es Gott, der für die nötigen Erziehungsmaßnahmen sorgt.

Keine Lust mehr zum Babysitting?

Gibt es Christen in deiner Umgebung, über deren Weiterkommen du dir Gedanken machst? Hatten sie genug Zeit, „geistliche Babys" zu sein? Müßtest du mehr Geduld mit ihrer Wachstumsrate haben oder ihnen mehr Ermutigung geben? Kannst du dich an Christen erinnern, die dir geduldig geholfen haben, im Glauben zu wachsen?

>>>*Noch ein* Lesetip:

Hebräer 5,13–14; 1. Petrus 2,1–3 >>>

Lernbereit sein ist wie . . .

Der Tag der Ohren

>>> Kennst du Leute, die gute Zuhörer sind? Gehörst du auch dazu?

Mein Schülerrat auf der Oberschule war eine ganz aktive Gruppe, aber manchmal habe ich mich gefragt, ob wir fünfzig Leutchen wirklich die ganze Schule mit ihren dreitausend Schülern gut vertreten konnten. Der großen Mehrheit war ziemlich egal, welche Aktivitäten wir ankurbelten oder was für Standpunkte wir vertraten. Also schlug ich einen „Tag der Ohren" vor.

Am „Tag der Ohren" sollte jeder Schülervertreter ein großes Pappohr tragen, an irgendeinem Körperteil festgesteckt. Wenn die anderen uns fragen würden, warum wir das alberne Ding trugen, hätten wir die Chance mitzuteilen, daß wir zum Schülerrat gehörten und an ihrer Meinung interessiert seien. Wir wollten uns Anliegen, Vorschläge und alles anhören, was uns helfen konnte, die Schüler besser zu vertreten.

Als ich den anderen die Idee vortrug, war die Reaktion bestenfalls lauwarm. Die Mehrheit sprach sich allerdings dafür aus. Dann wurde der Termin festgelegt, an dem der „Tag der Ohren" seine beste Wirkung erbringen konnte. Ich war ganz stolz, als wir uns morgens mit unseren angesteckten Ohren unter die Mitschüler mischten. Bestimmt würden diese fünfzig Ohren uns das Feedback verschaffen, das wir brauchten.

Im Laufe des Tages fiel mir auf, daß die Pappohren mit einem gewissen Sarkasmus getragen wurden. Manche hatten Ohrringe daran gehängt. Bei anderen tropfte aufgemaltes Ohrenschmalz herunter. Wieder andere trugen das Ohr so, daß es kaum auffiel. Was mich aber am traurigsten stimmte, war die Mehrheit der Studentenvertreter: Sie steckten das Ohr gleich nach dem Verlassen des Treffs in einen Hefter und pappten es sich überhaupt nicht an.

„Aus diesem Grund benutze ich Gleichnisse, wenn ich zu ihnen spreche. Denn sie sehen, aber erkennen nichts; sie hören, aber verstehen nichts. An ihnen erfüllt sich die Voraussage des Propheten Jesaja: ‚Hört nur zu, ihr versteht doch nichts; seht hin, soviel ihr wollt, ihr erkennt doch nichts! Denn dieses Volk ist im Innersten verstockt. Sie halten sich die Ohren zu und schließen die Augen, damit sie ja nicht sehen, hören und begreifen, sagt Gott. Sonst würden sie zu mir umkehren, und ich könnte sie heilen.' Ihr dagegen dürft euch freuen, denn eure Augen können sehen und eure Ohren hören." (Matthäus 13,13–16)

Warum hören manche Leute absichtlich nicht zu, wenn sich doch die Gelegenheit bietet? Was ist so langweilig am Zuhören und Lernen? Jesus zitierte Jesaja und sagte, ein verstocktes Herz sei schuld daran. Wenn ich höre, welche Ansprüche Gott an mein Leben stellt, höre ich entweder weiter zu und gehorche, oder ich verweigere jede Veränderung. Jedesmal, wenn ich mich nicht ändern will, verhärtet sich das Herz. Nach und nach wird das Herz so verhärtet, daß ich Gottes Stimme überhaupt nicht mehr hören kann.

Manchen im Studentenrat war es einfach peinlich, das Pappohr zu tragen. Andere waren zu schüchtern, sich mit jemand zu unterhalten, den sie nicht kannten. Als ich später nachfragte, warum sie sich verweigert hatten, griffen viele Studentenvertreter zu solchen Ausreden. Wenn ich aber nachhakte, wurde mir klar, daß sie im Grunde alle ein gemeinsames Motiv hatten – sie hatten keine Lust, sich auf Veränderungen einzulassen, die man von ihnen verlangen könnte, wenn sie tatsächlich „ganz Ohr" gewesen wären.

Schon die Ohren gespitzt?

Wie lernbereit bist du, wenn du dich auf einer Skala von eins bis zehn einstufen müßtest? Läßt du dir eher was von deinen Eltern, von Freunden, von Lehrern oder von Gott sagen? Was macht die Unterschiede aus? Wie könnte es sich auf eine Steigerung deiner Lernbereitschaft auswirken, wenn du heute besser zuhörst?

>>>*Noch ein* Lesetip:

Hesekiel 33,30–32; Jesaja 6,9–10 >>>

Selbstgerechtigkeit ist wie . . .
Tipp-Ex-Bomben

>>> Kennst du Leute, die im Unrecht waren, sich aber völlig im Recht fühlten? Hast du dich manchmal auch schon selbst betrogen?

Joe saß ein ganzes Semester lang im Schreibmaschinenunterricht neben mir. Er fand den Unterricht blöd. Auch die Lehrerin und sogar die Schreibmaschinen fand er blöd. Joe war ein Typ, der sich vor Unterrichtsbeginn an die Maschine setzte und mit der Faust auf die Tasten haute, damit möglichst viele Typen sich verkeilten.

Joe brachte selten sein eigenes Papier mit, geschweige denn Tipp-Ex. Als eines Tages die Lehrerin kurz aus der Klasse gegangen war, borgte er sich das Tipp-Ex von jemand, der auf der anderen Seite saß. Das war streng verboten, weil man nicht die nötigen Punkte für den Tag bekam, wenn man die eigenen Sachen vergessen hatte. Als er damit fertig war, pfiff er zu seinem Kumpel rüber und warf ihm das Fläschchen quer durch die Klasse zu.

Kaum hatte er geworfen, da kam die Lehrerin in die Klasse zurück. Joes armer Komplize konnte das Ding gerade noch auffangen und dämlich grinsen. Die Lehrerin hatte ihn aber nicht auf dem Kieker. Sie wollte Joe schon die ganze Zeit auf frischer Tat erwischen, und jetzt hatte sie ihn. Also fragte sie mit eindeutiger Absicht: „Joe, hast du gerade mit Tipp-Ex geworfen?“

Die Antwort kannte jeder. Darum war Joes Antwort so schockierend.

„Nein“, sagte er bloß.

Aller Augen wandten sich zu Joes Anklägerin, die sichtlich aus der Fassung war. Ihr fiel nichts Besseres ein, als die Frage zu wiederholen und zu hoffen, sie hätte sich mißverständlich ausgedrückt.

„Joe . . .“ Sie war jetzt absolut ernst. Wir alle wollten erleben, wie sie mit dieser glatten Lüge umging. „Hast du mit Tipp-Ex geworfen oder nicht?“

Joe war klar, daß er sie in die Enge getrieben hatte. Sie hatte den Fehler gemacht, eine ehrliche, klare Antwort zu erwarten. Da sie die Anklage in eine Frage verpackte, verließ sie sich darauf, daß Joe sich selbst belastete. Er brauchte jetzt nur noch die Ehrlichkeit zu verweigern, auf die sie sich verließ.

„Nein, hab' ich nicht."

Man spürte fast, daß er an die Wahrheit seiner Lüge glaubte. Es gab eine kurze Pause, während alle warteten, wer als Sieger aus diesem Kampf der Willensstärke hervorging.

„Also gut, Joe, mach dich wieder an die Arbeit."

Nichts ist so abgründig wie das menschliche Herz.
Voll Unheil ist es; wer kann es durchschauen?
Ich, der Herr, sehe bis auf seinen Grund, ich kenne die geheimsten Wünsche der Menschen. Ich gebe jedem, was er aufgrund seiner Taten verdient hat. (Jeremia 17,9–10)

Im Lauf der Jahre habe ich den Kontakt zu Joe verloren. Hoffentlich hat er sich irgendwann mit den zerstörerischen Konsequenzen seines Betrugs im Kleinformat auseinandergesetzt. Wenn nicht, dann hat er mein ganzes Mitleid, weil man den Folgen des Selbstbetrugs nicht lange entgehen kann. Man betrügt sich ja nur selbst, wenn man glaubt, daß man eine Lüge auf der anderen aufbauen kann.

Er hatte sich eingeredet, es sei ein lohnendes Ziel, mit möglichst wenig Aufwand oder Arbeit den Schreibmaschinenunterricht durchzustehen. Irgendwie war ihm das eigentliche Ziel abhanden gekommen, nämlich tippen zu lernen. Joes schwaches Verantwortungsgefühl, seine Faulheit und seine Lüge ergab sich auf natürliche Weise aus dem falschen Ziel. Es fing damit an, daß er sich selbst belog. Es war ganz natürlich, daß daraus Betrug an anderen folgte.

Zu den ganz natürlichen Gegebenheiten des Lebens gehört, daß man „tut, wozu man Lust hat", was einem gerade richtig erscheint. Wenn man dann in Schwierigkeiten gerät, schaut man ins eigene Innere, um eine Lösung zu finden.

In den Sprüchen steht, daß das menschliche Herz voller Selbstbetrug und Hoffnungslosigkeit steckt, wenn es von Gott losgelöst ist. Seine Motive sind von Natur aus eigensüchtig, und es sagt uns, was jeweils dem eigenen Nutzen dient. Wenn das zu Problemen führt, dann belügt uns unser Herz und redet uns ein, wir könnten unserem Zustand irgendwie entkommen. Geht aber nicht. Und wenn ich mich nicht irre, kann Joe immer noch nicht tippen.

Hat du mit dem Tipp-Ex geworfen?
Raus mit der Sprache!

Was sind das für Menschen in deiner Umgebung, die sichtlich ihrem eigenen Herzen und nicht Gott Folge leisten? Gibt es Bereiche in deinem eigenen Leben, wo du dich selbst reinlegst und dir einredest, du würdest schon ganz richtig handeln, obwohl Gott klar und deutlich etwas anderes dazu sagt?

>>>Noch ein Lesetip:

1. Mose 6,5; 1. Korintherbrief 4,4–5 >>

Gott etwas verschweigen zu wollen ist wie ...

Das Sparkonto abräumen

>>> *Hast du Gott schon mal aus „wirklich gutem" Grund etwas verheimlichen wollen? Welche Motive stecken dahinter?*

Mein erstes Sparkonto fing mit einer Einlage von fünf Dollar an. Es wurde immer größer, vor allem, weil die Erwachsenen, mit denen ich zu tun hatte, genauso am Konto interessiert waren wie ich selbst. Die Geburtstagsgeschenke wurden größer. Das Geldverdienen wurde mir leichter gemacht. Mein kleines Sparbuch erzeugte bei jedem beifälliges Lächeln und Nicken. Jedesmal, wenn ich zum Einzahlen einmarschierte, hatte ich das Gefühl, meine Eltern, den Mann am Schalter und die gesamte Bankindustrie sehr stolz zu machen.

Dann fing die Baseball-Saison an. Meine beiden besten Freunde bekamen neue Fanghandschuhe, und mich überfiel die Erkenntnis, daß meine eigene Ausrüstung ganz schön schäbig geworden war. Plötzlich war die Anerkennung des Bankwesens nicht mehr ganz so wichtig.

Wochenlang quälte ich mich mit der Frage, wie ich das Bankkonto in eine Baseballausrüstung verwandeln sollte, ohne die Erwachsenen allzu sehr zu enttäuschen. Ich erwog eine „private" Abhebung, von der meine Eltern nichts erfahren durften. Ich dachte daran, meinen alten Handschuh zu „verlieren" und bei Papa und Mama auf Härtefall zu plädieren. Jede Lösung aber, die mir einfiel, war im Kern ein Betrug oder eine glatte Lüge. In der Zwischenzeit strömte andauernd neues Geld auf das Konto, neue Zinsen kamen dazu, und die Leute nickten beifällig, weil sie glaubten, es gehe mir um die Finanzierung meines Studiums auf dem College.

Nach inneren Kämpfen, die weit über das Fassungsvermögen eines Achtjährigen hinausgingen, fand ich es am besten, mich meinem Vater zu offenbaren. Die Finanzmärkte der Welt mußten ohne meine Unterstützung auskommen. Ich brauchte einen neuen Fanghandschuh.

Mein Vater verbarg seine Enttäuschung nicht ganz. Eigentlich erinnere ich mich an fast alle Argumente aus seinem Kurzvortrag über Sparen und Geldausgeben. Für seine Einstellung aber bin ich ihm sehr zu Dank verpflichtet. Am Ende sagte er nämlich, es sei mein Geld, und ich dürfe damit machen, was ich wolle. Mein Vater und ich schlossen Frieden über diese Entscheidung. Bis heute aber habe ich nicht den Blick des Bankkassierers vergessen, als er mein Konto auflöste.

Auch ein Mann namens Hananias und seine Frau Saphira verkauften ein Stück Land. Hananias aber behielt mit Wissen seiner Frau einen Teil des Geldes zurück.
Das übrige brachte er und legte es den Aposteln zu Füßen. Doch Petrus sagte zu ihm: „Hananias, warum hast du dem Satan das Herz geöffnet? Warum betrügst du den Heiligen Geist und behältst einen Teil vom Erlös deines Feldes für dich? Du hättest ja das Land behalten können, und nachdem du es verkauft hattest, auch das Geld. Warum hast du dich auf dieses falsche Spiel eingelassen? Du hast nicht Menschen, sondern Gott betrogen!"
Als Hananias diese Worte hörte, brach er zusammen und starb. Alle, die davon erfuhren, erschraken.
(Apostelgeschichte 5,1–5)

Den eisigen Blick des Kassierers hatte ich schon Wochen vor dem Abheben des Geldes für die Baseballausrüstung gefürchtet. Klar, das Geld gehörte mir, aber ich wußte, daß ich mit dem Abheben einen Teil meines Ansehens als „Juniorbanker" verlor. Ich wollte am liebsten beides. Als Ausweg hatte ich eine Lüge erwogen.

Hananias waren wahrscheinlich alle möglichen „guten Gründe" eingefallen, im Zusammenhang mit dem Geld für die Kirche die Unwahrheit zu sagen. Petrus machte klar, das Geld gehöre ihm, und er könne damit machen, wozu er Lust habe. Seine Sünde bestand darin, beides haben zu wollen und daher den Versuch gemacht zu haben, Gott etwas zu verschweigen.

Ich bin froh, daß ich unmöglich Gott belügen kann. Mir selbst aber und anderen zugleich einen Gefallen tun zu wollen – das kann mein Urteilsvermögen ziemlich verkorksen. Genau dann bin ich am meisten versucht, mir Dinge zurechtzubiegen oder zu lügen. Ich denke dann: „Wenn ich das soundso mache und sie glauben lasse, ich mache es anders, und wenn alle dabei glücklich sind – wem habe ich dann schon geschadet?“ Der Schaden besteht darin, daß eine Lüge Mißtrauen erzeugt. Und Mißtrauen zerstört Beziehungen.

Manchmal gehört zur Ehrlichkeit die Entscheidung: Soll ich tun, was ich will? Oder soll ich auf mein Ansehen bei anderen Rücksicht nehmen? In meinem Fall brachte mir die Entscheidung einen Fanghandschuh auf Kosten des Beifalls einiger Erwachsener. Ob ich klug gehandelt hatte oder nicht, ich war wenigstens ohne die Lüge ausgekommen, die mich so sehr versucht hatte. Hananias war nicht zur Entscheidung zwischen seinem Wunsch und dem Ansehen bei den anderen bereit. Daraus ergab sich eine Lüge, die ihn das Leben kostete. Vermutlich war der eiskalte Blick des Bankangestellten gar nicht so schlimm dagegen.

Wie gut sind deine Ausreden?

Hast du heute vor, dich in irgendeinem Lebensbereich um etwas zu drücken? Was sind dabei vor Gott deine besten Ausreden? Kommen diese Ausreden einer Lüge bedenklich nahe? Was sind deine eigentlichen Motive? Wie könntest du diese Situation heute bereinigen?

>>>Noch ein Lesetip:

Matthäus 23,1–8; Markus 7,8–13

Gruppenzwang ist wie . . .

Ein Mund voll Zahnpasta

>>> Welche Menschen haben den größten Einfluß auf dich? Ist dieser Einfluß gesund, ungesund oder eher eine Mischung aus beidem?

Unser Haus, in dem ich während der Grundschulzeit aufgewachsen bin, hatte nur ein Bad. Häufig hatten mein älterer Bruder Nevin und ich es wegen der Schule so eilig, daß wir uns gleichzeitig im Bad fertig machten und versuchten, in das gleiche Waschbecken zu spucken.

Vielleicht hat das meinen Bruder so erfinderisch gemacht. Eines Morgens klärte er mich nämlich über das Zähneputzen auf. Ich war ihm am Waschbecken zuvorgekommen, und er mußte warten, während ich mir die Zähne putzte. Als ich mir den Mund ausspülte, sah er mich ungläubig an und fragte: „Was machst du denn da?"

„Schähneputschen!" gurgelte ich und wunderte mich über diese blöde Frage.

„Du willst doch wohl nicht die Zahnpasta ausspucken, oder?" fuhr er fort. „Wenn du sie ausspuckst, dann wirkt sie nicht gegen Karies! Das weiß doch jeder. Du mußt sie im Mund lassen und so lange auf die Zähne einwirken lassen, bis sie ganz eingezogen ist."

Ich weiß, ich weiß, das ist ein offensichtlich völlig verblödeter Tip. Und heute sehe ich Ratschläge anderer Leute auch viel kritischer. Tatsache aber bleibt, daß er mich überzeugte, seinem Rat zu folgen. Die nächsten beiden Wochen ging ich also mit Schaum vorm Mund zur Schule.

Zum Glück entdeckte meine Mutter nach einer Weile den weißen Schaum, der mir beim Abschied vom Kinn tropfte. Sie fragte, was das sei.

„Schahnpaschta!" sabberte ich.

„Warum hast du dir den Mund nicht ausgespült?" fragte sie ganz ruhig. Bei diesem Tonfall („So dämlich kann mein Sohn doch gar nicht sein, oder?“) bin ich richtig zusammengezuckt. Jetzt wußte ich, daß ich reingelegt worden war.

Einer der beiden, die die Aussage von Johannes gehört hatten und Jesus gefolgt waren, hieß Andreas. Er war der Bruder von Simon Petrus. Als er bald darauf seinen Bruder Simon traf, sagte er zu ihm: „Wir haben den versprochenen Retter gefunden!“ (Johannes 1,40–41)

Brüder stellen vermutlich den frühesten und vielleicht stärksten Einfluß dar, wie ihn sonst nur Gleichaltrige ausüben. Sie haben alle Faktoren auf ihrer Seite. Sie sind in der gleichen sozialen Gruppe, der Familie. Sie versuchen, es dem gleichen Gegenüber recht zu machen, den Eltern. Sie bewerben sich um das gleiche Ziel, das Recht auf Führung. Andreas und Petrus kannten wahrscheinlich die gleichen brüderlichen Einflußtaktiken wie mein Bruder und ich.

Ob in der Familie oder einer anderen sozialen Gruppe – es gibt notwendigerweise einen Druck, so zu werden wie die anderen, die etwas haben oder wissen, worüber man selbst nicht verfügt. In meinem Fall spornte mich die Vorstellung, daß mein Bruder besser übers Zähneputzen Bescheid wußte, dazu an, im Kampf gegen den Zahnverfall nicht zurückzufallen. Bei Petrus ging es um die Möglichkeit, daß sein Bruder den Messias kennengelernt haben konnte. Da mußte er sich entscheiden, entweder skeptisch zu bleiben oder Jesus ebenfalls nachzufolgen.

Bei Gleichaltrigen gibt es zwei Möglichkeiten, Verantwortung zu beweisen. Der eine ist dafür verantwortlich, seinen Einfluß sinnvoll auszuüben. Der andere ist dafür verantwortlich zu unterscheiden, wann man Folge leistet und wann man seinen eigenen Standpunkt vertritt.

Andreas und Petrus wurden dieser Verantwortung auf besonders positive Art gerecht. Mein Bruder und ich vergaben die Chance – aber nicht immer. Denn eines Tages folgte ich dem Beispiel meines Bruders auf positive Weise: Aufgrund seines Lebens und der Gespräche mit ihm entschloß ich mich, ebenfalls Christ zu werden.

Heute schon eingeschäumt?

In welchen Situationen wirst du heute mit positiven Einflüssen von Freunden und Geschwistern zu tun haben? Wann mußt du mit negativen Einflüssen rechnen? Wie unterscheidest du das eine vom anderen? Gibt es Gleichaltrige, von denen du dich fernhalten mußt, weil sie dich in die falsche Richtung drängen? Welche Wirkung geht von dir auf andere aus? Mußt du hier mehr Verantwortung beweisen?

>>>Noch ein Lesetip:

1. Mose 27,1–40; 4. Mose 12,1–16 >>

Gott nachfolgen ist wie ...

Der Mehrheit die Stirn bieten

>>> *Bestärkt deine Umgebung dich im Glauben, oder will sie ihn dir ausreden? Wie gehst du damit um, wenn deine Mitmenschen bestreiten oder lächerlich machen, woran du glaubst?*

In meinem ersten Jahr auf dem College kam mein Glaube an Gott in große Bedrängnis. Vermutlich ist das nicht unnormal. Mit achtzehn oder neunzehn stehen bei vielen weitreichende Entscheidungen für ihr geistliches Leben an.

Meine Entscheidung war gefragt, als ich den Glauben meiner Eltern ernsthaft anzweifelte. Das College-Leben verlieh mir die große Freiheit, zu tun und zu denken, was mir gefiel. Meine Professoren forderten Offenheit für alle möglichen Gedanken, setzten aber voraus, daß der Glaube sich mit richtigem Nachdenken ganz und gar nicht vereinbaren ließ.

Außerdem gab es die große Masse – die Studenten in den Hörsälen, meine Mitbewohner, die Typen auf meiner Etage, die Mädchen, mit denen ich ausging, die Basketballmannschaft –, und alle Stimmen meiner Umgebung kamen auf den einen Nenner: daß es absurd war, Gott in meine Lebensgleichung einzubauen.

Im Soziologieseminar zum Beispiel, gleich im ersten Semester, trug der Professor ganz sachlich vor, wie jede Kultur sich ihre Götter „erschaffe", die ihre eigenen Ängste und Wissenslücken widerspiegelten. Das leuchtete mir ein, solange die Rede von Pygmäen in Afrika war, die sich Waldgötter aus Steinen basteln. Aber sicher waren wir uns doch alle einig, daß es einen wahren, lebendigen Gott gibt, oder? Als ich diesen Gedanken äußerte, erntete ich kühle bis sarkastische Kommentare von meinen Mitstudenten und eine herablassende Antwort meines Professors. Im Lauf des Semesters spürte ich, wie absolut allein dieser halbherzige achtzehnjährige Christ war. Mein Glaube kam heftig ins Wanken.

Als Jesus in die Nähe von Jericho kam, saß ein blinder Bettler am Straßenrand. Er hörte die Menge vorbeiziehen und fragte, was da los sei. Er erfuhr, daß Jesus von Nazareth vorbeikomme.
Da rief er laut: „Jesus, Sohn Davids! Hab Erbarmen mit mir!"
Die Leute, die Jesus vorausgingen, wollten ihn zum Schweigen bringen, aber er schrie noch lauter: „Sohn Davids, hab Erbarmen mit mir!"
Da blieb Jesus stehen und ließ ihn zu sich holen. Als er herangekommen war, fragte ihn Jesus: „Was soll ich für dich tun?"
Er antwortete: „Ich möchte wieder sehen können!"
Jesus sagte: „Du sollst sehen können! Dein Vertrauen hat dich gerettet!" Im gleichen Augenblick konnte der Blinde sehen. Er dankte Gott und ging mit Jesus.
Und alle, die dabei waren, priesen Gott. (Lukas 18,35–42)

Wenn man die Bibel durchblättert, ist die „Menge" fast immer Gegenspieler der Menschen, die am Glauben festhalten. Der Blinde in Jericho hatte wahrscheinlich den „messianischen" Ruf gekannt, der Jesus vorauseilte, denn er bezeichnete ihn als „Sohn Davids". Die Menge aber, die Jesus interessant und unterhaltsam fand, ihm sogar eine Weile nachlief, mißbilligte es gleich, als der Blinde es wagte, sich auf Jesus als Gott zu berufen.

Genauso wurde mit mir und meinen schwächlichen Glaubensäußerungen umgesprungen. „Jammer ruhig, du Blinder", besagten ihre Kommentare. „Erstens glauben wir nicht an Gott, und zweitens fällt uns nicht auf, daß dein Glaube sich in deinem Leben groß auswirkt."

Leider hatten sie damit recht. Meine kümmerliche Argumentation für Gott muß ihnen so absurd vorgekommen sein wie der Schrei des Blinden nach Jesus.

Zum Glück gab es wenigstens einen anderen Christen in einer dieser Gruppen. Er lud mich zu einem Hauskreis ein, wo sich eine knappe Handvoll Studenten wöchentlich traf. Es war dort, daß eines Abends der wichtigste Wendepunkt meines Lebens stattfand. Wir lasen die obige Geschichte über Jesus und den Blinden.

An diesem Abend erkannte ich, daß ich geradezu auf Jesus gewartet hatte, mich zur Nachfolge zu überreden, genauso, wie er es im nächsten Kapitel mit Zachäus gemacht hatte. Plötzlich merkte ich aber, daß ich eher dem Blinden glich. Ich wußte ja schon, daß Jesus das war, was er von sich behauptete. Ich mußte dieses Fünkchen Glauben zusammennehmen und über den Lärm der Menge hinweg zu Jesus rufen, damit auch mein Blick wieder neu geschärft wurde.

Von Scham und Verzweiflung gepackt, lief ich raus und trieb mich bis nach Mitternacht auf dem College-Gelände herum. Weil ich wußte, daß mir nichts anderes übrigblieb, schüttete ich vor Gott mein Herz so leidenschaftlich aus wie nie zuvor. Auf einer Fußgängerbrücke über den kleinen Fluß, der durch den Campus floß, gestand ich Gott zu, daß er mein Leben besser leiten konnte als ich selber.

Um etwa zwei Uhr nachts wurde mein Vater von seinem schluchzenden Sohn am Telefon geweckt. Selbst heute, wenn ich die Situation beschreibe, spüre ich einen Kloß im Hals. Meine Eltern hatten schon eine ganze Weile für mein geistliches Sehvermögen gebetet, sogar damals, als ich noch darauf bestand, nicht blind zu sein. Ich mußte meinen Eltern erzählen, daß die Menge sich nicht durchgesetzt hatte.

Für mich bedeutete dieser geistliche Neuanfang, daß ich auf ein anderes College wechselte, mich wieder neu mit Gottes Wort befaßte und mich einer stabilen Gemeinde anvertraute. Auch vor Christen weicht „die Menge“ nicht einfach zurück. Sie versucht nach wie vor, sich ablenkend in mein Leben einzumischen. Aber dank Gottes Gnade schafft sie es nicht, meinen Glauben noch einmal niederzuschreien. Ich kann wieder gut sehen.

Wie laut schreit die Menge auf dich ein?

Welche Mehrheiten sind es bei dir, die gegenwärtig versuchen, deinen Glauben niederzuschreien? Bist du bereit, deine Stimme über den betäubenden Lärm hörbar zu machen? Gibt es „gute Mengen“, die dir helfen könnten, deine Stimme und deinen Glauben zu stützen?

>>>*Noch ein* *Lesetip:*

Lukas 23,13–25; Apostelgeschichte 17,5–9

Heuchelei ist wie . . .

Eine Party im falschen Keller

>>> *Wie tief reicht dein christlicher Glaube? Gibt es Situationen, wo dieser Glaube als nur dünnes Deckchen weniger tolle Motive und Verhaltensweisen bemäntelt?*

Als ich in den Eingang des mir unbekannten Hauses trat, war ich unwillkürlich etwas nervös. Es hatte mich etwas Mut gekostet, zu dieser Party zu gehen. Soviel ich wußte, würden hier bestimmt Dinger gedreht, die unüberlegt oder schlichtweg verkehrt waren. Es war aber die wahrscheinlich angesagteste Party, auf die ich je eingeladen worden war, und als hoffnungsvoller Abschlußschüler war es mir wichtig, so eine Chance nicht sausen zu lassen. Sicher konnte ich mich mit diplomatischem Geschick irgendwie durchlavieren. Wenn es zu bunt getrieben würde, konnte ich ja gehen.

Unten an der Kellertreppe angekommen, entdeckte ich Gina. Zuerst war ich mir nicht sicher, ob sie es war, weil sie anders als bei uns in der Kirche aussah. Sie hatte auch ganz andere Sachen an. Auf jeden Fall benahm sie sich ganz anders, als ich mir aus unserer Bekanntschaft von der Kirche her vorstellen konnte. Übrigens war sie nicht allein . . .

Man merkte, daß sie sich bei meinem Anblick ebensowenig wohl fühlte wie ich bei ihrem, besonders im gegenwärtigen Zustand und in ihrer „Lage“. Sie nickte mir knapp zu und lächelte verlegen, bevor sie sich abwandte, und ich ging wieder die Treppe hoch. Auf der Party blieb ich nicht lange.

Und dann kommen sie scharenweise zu dir, sitzen im Kreis um dich und hören, was du sagst; aber sie nehmen es nicht ernst. Sie reden nur von dem, was ihnen am Herzen liegt, nämlich von ihren Geschäften.
(Hesekiel 33,31)

Paßt euch nicht den Maßstäben dieser Welt an. Laßt euch vielmehr im Innersten von Gott umwandeln. Laßt euch eine neue Gesinnung schenken. Dann könnt ihr erkennen, was Gott von euch will. Ihr wißt dann, was gut und vollkommen ist und was Gott gefällt.
(Römer 12,2)

Gott hatte dem Propheten Hesekiel gesagt, er solle sich von der Heuchelei seiner Landsleute nicht überraschen lassen. Enttäuschend viele Menschen, die scheinbar Gott nachfolgen, haben in Wirklichkeit ganz andere Dinge im Sinn. Jahrhunderte später schrieb Paulus an die Gemeinde in Rom und forderte sie dazu auf, sich nicht anzupassen und jede Heuchelei zu vermeiden. Statt dessen sollten sie ständig ihre Motive und innersten Gedanken erneuern und reinigen.

Am Abend dieser renommierten Party ließen Gina und ich durchblicken, daß wir mit Motiven und innersten Gedanken unsere Probleme hatten. Wie Gott zu Hesekiel gesagt hatte, lag uns beiden nur die „Gier nach ungerechtem Gewinn" am Herzen. Jeder von uns hoffte, sich ein Image zu schaffen, das wir nicht verdienten, weil wir in unterschiedlichen Kreisen jeweils unterschiedliche Gesichter zeigten.

Gina und ich haben nie über unsere Begegnung geredet. Im Lauf der Wochen kam sie immer seltener zur Kirche. Ich ging immer seltener auf fragwürdige Partys. In den paar Sekunden, die wir uns auf der Party in die Augen geschaut hatten, war uns beiden klargeworden, wie unwohl man sich fühlt, wenn man ständig heucheln muß.

Gehst du auf die richtigen Partys?

Wieviele Freunde von dir wären überrascht, wenn sie erfahren würden, daß du ein Christ bist? Wieviele von deinen christlichen

Freunden würden über dein Alltagsleben staunen, von dem sie keine Ahnung haben? Was heißt es, sich eine „neue Gesinnung" schenken zu lassen? Wie könnte das dazu beitragen, dein gelegentliches Doppelleben in ein einheitliches, übereinstimmendes umzuwandeln? Hast du heute schon deine Gesinnung erneuert?

>>>*Noch ein* *Lesetip:*

Matthäus 23,25–27; Lukas 14,26–33 >>

Die richtige Frage stellen

>>> Wolltest du schon einmal unbedingt Gottes Willen in einer bestimmten Sache erfahren, ohne zu wissen, woher? Wie soll man beten, wenn Gott uns seine ausdrückliche Absicht nicht enthüllt?

Es war in der Woche vor Schulbeginn, am Tag der Anmeldung. Als Schüler der Oberstufe hatte ich meinen Stundenplan schon beisammen. Aber beim Thema Mädchen war alles offen. In den Sommerferien war die Beziehung zu meiner Freundin zu Bruch gegangen. Jetzt wollte ich an der Schule einen neuen Anfang wagen.

In der Vergangenheit hatte ich darunter gelitten, bei den Mädchen erst sehr spät in die Gänge gekommen zu sein. Im vorigen Jahr war die Hälfte der neuen Schülerinnen schon nach der ersten Woche vergeben gewesen. Ich war verblüfft, wie schnell so etwas gehen konnte, hatte ich es doch nicht einmal geschafft, überhaupt jemand kennenzulernen. Dieses Jahr mußte ich also wohl den Draufgänger spielen.

Die Methode war bald gefunden. Da ich in diesem Jahr Chefredakteur der Schulzeitung war, bekam ich die Erlaubnis, beim Anmeldungstermin einen Interviewstand aufzustellen. Ich baute ihn strategisch günstig zwischen der Anmeldeschlange und dem Bücherstand auf. So konnte ich mit buchstäblich allen Anfängern reden und sie dazu „interviewen", ob es ihnen gelungen war, im Stundenplan die gewünschten Fächer unterzubringen.

Natürlich dauerten die Interviews mit den Mädchen viel länger als mit den Jungen. Und mit den hübschen Mädchen noch länger. Warum? Hier gab es eine ganz andere Kategorie von Fragen. Bei den Jungen wollte ich nicht einmal den Namen wissen. Zwei oder drei knappe Kreuze bei Ja oder Nein, und schon war ich sie los. Mein Interesse an ihnen war rein statistisch, sie waren nur Mittel zum Zweck.

Von den Mädchen wollte ich etwas ganz anderes wissen. Es ging darum, wer sie waren, was sie mochten und vor allem, ob sie Lust hatten, bei der Schülerzeitung mitzuarbeiten.

Auf dem Weg nach Damaskus, kurz vor der Stadt,
umstrahlte ihn plötzlich ein Licht vom Himmel.
Er stürzte zu Boden und hörte eine Stimme:
„Saul, Saul, warum verfolgst du mich?"
„Wer bist du, Herr?" fragte er.
„Ich bin Jesus, den du verfolgst", sagte die Stimme.
„Doch nun steh auf und geh in die Stadt! Dort wirst du
erfahren, was du tun sollst." (Apostelgeschichte 9,3–6)

Paulus war gerade von dem Einen zu Boden gestreckt worden, dessen Nachfolger zu vernichten er sich als Lebensziel gesetzt hatte. Paulus' fast besessene Verfolgung der Kirche im Namen Gottes bewies, wie ungeheuer gern er Gottes Willen tun wollte. Bisher aber war alles offensichtlich in die falsche Richtung gelaufen. Erst jetzt, auf dem Weg nach Damaskus und in der Gegenwart des Herrn, fiel ihm die richtige Frage ein. Es war eine Frage, deren Beantwortung ihm Gottes Willen offenbaren und die Richtung weisen würde. Sein ganzes Leben samt seinem Namen sollte sich ändern. Er fragte: „Wer bist du, Herr?"

Ich frage mich, ob es überhaupt ein besseres Gebet als diese Frage aus vier Wörtern gibt. Vielleicht hatte Paulus bisher gebetet: „Wie kann ich die Kirche aufhalten?" oder „Warum läßt du zu, daß diese sektiererischen Nachfolger Jesu so stark anwachsen?" oder „Wann bekommt das jüdische Volk endlich die Freiheit und Größe, die es verdient?" Schließlich lenkte Jesus seine Aufmerksamkeit durch übernatürliches Handeln auf sich selbst und bewirkte damit die Frage, die Gott Saulus beantworten wollte. Die Antwort lautete, daß Jesus Gott ist, daß aus dem schlimmsten Feind des Saulus sein bester Freund werden sollte. Als die Frage, wer Jesus für Paulus eigentlich ist, beantwortet war, wurden auch die nächsten Schritte in seinem Leben offenbart.

Mir war damals vorgeworfen worden, mein Einsatz bei der Schulanmeldung sei eine unredliche Methode gewesen, Mädchen kennenzulernen. Tatsächlich kam diese Kritik hauptsächlich von den Oberstufenschülern, die selbst nicht auf die Idee gekommen waren. Trotzdem habe ich es nie bereut, mir diese Chance verschafft und den Anfängerinnen die wichtige Frage gestellt zu haben: „Wer bist du?" Immerhin wurde eine aus der Schlange, die dann bei der Schülerzeitung anfing, später meine Frau.

Welche Fragen stellst du?

Welche Fragen stellst du Gott am häufigsten, wenn du seinen Willen erfahren willst? Wie oft bittest du Gott, dir zu zeigen, wer er ist und wer er in deinem Leben sein will? Kannst du dir heute Zeit nehmen, ihm einfach diese Frage zu stellen und dann darauf zu warten, daß er dir antwortet?

>>>*Noch ein Lesetip:*

2. Mose 3,1–14; Matthäus 16,13–19

Ein Gottesdienst ist wie ...

Ein Eis am Sonntag

>>> *Ist der Sonntag anders als die übrigen Wochentage? Ist er nur anders, wenn man Christ ist?*

Von unserem Haus brauchte man nur aus der Hintertür zu gehen, den Seitenweg zu nehmen und die nächste Straße zu überqueren. Dann war man bei unserer Eisdiele. Ich kann mich an so manchen Sommerabend erinnern, als ich meinen Vater nach dem Essen um eine kleine Geldspritze bat. Während das Geschirr abgeräumt wurde, holte ich für die ganze Familie eine Auswahl der schönsten Eisleckereien.

Aber sonntags nie. Weil mein Vater Pastor war, meinte er, unsere Familie müsse der ganzen Gemeinde mit gutem Beispiel vorangehen. Der Sonntag sei etwas Besonderes. Er sollte ein Tag des Gottesdienstes und der Ruhe sein. Deshalb durften wir uns nichts kaufen, das wir nicht unbedingt brauchten, damit wir nicht dazu beitrugen, daß andere am Sonntag arbeiten mußten. An Sommersonntagen habe ich die gute alte Eisdiele echt vermißt. Innerlich aber habe ich meinen Vater für solche Prinzipientreue bewundert.

Deshalb konnte ich kaum verstehen, was etwa zehn Jahre später passierte. Inzwischen waren wir in den Vorort einer größeren Stadt gezogen, und mein kleiner Bruder trat seinen ersten Teilzeitjob in einer Drogerie an. Er war der unterste in der Hierarchie. Folglich wurde er aufgefordert, sonntags zu arbeiten. Zu meiner Verblüffung war Papa einverstanden. Ich hätte ihn am liebsten auf die entgangenen 520 sonntäglichen Eistüten verklagt.

Vergiß nicht den Tag der Ruhe; er ist ein besonderer Tag, der dem Herrn gehört. Sechs Tage in der Woche hast zu Zeit, um deine Arbeit zu tun. Der siebte Tag aber soll ein Ruhetag sein. An diesem Tag sollst du nicht arbeiten,

auch nicht deine Kinder, deine Sklaven, dein Vieh oder der Fremde, der bei dir lebt. In sechs Tagen hat der Herr Himmel, Erde und Meer mit allem, was lebt, geschaffen. Am siebten Tag aber ruhte er. Deshalb hat er den siebten Tag der Woche gesegnet und zu seinem Tag erklärt.
(2. Mose 20,8–11)
Jesus fügte hinzu: „Der Sabbat ist für den Menschen da, nicht der Mensch für den Sabbat. Also hat der Menschensohn auch das Recht zu bestimmen, was am Sabbat geschehen darf.“ (Markus 2,27–28)

Jedes Gebot kann verdreht werden, wenn man es nur dem Buchstaben nach erfüllt, ohne die dahinterstehende Absicht zu beachten. Die meisten von uns können es wohl auswendig: „Gedenke des Sabbattages, daß du ihn heiligest.“ Die meisten der anderen neun Gebote sind uns vielleicht auch vertraut. Aber wer kennt schon die drei Verse nach diesem vierten Gebot? Hier sehen wir, was Gott im Sinn hatte, als er den Sabbat als heiligen Tag einrichtete.

Gott hat uns mit einem Bedürfnis für Besinnung und Ruhe geschaffen. Er brauchte beides nicht, als er mit der Schöpfung der Welt fertig war, gab uns aber ein Vorbild, indem er den siebten Tag jeder Woche als besonderen Tag hervorhob. Warum? Seine Absicht war, daß wir regelmäßig von unserer Arbeit und vom Alltag Abstand nehmen, um ihn als Schöpfer aller Dinge anzubeten.

Spaßeshalber mache ich meinen Vater immer noch auf den auffälligen Widerspruch aufmerksam: Als Junge durfte ich sonntags kein Eis kaufen, bei meinem Bruder war er flexibel genug, die Sonntagsarbeit zu dulden. Mein Vater ist mir mit seinem Denken über solche Dinge ein wenig voraus. Die Erklärung für seinen Gesinnungswandel leuchtet mir ein. Er macht sich immer weniger Gedanken über die gesetzestreue Erfüllung des Arbeitsverbots am Sonntag; ihm liegt daran, daß mein kleiner Bruder zu seinem körperlichen und geistlichen Wohl einen regelmäßigen Zyklus von Ruhe und Arbeit einhält. Der ist nämlich durch diese Arbeitseinteilung nicht gefährdet worden.

Es gibt manche Christen, die sich nach wie vor für die Heiligung des Sonntags aussprechen und streng darauf achten, daß an diesem Tag nicht gearbeitet wird. Aus gutem Grund denke ich selbst ein wenig so. Gleichzeitig ist mir klargeworden, daß es viel gefährlicher als eine kleine Portion Eis am Sonntag wäre, wenn man die Absicht hinter dem Gebot aus dem Auge verliert und ein gedankenloses Ritual daraus werden läßt.

Am Sonntag zur Eisdiele?

Wievielen Geboten der Bibel gehorchst du blind, ohne den geistigen Hintergrund oder die Absicht richtig zu verstehen? Ist das wirklich so schlimm? Würde es dir leichter oder schwerer fallen, die zehn Gebote zu befolgen, wenn du nach ihren tiefsten Absichten geforscht hast? Wie könntest du diese Woche dein Leben einrichten, damit du den Sonntag so heiligen kannst, wie Gott es eigentlich gewollt hat?

>>>Noch ein Lesetip:

3. Mose 23,3; 1. Korintherbrief 16,2

Gebet ist wie . . .

Die Telefonnummer des Präsidenten

>>> Wie wirkt sich deine Einstellung zum Gebet aus, wenn es tatsächlich ans Beten geht? Wie würdest du die Haltung beschreiben, mit der du meistens zu Gott kommst?

Wer ist der berühmteste, wichtigste, einflußreichste Mensch, den du kennst? Kennst du ihn oder sie persönlich oder nur aus einer gewissen Entfernung? Ich will ja nicht angeben, aber ich habe die Telefonnummer des Präsidenten der Vereinigten Staaten. Außerdem habe ich die Nummer vom Papst, vom russischen Präsidenten und von der Königin von England.

Beeindruckt? Brauchst du nicht zu sein. Ich kenne keinen von denen persönlich. Ich habe die Nummern von einer witzigen Reklamekarte. Oben drauf stand die Überschrift: „Fünf sehr wichtige Telefonnummern". Nach den vier tatsächlich besonderen Nummern kam die von der Firma, die für sich Werbung machte.

Ich fand die Werbeidee witzig und clever, noch mehr aber freute ich mich darüber, diese Telefonnummern zu haben. Nicht, daß einer von ihnen tatsächlich ans Telefon ginge, wenn ich anrufen würde. Das höchste, was man außer einem Anrufbeantworter oder Besetztzeichen erwarten könnte, wäre wohl Zugang zu einer Empfangsdame, die ihrerseits wahrscheinlich noch nie mit ihrem Boß gesprochen hat.

Trotzdem – im hintersten Winkel meines Verstandes bewahrte ich mir den Glauben, daß ein Anruf zur richtigen Stunde und über den richtigen Vermittler bei entsprechender Stimmung die Chance für die richtige Frage bieten könne. Dann wäre vielleicht tatsächlich der Präsident oder die Königin am Apparat. Wahrscheinlich habe ich die Nummern deswegen noch nie ausprobiert. Ich will mir meine schöne Hoffnung nicht von einem unpersönlichen Anrufbeantworter zerschmettern lassen. Also rufe ich nie an. Aber die Nummern habe ich.

Weil Jesus sein Blut geopfert hat, liebe Brüder, haben wir freien Zutritt zum Heiligtum. Er hat uns durch den Vorhang einen neuen Weg zum Leben gebahnt. Der Vorhang ist sein sterblicher Leib. Wir haben einen Obersten Priester, der dem ganzen Haus Gottes vorsteht. Darum wollen wir uns Gott mit offenem Herzen und festem Vertrauen nähern. Denn unser Gewissen ist von aller Schuld gereinigt und unser Körper mit reinem Wasser gewaschen worden. (Hebräer 10,19–22)

Bevor Jesus auf die Erde kam und starb, hatte jeder normale Mensch weniger Hoffnung, persönlich zu Gott vorzudringen als ich, mit meiner Nummer den Präsidenten zu erreichen. Eine Priesterelite mit einem komplizierten System von Opfern und Ritualen stand zwischen jedem Kind Gottes und dem erhabenen Allerheiligsten. Einmal im Jahr durfte der Hohepriester durch den dicken Vorhang, der den gewöhnlichen Mensch vom innersten Heiligtum des Tempels trennte. An seine Fußknöchel wurde ein Seil gebunden, damit seine Leiche geborgen werden konnte, falls Gott ihn zu Tode kommen ließ. Der Hohepriester bot dort ein Blutopfer für die Sünden des Volkes dar, das nur draußen warten durfte und darauf hoffte, daß der Repräsentant es geschafft hatte, zu ihren Gunsten vor Gott einzutreten.

Wie respektlos und anmaßend trete ich oft vor Gott! Zwar sollte man nicht „mit Furcht und Zittern" zum Gebet kommen wie damals zur Zeit des Alten Testamentes. Beim Tod Jesu am Kreuz war der Vorhang entzwei gerissen. Ich brauche keinen Priester und kein Tieropfer mehr, um mich vertreten zu lassen. Ich kann ganz frei, fröhlich und mutig zu Gott kommen, weil Jesus mir einen „neuen und lebendigen Zugang" zu Gottes Gegenwart verschafft hat.

Wenn ich daran denke, was früher Menschen wie ich vom allmächtigen Gott getrennt hat, dann möchte ich mein Vorrecht des Gebets viel höher schätzen, viel mehr als die Telefonnummern auf der blöden Karte. Beim bloßen Gedanken daran, daß Gott bei

Anrufen immer persönlich abnimmt und Jesus die Gebühren für die Fernverbindung zahlt, dann wünschte ich, ich würde öfter anrufen und länger mit ihm reden.

Du hast die Nummer doch auch, oder?

Betrachtest du das Gebet eher als einen Anruf beim Präsidenten oder bei deinem besten Freund oder Freundin? Haben beide Betrachtungsweisen ihren Wert? Kommst du jemals mit einer Einstellung zu Gott, die ihn geringer schätzt als der, der er tatsächlich ist? Wie wirst du dich ihm heute nahen?

>>>Noch ein *Lesetip:*

Matthäus 27,50–54; Epheserbrief 2,12–22 >>>

Fürbitte ist wie ...

Ein Gebet für Johnny Carson

>>> *Betest du manchmal für Menschen, die nicht zur Familie gehören oder mit dir befreundet sind? Warum betest du für sie?*

Ich bete für Johnny Carson (bekannter amerikanischer Showmaster, Anm. d. Übersetzers). Ausnahmslos jeder, dem ich davon erzählt habe, fand das witzig. Zuerst glauben alle, ich hätte einen Spaß gemacht oder es käme noch eine Pointe, die ich als Überraschungseffekt einsetze. Wenn sie sehen, daß ich es ernst meine, kommt die Frage nach dem noch Unwahrscheinlicheren: „Hast du ihn mal kennengelernt?"

Hab' ich nicht. Wahrscheinlich wird es auch nie dazu kommen.

„Ist ihm was zugestoßen?" kommt meist als nächste Frage. „Ist er krank?"

Vermutlich eine logische Schlußfolgerung. Wenn es überhaupt einen Grund gibt, warum wir Christen normalerweise füreinander beten, dann ist das eine Krankheit oder eine Operation. Irgendwie geht es uns nicht an die Nieren, wenn wir für die Gallensteine von Mitchristen beten. Für körperliche Gesundheit beten kann einfacher sein als für geistliche.

Gewöhnlich muß ich meinem Gesprächspartner gegenüber zugeben, daß ich keine Ahnung von Johnnys körperlichem Zustand habe. Er könnte krank sein, aber niemand hat mir Bescheid gesagt. Jedenfalls bete ich nicht deshalb für ihn. Inzwischen hat fast jeder aufgehört zu raten und fragt: „Hä? Warum betest du denn dann für Johnny Carson?"

Ich wünsche von ganzem Herzen, Brüder, daß mein Volk gerettet wird. Dafür bete ich zu Gott. Ich kann ihnen bezeugen, wie eifrig sie sich bemühen, den Willen Gottes zu tun. Aber ihr Eifer beruht nicht auf der richtigen Einsicht. (Römerbrief 10,1–2)

In seinem Brief an die Gemeinde von Rom spricht Paulus davon, daß er für das betet, was er sich von ganzem Herzen wünscht. Es ging ihm darum, daß sein eigenes Volk gerettet wurde. Obwohl Paulus' Hauptarbeit den nichtjüdischen Völkern der Welt galt, war seine ganze Sorge und Leidenschaft auf Seiten der Israeliten.

Paulus sah das Gute an seinem Volk – daß sie bemüht waren, Gottes Willen zu tun. Er sah auch die verdeckte Tragödie: „Ihr Eifer beruht nicht auf der richtigen Einsicht." Vielleicht wichtiger noch, er wußte, daß er sich im gleichen Zustand befunden hatte, bevor Gottes Gnade sein Leben berührte.

Ich kenne nicht Johnny Carsons geistlichen Zustand. Also bete ich für ihn. Ich kann ihn verstehen. Er hat vieles an sich, was ich auch von mir kenne. Gleichzeitig weiß ich, daß die Welt, in der er lebt, wenige Chancen für Gottes Einflüsse bietet.

Dabei kann ich mich nicht der Vorstellung entziehen, welchen Einfluß jemand wie Johnny haben könnte, wenn sein Leben Gott gehören würde. Dann fällt mir ein, daß Gott meist die scheinbar Unwichtigen und Schwachen gebraucht, damit keine Verwirrung hinsichtlich der Kraftquelle entsteht. Also gehe ich daran, weiter für Johnny zu beten, so wie Paulus für Israel gebetet hat.

Betest du für die Reichen und Berühmten?

Bewunderst du einen prominenten oder gefeierten „Helden", der anscheinend keine persönliche Beziehung zu Gott hat? In welcher Hinsicht könnte es gut für dich sein, wenn du für solche Leute betest? Könnte es sogar gut für die sein, für die du betest? Für wen möchtest du heute „aus der Ferne" beten?

>>>Noch ein Lesetip:

Hiob 42,10; Kolosserbrief 1,9–12

Für Gott leben ist wie ...

Gutes Spiel am falschen Ort

>>> *Fragst du dich manchmal, warum Gott dich gerade an den Platz gestellt hat, wo du stehst? Kommt es dir manchmal so vor, als ob du gegen Gottes Willen ankämpfst, weil du mit solchen Schwierigkeiten zu tun hast?*

Als ich mit 100 anderen Neulingen in unserer Sporthalle stand, wurde mir klar, daß ich bei der Basketballprobe leicht Fehler machen könnte. Schließlich waren wir gerade aus einer Kleinstadt in diese Riesenstadt umgezogen. Hier war die Konkurrenz bestimmt viel stärker.

Klar, in meiner Schulmannschaft zu Hause war ich „angekommen", aber diese Halle war voller Jungs, die aus fünf oder sechs verschiedenen großen Schulen gekommen waren. Ob ich hier wohl überhaupt eine Chance hatte? Ob ich mich nicht lieber aus dem Staub machen sollte, bevor ich mich blamierte? Dann machten die Trainer alles noch schlimmer.

„Wenn ihr bei einer der folgenden Schulen in der Mannschaft gespielt habt, stellt euch bitte an diesem Ende des Feldes auf", dröhnte der Obertrainer mit teilnahmsloser Stimme, als ob diese Vorauswahl nichts weiter als eine langweilige Formalität sei. „Alle anderen gehen ans andere Ende der Halle, wo Trainer Fegefeuer sich eine Weile mit euch beschäftigen wird."

Okay, „Fegefeuer" war eigentlich nicht der Name des Hilfstrainers, aber das hätte den Nagel auf den Kopf getroffen. Er schaffte offensichtlich die Spieler beiseite, die „nicht gut genug" waren, damit der Obertrainer die bewährten Kräfte mustern konnte. Dann las er eine Reihe von Schulnamen vor, bei denen meine natürlich nicht erwähnt wurde.

Ich hätte mich gern gemeldet und gefragt, ob es nicht Ausnahmen gab. Ich hätte gern gesagt, daß ich eine Chance verdient hatte, an dem Ende des Feldes zu spielen, wo die eigentliche Auswahl stattfand. Doch hatte ich zuviel Angst, irgend etwas zu sagen, womit ich meine bloße Daseinsberechtigung gefährdet hätte. Pflichtgemäß folgte ich dem Hilfstrainer und vierzig anderen Namenlosen in die Ecke des Feldes – das falsche Ende für die Aufnahme ins Basketballteam.

Ihr seid das Licht der Welt. Eine Stadt, die auf einem Berg liegt, kann nicht verborgen bleiben. Auch brennt keiner eine Lampe an, um sie dann unter eine Schüssel zu stellen. Im Gegenteil, man stellt sie auf einen erhöhten Platz, damit sie allen im Hause leuchtet. Genauso muß auch euer Licht vor den Menschen leuchten: Sie sollen eure guten Taten sehen und euren Vater im Himmel preisen.
(Matthäus 5,14–16)

Jesus verwendet ein klares Bild, wenn er beschreibt, wie die Gläubigen die dunkle Welt durchdringen sollen. Unser Glaube läßt uns hell leuchten. Wir sollen keine Angst haben, auf uns aufmerksam zu machen, solange wir bereit sind, diese Aufmerksamkeit auf Gott hinzulenken. Es gibt keinen Grund, nicht zuversichtlich zu sein. Es gibt keinen Grund, sich unter die düstere Schüssel schwacher Selbstachtung zu hocken. Wenn das Licht nicht durch uns scheint, üben wir keine Wirkung aus.

Als ich am „falschen Ende des Feldes" ankam, faßte ich einen Entschluß, der sich später als Wendepunkt meines persönlichen Lebens entpuppte. Ich entschloß mich, mein Allerbestes zu geben, egal, wo ich stand. Mir war klar, daß mein Bestes vielleicht nicht das gewünschte Ergebnis brachte. Ich weiß aber noch gut, daß ich Gott versprach, er werde an diesem Abend meine beste Leistung sehen, auch wenn keiner zuschaute.

Dieser Entschluß war und ist immer noch eine der ganz befreienden, kraftspendenden Entscheidungen meines Lebens. Unbelastet von den Erwartungen und vom beschränkten Urteilsvermögen der anderen spielte ich mir die Lunge aus dem Leib. Ich erkämpfte mir einen Paß, dann den zweiten und den dritten für Freiwürfe. Trainer Fegefeuer bekam glänzende Augen. Dann schaffte ich ein paar Drei-Punkte-Treffer. Ich merkte, wie die Trainer sich berieten und in meine Richtung schauten. Noch ein Paß, und ich wurde gebeten, ans andere Ende des Spielfeldes zu kommen. Mein Licht strahlte, und meine Leistungen waren aufgefallen. Ich brauchte bloß noch Gott den gebührenden Dank zu geben. Was ich natürlich tat.

Heute schon geleuchtet?

Warst du aus Mangel an Selbstvertrauen schon mal versucht aufzugeben oder anonym zu bleiben? Würdest du deine Einstellung vielleicht ändern oder mehr riskieren, wenn du das Ziel hättest, Gott die Ehre zu geben? Könntest du die „Schüssel“, unter der du dein Licht versteckst, heute einmal beiseite stellen, damit andere merken, daß du für Gott lebst?

>>>Noch ein **Lesetip:**

Apostelgeschichte 20,17–24; Epheserbrief 5,8–21

Ein gesundes Selbstbewußtsein ist wie . . .

Ein Platz an der Kühlschranktür

>>> Was für eine Einstellung hast du heute zu dir selbst, wenn du dich auf einer Skala von eins bis zehn einstufen würdest? Hast du eigentlich dein Bild von dir selbst im Griff?

Ich bin kein Künstler. Ich bewundere Menschen, die zeichnen oder malen oder Skulpturen formen können. Tatsache ist, daß ich schon alle bewundere, die beim Ausmalen mit Buntstiften nicht über die Linie kritzeln. Ich persönlich habe nie sehr viel Geschick auf diesem Gebiet gehabt.

Eigentlich fand eins der schlimmsten Erlebnisse meiner akademischen Laufbahn in der zweiten Klasse statt, als ich eine ziemlich schlechte Note in Kunst bekam. In jenem Jahr haben wir im Fach Kunst jeden Monat ein Malbuch zu einem bestimmten Thema ausgemalt. Ich war nur ein bißchen zu gründlich und kam immer unter Zeitdruck.

Eines Monats schaffte ich die ganzen Truthähne, Pilgerväter, Herbstblätter und Füllhörner einfach nicht. Die schlechte Note, die ich dafür bekam, tat nicht so weh wie die Kritik der Lehrerin für meine künstlerischen Fähigkeiten auf dem Zeugnis: „Er braucht einen schnelleren Buntstift oder ein dünneres Malheft."

Im nächsten Monat war ich bei den Schnee- und Weihnachtsmännern schon besser. Meine künstlerischen Krämpfe aber hielten an. Jedes Bild, das ich in der Sonntagsschule produzierte, glich einem Kommentar zu 1. Mose 1,2, wo die Erde als „wüst und leer" beschrieben wird. Selbst meine Knete wollte nicht mit mir spielen.

Es war demoralisierend, etwas mit nach Hause zu nehmen, das ich gemalt oder gewerkelt hatte, weil ich immer erklären mußte, was es war – besonders die Bilder, die meine Eltern darstellen sollten. Ich habe die Sachen trotzdem nach Hause gebracht. Warum? Weil es immer gut genug war, an die Kühlschranktür gehängt zu werden.

Es ist tatsächlich reine Gnade, daß ihr gerettet seid. Ihr selbst könnt nichts dazu tun, als im Vertrauen anzunehmen, was Gott euch schenkt. Ihr habt es nicht durch irgendein Tun verdient; denn Gott will nicht, daß sich jemand vor ihm auf seine Leistungen berufen kann. Wir selbst sind ganz und gar Gottes Werk. Durch Jesus Christus hat er uns so geschaffen, daß wir nun Gutes tun können. Er hat sogar die guten Taten schon geschaffen, die wir nun auch tun sollen. (Epheserbrief 2,8–10)

Ich habe wohl schon immer gewußt, daß meine Kunstwerke wenig eigentlichen Wert hatten. Deshalb war unsere Kühlschranktür mir so wichtig. Egal, was ich nach Hause brachte, egal, wie es aussah, meine Eltern haben immer stolz meine Werke dort ausgestellt. Ich dachte immer, Papa und Mama hätten keine Ahnung von Kunst. Erst jetzt, als Vater, wird mir allmählich klar, daß die Sachen, die an die Kühlschranktür kommen, nicht um ihrer selbst willen wertvoll sind, sondern wegen des Menschen, der sie gemacht hat.

Du und ich, wir beide sind gut genug, um bei Gott an der Kühlschranktür zu hängen. Die Bibel sagt, daß wir sein „Werk" sind. Wir sind Geschöpfe, die durch Gnade gerettet sind. Wir kommen nicht an den Kühlschrank, weil wir so toll sind, daß wir es verdient haben, sondern als Geschenk vom Sohn an den Vater.

Solange ich versuche, aus eigenem Antrieb eine gute Einstellung zu mir selbst oder zu meinen Werken zu haben, komme ich mir ganz schön häßlich und wertlos vor. Selbst wenn meine Leistungen nach den Maßstäben anderer ziemlich gut sind – na ja; viele renommierte Künstler hätten es nie zu einer Verewigung an der Kühlschranktür meiner Eltern gebracht. Erst wenn ich meinen Wert als Jesu eigene Kreation erkenne, als ein Kunststück, das er mit eigener Hand gestaltet hat, weiß ich von meinem wahren Wert und verspüre ihn. Ich brauche mein Malbuch nicht fertig zu machen. Na also.

Wo siehst du den Unterschied?

Fühlst du dich gegenwärtig eher als dein eigenes oder als Gottes Werk? Wo liegt der Unterschied? Warum heißt es deiner Meinung nach in den Versen des Epheserbriefes, daß wir nicht durch gute Werke gerettet sind, sondern durch Jesus dazu geschaffen wurden, sie zu tun? Hast du dich bisher nach den falschen Maßstäben zu hoch oder zu niedrig eingeschätzt? Wie könntest du heute mit einer Korrektur anfangen?

>>>Noch ein *Lesetip:*

1. Mose 1,26–27; 2. Korintherbrief 5,16–21

Gesunde Beziehungen zum anderen Geschlecht sind wie . . .

Ein Ausflug mit Judy

>>> *Wie lernt man jemanden wirklich kennen, wenn man sich verabredet hat? Hast du schon einmal über deine Maßstäbe nachgedacht, wie schnell und weit man gehen darf, wenn man sich kennenlernt?*

Jeder, den ich kenne, erinnert sich entweder sehr genau an den ersten Kuß oder wartet ungeduldig darauf. Ich denke da an eine Freizeit zurück, wo wir so eine Art „Wahrheitsspiel" anfingen. Dabei kam die Frage auf: „Wie war das mit deinem ersten echten Kuß?" Es war ein ziemlich schüchternes Mädchen, das diese Frage beantworten sollte. Erst herrschte nervöse Stille. Sie saß neben einem ähnlich schüchternen Jungen, und jeder in der Runde wußte, daß sie mehr als nur ein bißchen aneinander interessiert waren.

„Mal sehen", wiederholte sie die Frage nachdenklich, um Zeit zu gewinnen, „wann war mein erster echter Kuß . . ." Es gab eine dramatische Pause, und das Schweigen lastete so schwer, daß ihr hoffnungsvoller Nachbar seine Schüchternheit über Bord warf und sich ihr zuwandte.

„Es könnte gleich jetzt passieren, Baby", platzte es aus ihm heraus. Dann merkte er, daß sein starker Spruch ein bißchen zu sehr seine wahren Gefühle verriet. Sein Gesicht überzog sich vor Verlegenheit stufenweise mit immer tieferen Rottönen. In der Färbung zu ihm passend, vergrub sie das Gesicht in den Händen. Alles lachte.

Die Frage aber gab uns allen Gelegenheit, über diesen magischen, unvergeßlichen Augenblick in unserem eigenen Leben nachzudenken. Bei mir geschah es in der siebten Klasse auf einem Heuwagen. Judy, die süße kleine Rothaarige, deren Lippen ich zum ersten Mal berührte, hatte die halbe Klasse auf die Farm ihrer Eltern eingeladen. Es war „das" Ereignis des Schuljahres.

Wochenlang vorher sprach jeder von der großen Chance, einmal „dranzukommen".

Ich persönlich sah dem Ereignis mit etwas Sorge entgegen. Ich war noch nie „drangekommen" und kannte Judy nicht mal besonders gut. Vielleicht ist es heute anders, aber als ich in der siebten Klasse war, konnte man fast ein ganzes Schuljahr lang in jemand „verliebt" sein oder sogar „mit jemand gehen", ohne groß mit ihm oder ihr reden zu müssen. Ich aber ging die Herausforderung wie ein echter Macho an. In den zwei Stunden auf dem Heuboden küßte ich sie – direkt auf den Mund – nicht einmal, nicht zweimal, sondern ganze drei Male.

Als ich am Montag darauf zur Schule kam, hatte ich das Gefühl, zur vollen Mannesreife erwacht zu sein. Mit drei, ja, nachweislich drei Küssen (wie Patronen im Gürtel) hielt ich mich direkt für sexuell hyperaktiv. Dann hörte ich, was darüber gemunkelt wurde, was andere Pärchen so alles im Heu veranstaltet hatten.

Hütet euch um jeden Preis vor der Unzucht! Alle anderen Sünden, die ein Mensch begehen kann, betreffen nicht seinen Körper. Wer aber Unzucht treibt, vergeht sich an seinem eigenen Körper. Wißt ihr denn nicht, daß euer Körper der Tempel des Heiligen Geistes ist? Gott hat euch seinen Geist gegeben, der jetzt in euch wohnt. Darum gehört ihr nicht mehr euch selbst. Gott hat euch als sein Eigentum erworben. Macht ihm also Ehre durch die Art, wie ihr mit eurem Körper umgeht!
(1. Korintherbrief 6,18–22)

Gott hat uns Menschen mit einer Persönlichkeit geschaffen (die Bibel bezeichnet das manchmal als Seele), mit Geist und mit einem Körper. Er hat uns so gemacht, daß wir einander mehr oder weniger in dieser Reihenfolge kennenlernen sollten. Eine Bekanntschaft entsteht, wenn wir uns im Gespräch annähern. Von Mal zu Mal entwickelt sich eine Freundschaft, die so tief wird, daß wir auch geistliche Dinge austauschen. Wenn dann unsere Persönlichkeit und der Geist miteinander verwoben sind, können wir diese Liebe auch körperlich zum Ausdruck bringen.

Leider neigen wir dazu, Gottes Plan umzukehren oder zu verdrehen. Irgendwie denken wir, daß das körperliche Kennenlernen eine größere Nähe bietet und unkomplizierter ist. So klappt das aber nicht. Gott hat Anspruch auf den Körper seiner Kinder, in dem er wie in seinem Tempel wohnt, und er sagt, daß unsere Sexualität eine großartige Gabe ist, um Liebe zum Ausdruck zu bringen. Sie ist kein vergnüglicher Spielplatz, auf dem die Liebe vielleicht zufällig gefunden wird.

Ich war sehr verblüfft, was die Kids in meinem Alter auf dem Ausflug ins Heu angeblich getan hatten. Zumindest wußten sie über solche Dinge ziemlich genau Bescheid. Damals merkte ich, daß ich mich in einer Minderheit befand. Die anderen wollten viel weiter gehen als ich. Aber leid hat es mir nie getan, daß ich „nur" meinen ersten Kuß abgestaubt habe.

Schon mal die Zunge verbrannt?

Ist in der Beziehung zum anderen Geschlecht dein Körper schon mal Seele und Geist vorausgeeilt? Hast du dich dabei erwischt, daß du mehr an Fortschritten in der körperlichen Beziehung interessiert warst als an der geistlichen Gemeinschaft? Könntest du dich nicht jetzt schon auf bestimmte Entscheidungen festlegen, wenn du zur Zeit keine Beziehung zum anderen Geschlecht hast? Später ist das viel schwieriger. Du und Gott, seid ihr zufrieden damit, wie du deinen Körper handhabst?

>>>*Noch ein* Lesetip:

5. Mose 13,6–8; Hoheslied 3,5

Sünde ist wie . . .

Beim Basketball mogeln

>>> Ist Ungehorsam gegen Gott immer gleichwertig, oder hast du festgestellt, daß die Sünde in unterschiedlichen Situationen verschiedene Formen annehmen kann? Ist Sünde ein vergeblicher Versuch trotz größter Mühe oder absichtlich verkehrtes Handeln?

Als ich in die Sporthalle einlief und mich für das Basketballspiel aufwärmte, war ich ziemlich gut drauf. Die Saison war nicht gerade super gelaufen, aber der heutige Gegner gehörte zu den schwächeren, den wir jederzeit schlagen konnten. In der Mannschaft waren ein paar große, stämmige Typen, die so aussahen, als seien sie in der Oberschule ein paarmal sitzengeblieben, aber im Allgemeinen spielten sie nicht besonders schnell oder pfiffig.

Als ich zur anderen Seite des Feldes schaute, fiel mir auf, daß einer der bulligen Typen mich anschaute. Eigentlich war zu spüren, daß er schon eine ganze Weile geguckt hatte. Seine Mitspieler gingen bei der Aufstellung an ihm vorbei, während er nur dastand und mich anstarrte.

Ich schaute weg, aber dann zeigte er auf mich und bewegte seinen Mund. Instinktiv schaute ich an mir herab, ob alles richtig befestigt und verschnürt war. Alles in Ordnung. Ich schaute zurück. Meinte er mich? Ja. Diesmal verstand ich, was er sagte. In eine zivile Ausdrucksweise übersetzt hieß es: „Dich kauf ich mir."

Ich tat sein pubertäres Macho-Gehabe mit verächtlichem Blick ab und dachte: *Mal sehen, was passiert, wenn das Spiel läuft.*

Es passierte was. Bei der ersten Begegnung stieß er mich mit dem Ellbogen, allerdings so heimlich, daß der Schiedsrichter nichts merkte. Als dann der Ball zum ersten Mal ins Aus gegangen war und von unserem Korb aus eingeworfen werden sollte, stellte er sich direkt hinter mir auf und riß mir etwa fünf Haare aus dem Bein.

Ich war entgeistert. Hatte er das wirklich gewagt? Im Reflex drehte ich mich um und rempelte ihn schwer („Du reißt mir keine Haare aus dem Bein, Alter"). Der Schiedsrichter notierte sich mein Foul. Ein paar Minuten danach zog er mich am Hosenbein. Ich schubste ihn wieder weg. Mein zweites Foul. Inzwischen war mir klar, was hier lief. Ich hörte auf, mich zu rächen. Doch das ganze Spiel über belästigte er mich, und schließlich mußte der Trainer mich auf die Bank schicken, damit ich mich beruhigen konnte.

Wohl dem, dem die Übertretungen vergeben sind, dem die Sünde bedeckt ist! Wohl dem Menschen, dem der Herr die Schuld nicht zurechnet, in dessen Geist kein Trug ist!
(Psalm 32,1–2, Luther)

In diesen kurzen Versen über das Glück der Vergebung verwendet der Psalmist vier verschiedene hebräische Wörter, um die Sünde zu beschreiben. Alle vier können mit Beispielen aus dem Basketball verdeutlicht werden.

1. Übertretung heißt, aus den Spielfeldgrenzen in Aus zu treten. Man begibt sich in verbotenes Gelände. Beim Spiel herrschen klare Linien, und wenn ein Spieler sich mit dem Ball darüber hinwegsetzt, gibt es einen Strafstoß gegen sein Team.

2. Sünde ist wie ein Fehlwurf. Er kommt nicht zum Ziel und geht glatt neben den Korb. Ein Fehlwurf ist das Peinlichste, was einem Basketballspieler passieren kann. Glaub mir, ich weiß Bescheid.

3. Das dritte Wort, das mit Sünde oder Schuld übersetzt wird, bedeutet Entstellung oder Verzerrung. Es entspricht der Situation, wenn ein Spieler der gegnerischen Mannschaft dir plötzlich zuruft: „Wirf mir den Ball zu." Auch das ist mir einmal passiert. Ganz schön peinlich, wenn er damit Erfolg hat.

4. Schließlich gibt es den Betrug, das, was mein cleverer Gegner an mir verübt hat. Es ist die bewußte Entscheidung, verkehrt zu handeln, meist durch Vorwände oder Tricks. Dahinter steht die Einstellung: „Ich sollte zum Foul greifen. Ich komme damit durch."

Während mein fieser Gegner ursprünglich den Betrug zu seiner Methode gemacht hatte, überschritt auch ich in großen Teilen des Spiels die Grenzen, leistete mir Fehlwürfe und Abgaben an den Falschen. All das waren Spielfehler und Leistungsschwächen, die damit einsetzten, daß er mich aufregte. Sie häuften sich, als er mir sein Spiel aufzwang. Ich habe das Gefühl, daß Satan auf dem Spielfeld genauso mit uns umspringt.

Läßt du den Betrüger an dich herankommen?

Welche Art von Sünde macht dir am meisten zu schaffen: das Überschreiten von Grenzen, die Zielverfehlung, die Entstellung der Wahrheit oder der absichtliche Betrug? Führt die eine Sünde zwangsläufig zur anderen? Wie könnte dir das Wissen um diese Tatsachen helfen, heute besser dagegen anzugehen?

>>>Noch ein Lesetip:

Römerbrief 6,1–14; 1. Johannesbrief 3,4–10 >>

Für Gott leben ist wie ...

Eine Bergstraße mit Blick auf die Autobahn

>>> Wird die Entscheidung, beständig für Gott zu leben, im Laufe des Lebens leichter oder schwerer? Gibt es viele Menschen in deiner Umgebung, die bewußt und ehrlich für Gott leben wollen?

Als Beth und ich endlich genug Geld gespart hatten, um uns Europa anzuschauen, nahmen wir uns vor, uns einen wirklich genauen und persönlichen Eindruck zu verschaffen. Wir entschieden uns gegen Reisegruppen und Pauschalangebote und machten uns auf, alles auf eigene Faust zu unternehmen. Ohne vorher gebucht oder eine bestimmte Route festgelegt zu haben, stiegen wir in Holland in den Mietwagen und fuhren los. In dreiundzwanzig Tagen wollten wir uns zehn Länder anschauen. Wir waren mit reichlich Karten, einem Reiseführer für Europa und meinem Französischlesebuch aus dem College bewaffnet.

Solange wir auf der Autobahn fuhren, klappte alles wunderbar. Tatsächlich sah es fast wie zu Hause aus. Besonders die schnelle deutsche Autobahn machte mir Spaß (bei uns in Amilland darf man nämlich immer nur poplige hundert fahren).

Trotzdem war es ein bißchen verwirrend. Überall, wohin wir kamen, wiesen uns Straßenschilder mit Pfeilen auf „Ausfahrt". Der Name machte mich richtig an. Ich sagte zu Beth, das sei wohl ein Ort, an dem man richtig Dampf ablassen könne. Obwohl aber in ganz Deutschland diese Schilder standen, konnten wir den Ort auf keiner Karte finden. Schließlich gab uns die Zufahrt zu einem Parkhaus den Hinweis: „Einfahrt" bedeutete Eingang, „Ausfahrt" nichts weiter als Ausgang. Kein Wunder, daß die Autobahn ganz im Gegensatz zur Karte voll von diesen Schildern war.

Wegen dieser beschränkten Sprachkenntnisse verirrten wir uns in der Schweiz. Nach dem Besuch eines Bergstädtchens versuchten wir, wieder auf die Autobahn zu kommen. Leider fand sich keine Auffahrt. Während Beth die Karte erst hierhin, dann dahin drehte, gerieten wir erst auf eine Nebenstraße, dann auf eine Pflasterstraße, danach auf einen Kiesweg und schließlich auf einen unbefestigten Weg, der ins Gebirge führte. Je weiter wir fuhren, desto weniger Autos und Menschen sahen wir.

Schließlich parkte ich das Auto und stieß einen frustrierten Seufzer aus. Aus Beths Fenster konnte man in einiger Entfernung eine Bergziege erblicken. Aus meinem Fenster sah ich weit weg und ganz unten die Autobahn.

Geht durch das enge Tor! Denn das Tor, das ins Verderben führt, ist breit, und die Straße dorthin ist es auch. Viele sind auf ihr unterwegs. Aber das Tor, das zum Leben führt, ist eng und der Weg dorthin schmal. Nur wenige finden ihn. (Matthäus 7,13–14)

Jesus hat den Weg, der „zum Leben führt", so wie den Bergpfad beschrieben, den wir hochgefahren waren – schmal, verborgen und schwer zu finden. Die Straße, die „ins Verderben führt", ist im Gegensatz dazu wie die Autobahn – breit, voll und leicht zugänglich. Er sagt uns, daß wir durch das enge Tor gehen sollen, auch wenn der Pfad schwieriger und einsamer ist.

Die Entscheidung, nicht für Gott zu leben, ist ein breites Tor – eine Autobahnzufahrt, wenn man so will. Der Zugang ist leicht, weil man tun kann, wozu man Lust hat. Man darf so schnell fahren, wie man will, weil sich jeder straflos die Rechte nehmen kann, die er zu haben glaubt. Deshalb macht es solchen Spaß, auf der Autobahn zu fahren. Deshalb ist sie so verstopft. Und deshalb sind die Unfälle hier so tödlich.

Die Entscheidung, für Gott zu leben, führt auf einen Bergpfad, der schwer zu begehen ist, aber wunderbare Aussichten bietet, die man nicht überall haben kann. Der Zugang ist schwierig, aber keiner Elite vorbehalten, sondern für jeden offen. Man kommt auf dem Bergpfad manchmal nur langsam voran, denn der Weg ist nun mal schmal. Jeder Schritt muß gut überlegt sein, und ein Fehltritt kann zu gefährlichen Stürzen führen. Es gibt hier nicht viele Weggefährten, weil man für diesen schmalen Pfad Kondition und Mut braucht, besonders dann, wenn die Autobahn direkt in Sichtweite ist.

Die Wanderstiefel schon geschnürt?

Kommt dir der Weg mit Gott manchmal wie eine vorsichtige Wanderung auf einem Bergpfad vor? Oder geht es eher im Wahnsinnstempo voran wie auf der Autobahn? Ob du wohl heute eine Autobahnausfahrt findest, die dich allmählich zum engen Tor und zum schmalen Pfad führt?

>>>*Noch ein* Lesetip:

Matthäus 16,24–27; Lukas 14,25–33